高职院校工匠文化建设研究

以成都工贸职业技术学院为例

孙建东　张雪　李萌　张媛　唐梨敏 著

西南财经大学出版社
Southwestern University of Finance & Economics Press
中国·成都

图书在版编目(CIP)数据

高职院校工匠文化建设研究:以成都工贸职业技术学院为例/孙建东等著.--成都:西南财经大学出版社,2024.6.--ISBN 978-7-5504-6242-7

Ⅰ.G718.5

中国国家版本馆 CIP 数据核字第 202493QZ97 号

高职院校工匠文化建设研究——以成都工贸职业技术学院为例

GAOZHI YUANXIAO GONGJIANG WENHUA JIANSHE YANJIU——YI CHENGDU GONGMAO ZHIYE JISHU XUEYUAN WEILI

孙建东　张雪　李萌　张媛　唐梨敏　著

策划编辑:乔雷　余尧
责任编辑:乔雷
责任校对:余尧
封面设计:星柏传媒
责任印制:朱曼丽

出版发行	西南财经大学出版社(四川省成都市光华村街 55 号)
网　　址	http://cbs.swufe.edu.cn
电子邮件	bookcj@swufe.edu.cn
邮政编码	610074
电　　话	028-87353785
照　　排	四川胜翔数码印务设计有限公司
印　　刷	成都市火炬印务有限公司
成品尺寸	170 mm×240 mm
印　　张	15
字　　数	346 千字
版　　次	2024 年 7 月第 1 版
印　　次	2024 年 7 月第 1 次印刷
书　　号	ISBN 978-7-5504-6242-7
定　　价	88.00 元

序一

"文化是一个国家、一个民族的灵魂。文化兴国运兴，文化强民族强。"党的十八大以来，习近平总书记高度重视文化建设，激发全民族文化创新创造活力，更好构筑中国精神、中国价值、中国力量。高职院校作为我国培养高素质技术技能型人才的主阵地，承担着建设工匠文化的重要职责。校园文化是一所学校的灵魂，是打造学校核心竞争力、体现学校软实力的一张名片。高职院校将工匠文化融入校园文化是时代发展的诉求。

习近平总书记在参加十四届全国人大二次会议江苏代表团审议时强调，"我们要实实在在地把职业教育搞好，要树立工匠精神，把第一线的大国工匠一批一批培养出来。"高职院校是职业教育的重要组成部分，是培育工匠的沃土。近年来，职业教育对经济社会发展的适应性显著增强，高素质技术技能人才、能工巧匠、大国工匠不断涌现，有力地支撑了我国成为全世界唯一拥有全部工业门类的国家。当下，面向加快发展新质生产力和推动高质量发展的时代要求，高职院校更加需要传承工匠文化，培养学生的工匠精神，引导学生树立技能报国、技能成才的志向，让他们看到技能人才的发展道路是宽广的，是能够实现个人价值提升的，激励他们在强国建设和民族复兴新征程中展现新作为。

本书是我的学生孙建东及其团队结合其所在学校实际，深耕高职院校工匠文化建设的研究成果。作者始终以发现问题、分析问题和解决问题为主旨，从理论和实践两个维度来思考和写作。首先，本书系统梳理了工匠文化与高职院校校园文化建设相关理论概述。其次，本书结合大量高职院校工作实际，探索了高职院校工匠文化建设的要求、途径和保障。最后，本书结合成都工贸职业技术学院工匠文化建设的探索与实践，展现了成都工贸职业技术学院工匠文化建设的总体思路，在党建项目、育人项目、研究项目、教学项目等方面的具体实践，以及工匠文化建设中取得的突出成效。

本书是孙建东及其团队在前期学术研究的基础上，结合多年教育教学工作实际和大量的实践调研所撰写的学术专著。本书内容较为丰富，特点较为突出。本书聚焦高职院校工匠文化建设主题开展研究，通过对工匠文化的深刻解读，结合高职院校的实际情况，探讨如何有效地构建具有工匠文化特色的高职院校校园文化，以适应社会对高素质技能型人才的需求。本书具有很强的可读性和实用性，能够为相关领域的学者和实践者提供宝贵的参考和借鉴。最后，我衷心地希望孙建东及其团队沿着这条思路坚持不懈地走下去，在高职院校工匠文化建设的研究方面取得更加丰硕的成果！

张春和

成都大学二级教授

四川省学术技术带头人

国务院政府特殊津贴获得者

序二

近年来，我国职业教育迈入了内涵式发展的新阶段。新修订的《中华人民共和国职业教育法》提出"培育劳模精神、劳动精神、工匠精神"，突出职业教育立德树人、德技并修、产教融合、校企合作的特点。党的二十大报告强调，"加快建设国家战略人才力量，努力培养造就更多大师、战略科学家、一流科技领军人才和创新团队、青年科技人才、卓越工程师、大国工匠、高技能人才。加强人才国际交流，用好用活各类人才。"新职业教育法将"工匠"理念融入职业教育，不仅是实现高等职业教育立德树人的基本任务，为职业教育人才培养目标打下了坚实基础，更是中国共产党人的精神纽带。

高职院校以培养技术技能型人才为己任，担负着为社会生产、管理、服务一线岗位培养具有工匠精神的高素质人才的重任，工匠文化的传承、工匠精神的培育是其历史责任与使命。校园文化孕育了学校独特的精神标识，统领学校育人理念，是学校内涵式高质量发展的情感之源、动力之源、力量之源。校园文化建设能够彰显学校办学软实力，是高职院校文化建设的主阵地和主战场，是衡量治校影响力、为国育才质量的主要标尺和主要依据。因此，高职院校应坚持立德树人根本任务，做好文化育人顶层设计，构建凸显工匠文化特色、突出专业办学特点以及学校优良传统的精神文化体系。

本书通过理论与实践的方式，聚焦高职院校工匠文化建设展开研究，系统阐述了工匠文化融入高职院校校园文化建设的必要性、具体要求、现实路径和保障机制，从其目标、内容、原则、机制等方面架构起高职院校工匠文化建设的分析框架，着力从制度文化建设、物质文化建设、精神文化建设和行为文化建设四个方面探讨高职院校工匠文化建设的路径，结合组织保障、队伍保障、制度保障、物质保障和考核保障等维度分析高职院校工匠文化建设的保障机制。本书在理论分析的基础上，选取撰写团队所在单位"成都工贸职业技术学院"现实案例，从学校工匠文化建设的总体思路、具体实践和建设成效三个方面，由点及面、依据"宏观—中观—微观"的逻辑，深入探讨了成都工贸职业技术学院工匠文化建设的探索与实践。

工匠文化在高职院校文化育人中凸显出越发重要的地位，"双高"建设是高职院校弘扬和传承工匠文化的优良平台和有力抓手。希望孙建东老师继续深耕职业教育领域，继续围绕工匠文化展开研究并深入推进，以此更好地助力职业教育思想政治教育的深化和前行。

郝儒杰
中共四川省委省直机关党校教授
四川省五一劳动奖章获得者

前言

党的十八大以来，习近平总书记每年都会发表关于职业教育、工匠精神主题的重要讲话，或作出相关重要批示。这为本书的编写提供了重要思想基础。2024年全国两会期间，习近平总书记参加江苏代表团审议时指出，大国工匠是我们中华民族大厦的基石、栋梁。习近平总书记以"基石"和"栋梁"为喻，强调在全面建设社会主义现代化国家进程中，大国工匠的重要支撑作用。打造大国工匠、弘扬和传承工匠文化、培育新时期的工匠精神，离不开高素质技能型人才队伍的培养。而高职院校本身就需要围绕立德树人根本任务，着力培养满足社会需求的高素质技术技能人才。因此，高职院校工匠文化建设成为助力高素质技术技能人才培养的应有之义。

本书以校园工匠文化建设为核心，深入分析了高职院校工匠文化建设的思路与举措，视角新颖、研究独特、勇于探索、史论结合，融理论性、知识性、实用性于一体，具有科学性、系统性和操作性。本书按照理论和实践的逻辑，深入探讨高职院校工匠文化建设的必要性、要求、路径和保障，内在把握高职院校工匠文化建设的目标、内容、原则、机制等，探求高职院校工匠文化建设中的制度文化、物质文化、精神文化和行为文化等具体路径，推动高职院校工匠文化建设的组织保障、队伍保障、制度保障、物质保障、考核保障。本书结合成都工贸职业技术学院典型党建项目、育人项目、研究项目和教学项目等实践，从党建品牌打造、样板支部建设、思政项目开展、科研平台搭建、教学改革探索等方面，凸显了学校在工匠文化建设方面取得的主要成效、获得的推广应用和形成的反响评价，为新时代职业教育工匠文化实践提供了科学的理论分析和现实的实践探索。

本书的出版是我们对习近平总书记关于职业教育系列重要讲话精神、

工匠精神系列重要讲话精神，以及党和国家关于职业教育、工匠精神系列重要政策文件精神的学习体会和学习成果，也是我们对学术界关于高职院校工匠文化建设相关研究成果，以及高职院校传承工匠文化、弘扬工匠精神相关经验做法的学习借鉴和经验总结。我们希望本书的出版能够让高职院校教育工作者对工匠文化有更深入和全面的理解，以更积极的姿态投身于强国建设和民族复兴的征程，也期望能够对高职院校思想政治工作、技能人才培养、职业培训等，有一定的参考价值。本书读者对象群体较为广泛，可供党政机关、高校、其他行业宣传部门及有关从事思想政治教育工作的人员使用，也可作为高等院校思想政治教育专业学习研究的重要参考书目，同时还可供党建等其他专业选用和社会读者阅读。

课题组
2024 年 5 月

目录

实践篇　成都工贸职业技术学院 工匠文化建设的探索与实践

理论篇

高职院校工匠文化

建设的思路与举措

1 工匠文化与高职院校文化相关理论概述

工匠文化和高职院校文化具有耦合关系，分析二者的耦合关系，需要从理论角度出发，重点对工匠文化和高职院校文化的含义、特点和功能等问题进行层次性探究，在此基础上分析高职院校工匠文化建设的必要性。以高职院校文化为切入点谈工匠文化，其目的在于推动工匠文化育人，提升高职院校人才培养效果。工匠文化建设和高职院校文化建设具有一致性：目标任务都是以育人为中心，实施主体都是学校和企业，价值导向都是弘扬先进文化，载体都是学校。因此，工匠文化是高职院校文化建设的精神要义，高职院校文化建设是工匠文化建设的应有之义。在此基础上，才能更加深入理解高职院校工匠文化内核，为工匠文化的认同和践行奠定认知基础。

1.1 工匠文化

工匠文化源远流长，是一种文化形态，是中华民族辛勤劳动、技能匠艺的文化精神总结，更是对中华优秀传统文化的有益补充。工匠文化内蕴精湛的技艺和精益求精的工作态度，塑造了一代又一代工匠的形象，成为社会进步和经济发展的重要推动力。对工匠文化的解读，需要从文化视角深入理解"工"和"匠"，注重把握工匠的一般属性和根本属性，在此基础上深入阐析工匠文化的内在意蕴，以不同学科视角分析工匠文化，从匠志、匠德、匠艺、匠师四个维度对工匠文化进行解读。只有对工匠文化的孕育与传承进行系统性剖析，才能把握好新时代工匠文化的内涵和意义，凸显工匠文化深厚的历史底蕴和丰富的时代特征，以及在人类社会演进和时代发展中的重要作用。

1.1.1 工匠、工匠文化的含义

对"工匠"和"工匠文化"的含义进行梳理，是深刻理解和把握"工匠"和"工匠文化"内涵的前提，对深入学习和研究"工匠"和"工匠文化"具有基础性作用。

1.1.1.1 工匠的含义

理解"工匠"，既要了解"工"，又要知晓"匠"。"工"是象形字，形似工具，"工"与"巨"（矩）在古汉语中是同一个字，有"规矩"的意思，即持有工具。从词性的角度来理解，"工"既可以作为名词来使用，又可以作为形容词来使用，还可以作为动词来使用。首先，作为名词，"工"可以指代工作、工人、工作场所或工作过程等。如东汉许慎在《说文解字》中解释道："工，巧饰也，像人有规矩也。"这里的"工"就是指工匠使用的曲尺。《论语·卫灵公》："工欲善其事，必先利其器。"这里的"工"指的是工匠，也就是从事各种技艺的劳动者。其次，"工"还可以当形容词来使用，表示精巧、精致等含义。例如，《晏子春秋·问上二四》："任人之长，不强其短，任人之工，不强其拙。"这里的"工"指的是"精巧"。最后，"工"还可以当动词来使用，表示擅长、善于等意思。《韩诗外传》卷二："昔者舜工于使人，造父工于使马。"这里的"工"指的是"擅长"。总而言之，"工"作为名词、形容词和动词，可以在不同的语境中表示与工作、工艺或工程相关的含义。如何正确地认知"匠"呢？"匠"可以作为名词和动词来使用。"匠"最初指的是木工，东汉许慎在《说文解字》中解释道："匠，木工也。"这里的"匠"是指从事木工的人。南朝梁刘勰《文心雕龙·书记》："制者，裁也。上行于下，如匠之制器。"这里的"匠"也指木工，泛指工匠。"匠"还可以指某一方面造诣高深的人，如技艺高明的能手被称为"匠手"。此外，"匠"还可以用作动词，如《小尔雅》中的"匠，治也。"这里的"匠"指的是治理；元·王祯《农书》卷十三："窃谓镈，锄属，农所通用，故人多匠之，不必国工。"这里的"匠"指的是制作、创造。总体来说，"工"更强调的是劳动的意义，包括生产、制造等方面；而"匠"更侧重于技艺的传承和精湛的技术。无论是工人还是匠人，他们都在不同领域发挥着重要的作用。

对"工匠"的理解，还可以从一般属性和根本属性两个方面来分析。

众所周知，"工匠"本身就包含"工"和"匠"，是指具有特殊技能和经验的技能者，他们通过熟练的工艺和精湛的技术，将原材料转化为精美的产品。一方面，"工匠"具有和所有技能者一样的属性，即能够从事生产劳动，这就是"工匠"的一般属性，侧重于"工"的层面。另一方面，"工匠"不单单是指普通的技能者，如木匠、鞋匠、铁匠……而是指"技能者"这一群体里"脱颖而出"的那一部分人，侧重于"匠"的层面，这就是"工匠"的根本属性。这种根本属性立足于"匠"，别具"匠技"、独具"匠心"、颇具"匠魂"。其一，别具"匠技"。匠技主要是指工匠的技术。工匠们的技艺和经验经过长时间的磨练和传承，代代相传。工匠制作的产品超越了简单的物质范畴，可以称得上文化传承与表达，这种文化传承与表达的基础需要"工匠"具有高超的技术。其二，独具"匠心"。匠心主要是指工匠的心思。工匠对作品的理解不仅仅局限于技术和经验，还包含了一种对生活和工作的态度。工匠对自己的工作充满热情，追求卓越和完美。他们注重细节，追求精益求精，不断提高自己的技能和工艺水平，这本身就需要花费很大的心思。其三，颇具"匠魂"。匠魂主要是指工匠的精神。工匠们对自己的作品充满自豪，他们把工作当作一种艺术，十分追求对自己工作的认同和自我价值的实现。因此，这就需要工匠刻苦钻研，爱岗敬业，不断提升技艺，以此形成自身的精神特质。总体来说，"匠技"是基础，"匠心"是关键，"匠魂"是升华，三者共同推动"工匠"成为"匠人"。

1.1.1.2 工匠文化的含义

对工匠文化的解读，可以从学科视角出发。纵观社会发展的历史，在不同阶段都有与工匠文化主题相关的学术著作，这些学术著作代表了一定时期不同学科对工匠文化的阐释。比如在经济学领域，马克思、恩格斯撰写了《资本论》；在技术学领域，李约瑟撰写了《中国科学技术史》；在建筑学领域，刘叙杰等编著了《中国古代建筑史》；在艺术学领域，路甬祥撰写了《中国传统工艺全集》；在文化学领域，孙机撰写了《中国古代物质文化》；在人类学领域，薛凤撰写了《工开万物：17世纪中国的知识与技术》；在哲学领域，张慧撰写了《基于情境的工匠创造力研究》。以上学术著作，是进一步理解工匠文化的重要补充。此外，同济大学邹其昌教授2022年在人民出版社出版了我国第一部系统阐述工匠文化的专著《工匠文化论》，作者基于工匠文化生态学、工匠文化结构学、工匠文化形态学、工匠文化文明学四个篇目，对工匠文化体系进行了解构，通过具体、现实的案例，由点及面系统地阐述了工匠文化，为读者全方位深入理解工匠文化提供了重要借鉴。可以说，工匠文化本身就是一个涉及经济学、技术学、建筑学、艺术学、文化学、人类学、哲学等学科及其交叉学科的研究论题。

工匠文化强调对传统工艺和技术的传承和发展，其落脚点是文化，其根源属于价值观范畴。对工匠文化的理解，还可以运用文化的视角，从匠志、匠德、匠艺、匠师四个维度来分析。工匠文化的第一层内涵可以理解为匠志。"志，意也。"匠志即有成为工匠的志向和意愿，执着专注、乐而为之。对技能者而言，就是要有干一行爱一行的基本素质，专注于自己从事的行业，内心十分愿意从事相应行业，愿意做好本职工作，朝着工匠的方向不断努力前行。工匠文化的第二层内涵可以理解为匠德。"德，升也。"匠德是指要具备工匠的道德和品行，爱岗敬业，无私奉献。这种品德集中体现为忠于职守，十分热爱自己的本职工作，对待工作能够以小我奉献大我，大公无私，愿意积极帮助他人，以此实现共同成长。工匠文化的第三层内涵可以理解为匠艺。"艺"可以理解为技能、技术。匠艺就是说要具备工匠的技能和技术，精益求精、一丝不苟。技能者在练就匠艺的过程中，其核心是对细节的关注，就是要关注每一个细节，通过实践和经验的积累，从材料的选择到制作过程中的每一个步骤，都精益求精。技能者的技艺和技能是通过长期的实践和经验积累得来的。只有通过一丝不苟地实践和不断尝试，不断完善自己的技术，不断追求自我提升和创新，以适应时代的变革和需求的改变，才能练就更好的技艺，进而持续保持竞争力。工匠文化的第四层内涵可以理解为匠师。"师者，传道、授业、解惑，榜样，众多。"匠师是指要成为工匠的表率和榜样，追求卓越、臻于至善。工匠文化的价值观体现在对产品和生活的追求上。工匠们注重产品的质感和设计，追求细节的完美和独特的美学。这种追求卓越的态度影响了人们对生活的态度，鼓励他们追求品质和独特性，追求内在的价值和意义。这种文化价值观影响了人们对产品和生活的追求，鼓励他们追求品质和独特性，追求内在的价值和意义。总之，工匠文化既包含技艺的传递，又内蕴文化的传承，承载着工匠对精神价值和情感认同的追求。匠人们通过心怀"执着专注、乐而为之"的匠志、树立"爱岗敬业、无私奉献"的匠德、练就"精益求精、一丝不苟"的匠艺，以此成为"追求卓越、臻于至善"

的匠师，传递了一种独特的美学和文化价值观。

1.1.2 工匠文化的孕育与提出

研究"工匠文化的孕育与提出"，是对"工匠文化"内涵理解的延续，有利于从更深层次、宽领域把握"工匠文化"在不同阶段的核心要义，进而加强对工匠文化的认同。

1.1.2.1 工匠文化的孕育

工匠文化是一种珍贵的文化遗产，它是由历史、人民智慧和劳动精神共同孕育而成的。在中国古代，工匠们通过世代传承的技艺和精湛的技术，创造出了许多令人惊叹的艺术品和建筑物。可以说，工匠文化的孕育离不开对传统技艺的传承和培养。从古至今，工匠文化一直是中国传统文化的重要组成部分。年轻人跟随老师傅学习技艺，从最基础的工作开始，逐渐掌握各种技巧和技能。他们不仅追求工艺的美感，还注重产品的实用性和功能性。他们往往需要花费数年甚至数十年的时间才能成为一名合格的工匠。工匠文化最早产生于旧石器时代。在古代农业社会，"工"是古代"四民"之一，"士、农、工、商"的重要组成部分。原始社会的打制、磨制石器或骨器等工作，其实就是技能人最简单的工匠文化表达，等到夏商周时期许多科技发明成果陆续产生，实际是工匠文化的发展和延续。

中国古代社会，工匠被视为社会的重要组成部分，他们的技艺和贡献被广泛称赞和推崇。中国古代社会对工匠的尊重体现在多个方面。首先，工匠的技艺被认为是一种宝贵的财富，因此他们受到社会的高度赞赏。他们的工作被视为一项艺术，他们的才华和智慧得到广泛称赞。古代文献中有很多赞美工匠们的技艺和创造力的词语，比如"巧夺天工""鬼斧神工""如切如磋，如琢如磨"。其次，社会给予工匠们相应的地位和待遇。在中国古代社会中，工匠被视为有特殊技能的人群，他们的工作不仅需要努力和智慧，还需要多年的学习和实践。因此，他们在社会中享有一定的地位和声望。工匠们常常被赋予特殊的称号，如"匠人""巧匠"等，以彰显他们的特殊身份。历代统治者也积极支持工匠们的发展和创新。总之，工匠文化蕴藏深厚的文化底蕴和创造力，对工匠文化的传承和发扬，是对中华优秀传统文化的礼赞，有利于提升文化自信。因此，无论是古代还是现代，工匠们都以其勤奋和智慧，为中国的工艺品制作做出了巨大贡献。通过传承和弘扬工匠文化，我们可以更好地保护和发展传统技艺，使其在现代社会中继续繁荣。

1.1.2.2 工匠文化的提出

党的十八大以来，习近平总书记多次围绕"工匠"主题进行深刻阐述，虽然没有关于"工匠文化"的直接论述，但多次强调要弘扬工匠精神，这是工匠文化的内核。习近平总书记关于工匠精神的重要论述，是习近平新时代中国特色社会主义思想的重要组成部分。特别是在 2020 年 11 月 24 日举行的全国劳动模范和先进工作者表彰大会上，习近平总书记高度概括了工匠精神的深刻内涵，即"执着专注、精益求精、一丝不苟、追求卓越。"[①] 习近平总书记关于工匠精神的重要论述，进一步发展了马克思主义劳动观和劳动价值理论，继承了中国传统文化中"道技合一"的理念，彰显了新时代工匠文化，成为推动党在新时代治国理政的实践理论。一方面，要立足马克思主义解析新时代工匠文化。马克思指出，"劳动是整个人类生活的第一个基本条件，而且达到这样的程度，以致我们在某种意义上不得不说：劳动创造了人本身"[②]，可以说，劳动创造价值。工匠文化的衍生同样离不开劳动，正是在劳动的滋养下，工匠文化才得以不断升华。早在 2017 年 12 月，习近平总书记在江苏考察时就强调，"大力弘扬劳模精神和工匠精神，在为实现中国梦的奋斗中争取人人出彩。"[③] 这突出说明了习近平总书记立足于价值维度，鼓励劳动者将自我价值与社会价值有机结合起来，这是对马克思主义劳动价值理论的升华。另一方面，要立足中华优秀传统文化解析新时代工匠文化。中华优秀传统文化内蕴工匠文化，中华民族发展史是一部充满着灿烂文化的历史，这部历史记录了中华民族从古至今的成长与发展，展示了中国文化的丰富多样性和独特魅力。其中非常重要的就是工匠领域的历史，而"道技合一"的理念便贯穿其中，成为工匠发展史的生动印证。正是因为扎根于中国优秀传统文化的土壤，新时代工匠文化的表达和提升才更具有民族特色和文化特色。中华民族传统文化中融合了德艺兼修的工匠文化追求，为新时代工匠文化提供了丰富的养分。

习近平总书记关于工匠精神的重要论述，具有战略性和创新性，体现

---

① 习近平. 在全国劳动模范和先进工作者表彰大会上的讲话 [M]. 北京：人民出版社，2020：4.

② 马克思，恩格斯. 马克思恩格斯选集：第 1 卷 [M]. 中共中央马克思恩格斯列宁斯大林著作编译局，译. 北京：人民出版社，2012：988.

③ 樊曦，齐中熙，赵文君，等. 劳动托举梦想，奋斗书写华章：以习近平同志为核心的党中央关心劳模和劳模工作纪实 [N]. 光明日报，2020-11-24（01）.

了他对新时代高素质产业工人队伍建设的关切，更为当前高质量发展指明方向和路径。其一，党的二十大报告提出一系列"强国建设"的目标指向，擘画了"强国建设"的宏伟蓝图，建设"制造强国"成为应有之义。而"制造强国"的建设本身就与工匠文化息息相关，需要高素质产业工人的有力支撑。国务院印发的《中国制造2025》指出，"没有强大的制造业，就没有国家和民族的强盛"，因此，制造业的发展与制造强国的建设存在密切联系，不论是制造业的发展，还是制造强国的建设，都与工匠文化关系紧密。可以说，工匠文化是精神支柱。习近平总书记还鼓励新时代劳动者用干劲、闯劲、钻劲鼓舞更多的人，激励广大劳动群众争做新时代的奋斗者，并通过建设知识型、技能型、创新型劳动者大军提振当代工人阶级精气神①。这为新时代高素质产业工人队伍建设提供了重要遵循，也能够为制造强国建设提供人力资源支撑。其二，高质量发展的推动离不开彰显新时代工匠文化的高素质劳动者。习近平总书记早在2015年4月庆祝"五一"国际劳动节暨表彰全国劳动模范和先进工作者大会上就指出，"劳动者素质对一个国家、一个民族发展至关重要。劳动者的知识和才能积累越多，创造能力就越大。"② 因此，新时代工匠文化对于劳动者素质培养极其重要，能够激发劳动者的工作热情和创造力，焕发出新时代的道德与实践力量，进而能够加快实现科技自主创新，促进中国制造业高质量发展。

1.2 高职院校校园文化

高职院校校园文化属于文化范畴，是高职院校校园精神的重要体现，能够彰显高职院校办学软实力。对高职院校校园文化进行分析，需要首先厘清文化和校园文化的含义，以此深入理解高职院校校园文化的内涵。高职院校校园文化是一个多层面的共同体，既包含学校景观、生活场所等物质文化，又包含校徽、校训、校风、学风等精神文化，还包含学校党建、教学、科研、学生管理等制度文化。在理解文化、校园文化、高职院校校园文化含义的基础上，需要把握好高职院校校园文化的特点和功能，同时

① 习近平. 习近平书信选集：第一卷 ［M］. 北京：中央文献出版社，2022：170.
② 习近平. 在庆祝"五一"国际劳动节暨表彰全国劳动模范和先进工作者大会上的讲话 ［M］. 北京：人民出版社，2015：9.

从继承性、职业性、地域性、创新性出发，厘清其特点，从人才培养、价值导向、创新凝聚、社会服务出发，分析其功能。总之，推进高职院校校园文化建设是职业教育落实立德树人根本任务的重要举措，需要结合高职院校校园文化的特点和功能进行统筹谋划。

1.2.1 文化、校园文化、高职院校校园文化的含义

对高职院校校园文化的理解是一个递进式过程，需要在理解好文化和校园文化的基础上深化认识。因此，笔者以"文化"为切入点，逐步深入研究校园文化和高职院校校园文化的含义，为全方位把握高职院校校园文化奠定基础。

1.2.1.1 文化的含义

著名社会学家费孝通先生指出："未来的 21 世纪将是一个个分裂的文化集团联合起来，形成一个文化共同体，一个多元一体的国际社会。而我们现在的文化就处在这种形成的过程中。"① 如果说经济是一个国家的"外壳"，那么文化则可以说是其"灵魂"。国家的存在和个人一样，必须有其主心骨，否则，就会"失魂落魄"。新的历史时期，民族的复兴不仅是经济的崛起、军事的强大，更是文化的继承与创新。历史和现实表明，一个民族和国家的觉醒，一个民族和国家的复兴，核心是文化、价值观的复兴。包括古代中国在内的世界历史上的大国，在起起落落的背后，都摆脱不了价值观与精神文化的深刻影响。在中华优秀传统文化典籍中，"文化"一词最早出现在《说苑·指武》中，指的是"教化"的含义。就目前关于"文化"的理论研究成果而言，可以从广义和狭义两个方面进行剖析。广义的文化，指人类的一切活动所造就的现象或结果的总和，文化即人化。广义的文化既包括有形的、物质性的、实体性的"器""物"，又包括无形的、精神性的、虚拟性的"思想""道义"等，还包括以遗传密码方式传承下来的人类各种社会生活习俗、礼仪、节庆等行为方式。狭义的文化，特指通常意义上的与政治、经济相对应的"文化"，即科学、技术、艺术等。文化是一个历史范畴，随着人类社会实践活动领域的不断扩展，文化也发生着相应的变化与发展。如与农业经济相一致的手工艺文化，与商品经济相一致的工业制造文化，与虚拟经济相一致的数字智造文化等。"文

---

① 费孝通. 从反思到文化自觉和交流 [J]. 读书，1998 (11)：4-10.

化"还是一种社会学范畴，由于不同地域所处的自然环境等的不同，文化具有地域性、民族性和多元性等特征。比如地域性的文化按照全球地理视角可以分东方文化和西方文化；还可以按照不同国家视角划分为中国文化、印度文化、希腊文化等；此外，按照中国不同的地理方位也可以进行划分，比如中原文化、巴蜀文化、岭南文化、长江文化等。总之，文化是指一定区域内，在人类长期从事活动中所创造形成的一切产物，包括物质、精神及社会生活条件等，是一种历史现象，也是人类社会与历史统一的有机体。

文化具有思想引领、增强认同、凝聚共识的作用，是对思想政治教育活动的"资源"和"教材"的补充，有助于人们优化认知、固化信念、活化行为，以此实现人的自由而全面的发展。一是以思想引领优化认知。文化本身就包含众多资源，不同的文化资源本身就内蕴思想政治教育功能。一方面，文化可以帮助人们从价值认知层面形成正确的价值认知。不同的文化最终折射的都是不同的价值取向，学习了解不同文化就是不同价值取向的优化，可以实现正确的价值认知。另一方面，文化可以帮助人们从历史认知层面强化认知。对不同文化的理解，实则是透过文化发展的历史去认知文化。通过对文化发展的理解，可以进一步强化历史认知，从而树立正确的历史观。二是以增强认同固化信念。中华文化历史悠久，在历史长河中产生了许多先进文化，这些先进文化是历史经验的总结，有助于帮助人们保持定力、笃信真理，真正实现文化自信，以此坚定理想信念。三是以凝聚共识活化行为。不同的文化都有相应的典型人物、典型故事等，比如红色文化中有革命英雄人物和英雄事迹。透过不同文化，可以凝聚共识，使人们实现情感共鸣。可以通过故事场景激活人们的情感，以此增强认同感；还可以通过榜样示范的方式，选取模范代表，激活人们对模范榜样精神内核的践行。

1.2.1.2 校园文化的含义

"校园文化"一词最早可以追溯到 1932 年美国学者华勒提出的"学校文化"，中国最早提出"校园文化"可以从 1956 年中国高等教育的编年史中找到印记。1986 年 4 月，上海交通大学正式提出"校园文化"这一概念。自此，学界开始了关于校园文化的理论与实践的科学研究。校园文化作为社会文化分支中的一种亚文化，受全球化、网络化影响，呈现出多元化的发展趋势。校园文化是文化的重要组成部分，是社会文化在校园里的折射和反映，是一种特殊的社会文化，它根植并发展于校园这个特定的环境中，伴随着学校的发展而产生，并随着学校的演变而逐渐发展。校园文化有广义和狭义之分，广义的校园文化是按照其构成的要素划分，包括二要素说、三要素说、四要素说、五要素说和多要素说。二要素说主要是从文化的概念中延伸过来的最基本的两个要素，即校园文化是学校全体师生在长期的实践过程中，以校园为主要发展空间，以校园文化活动为主要载体，将学校精神与价值观念相融合所形成的物质文化和精神文化的总和。三要素说主要是在二要素说的基础上又强调了制度文化的重要性，即校园文化是学校在长期发展变革过程中共同创造形成的物质文化、制度文化与精神文化的总和。四要素说是在三要素说的基础上的进一步衍化。著名教育家潘懋元认为："高校校园文化应该包括精神文化、物质文化、制度文化和智能文化。"① 也有学者提出：校园文化包括"物质文化、精神文化、制度文化和行为文化四个层面"②。广义的校园文化五要素说包括"物质文化、智能文化、精神文化、制度文化和行为文化"③。多要素说则倾向于以校园为地理文化圈，以社会文化为背景，以学校管理者和全体师生员工组成的校园人为主体，以校园生活、人际关系、精神面貌、价值取向、舆论风气为主要内容，以课外文化活动为基本形态。多要素说认为，校园文化是在学校教育、学习、生活、管理过程中形成的活动方式、活动过程及其结果。狭义的校园文化主要有课外活动说、校园精神说、校园环境说等，单指课外活动、校园精神、校园环境等某一方面或某一领域。显然，校园文化在构成上既包括校园建筑、自然景观、花草植被等物质形式，也包括学校在办学进程中积淀与形成的特有办学传统、校风学风、人际关系、班级氛围以及校风校纪、行为准则、师生关系等。因此，校园文化可以理解为以学校为基本场域，在具体教育教学实践中形成的校园物质和精神共同体。

校园文化可以从以下两个方面来阐释。第一，主体论。师生是校园文化的主体。师生在校园生活中占据重要地位，校园文化是师生生活依托的

① 潘懋元. 新编高等教育学 [M]. 北京：北京师范大学出版社，2009：35-37.
② 郭瑞鹏，李良，张鹏鹏. 高校校园文化育人的内涵及路径创新研究 [J]. 河南教育（高等教育），2021（11）：49-51.
③ 李高南，熊柱. 关于高校校园文化建设的思考 [J]. 广西大学学报（哲学社会科学版），2005（4）：87-89，98.

环境，需要学校师生的普遍认同和践行。因此，校园文化是校园精神的高度总结。比如校风体现的是学校的精神风貌，校纪体现的是学校的纪律要求，校规体现的是学校的规则要求。第二，层次论。校园文化是一个包含物质、精神、行为、制度等多层次的理论体系，反映的是学校的文化氛围。其中，精神文化是核心范畴，是对学校理念的集中诠释。物质文化是学校师生可以直接感知的现实文化，比如教学楼、宿舍、食堂等。制度文化体现的是学校在教育教学中的顶层设计和实践要求，具有重要的指导作用。行为文化是学校师生工作、学习、生活等的直接体现，反映师生日常行为规范。总之，从主体论和层次论两个方面深入理解校园文化本质，是对校园文化的深入研究，有利于从更深层次阐析校园文化的含义。

1.2.1.3　高职院校校园文化的含义

高职院校校园文化属于校园文化的内延，是围绕高职院校这一切入点研究校园文化。高职院校属于高校范畴，是指高等职业院校，具体包括职业技术学院、职业学院、高等专科学校、职业技术大学、职业大学。需要说明的是，职业技术大学尽管实施本科层次高等职业技术教育，但仍保留专科教育，如深圳职业技术大学、南京工业职业技术大学、四川工程职业技术大学等；部分职业大学尽管实施本科层次高等职业技术教育，但同时开展专科招生，如贵阳康养职业大学、浙江药科职业大学、山西工程科技职业大学、景德镇艺术职业大学、辽宁理工职业大学、西安汽车职业大学、西安信息职业大学、成都艺术职业大学、海南科技职业大学、广西城市职业大学、河南科技职业大学、山东外事职业大学、南昌职业大学；部分高等职业技术学校也纳入高职院校管理范畴，如南京高等职业技术学校、苏州高等职业技术学校等；目前全国有 4 所学校以"大学"命名但只举办专科教育，也属于高职院校管理范畴，如开封大学、焦作大学、牡丹江大学、淮南联合大学。以上提及的所有学校均属于高职院校范畴，这是对高职院校概念的基本明晰。结合上文关于"校园文化"的分析，形成关于高职院校校园文化的基本含义。高职院校即校园文化，主要是指高职院校立足自身长期办学实践和社会发展需求，在办学宗旨和发展目标指引下，由全校师生员工直接参与和创造、公认和遵循的价值取向、思维方式、行为规范和准则的总和。

从文化的视角对高职院校校园文化进行深入分析，需要围绕高职院校校园文化的内容、层次、组织形式等方面展开。高职院校作为学校系统的重要组成部分，承担着人才培养、科研与技术转化、传承传播文化的重要使命。高职院校校园文化坚持以"人"为中心，其主体是"人"，目标指向也是"人"。结合高职院校具体实际，在内容方面，不同高职院校的不同学科专业创造出了各具专业特色的文化活动；在层次方面，高职院校校园文化覆盖了教育教学、科学研究、课余活动等多个方面；在组织形式上，不同形式的学术交流和丰富多彩的文体活动吸引师生参与到校园文化建设中。2004 年，《教育部共青团中央关于加强和改进高等学校校园文化建设的意见》指出，"高等学校校园文化是社会主义先进文化的重要组成部分。"[①] 中共中央、国务院在《关于进一步加强和改进大学生思想政治教育的意见》中指出，"校园文化具有重要的育人功能，要建设体现社会主义特点、时代特征和学校特色的校园文化，形成优良的校风、教风和学风。"学校是传授知识与培养技能、造就人才的专门化社会机构，天然具有鲜明的文化特质；学校也是确立学生世界观、价值观、人生观的专业化教育基地，必然具有极其鲜明的文化特性。高职院校是培养高素质技术技能人才的主阵地，在高职院校推进校园文化，是支撑人才培养的重要举措，为技能型社会建设、社会主义现代化强国建设提供了重要基础。因此，高职院校校园文化是指在高职院校校园的特定范围内，由学校师生在与教育和被教育有关的一切过程中创造形成的物质财富、精神财富及其创造形成过程的总和。

1.2.2 高职院校校园文化的特点与功能

高职院校校园文化建设是学校建设的基础性工程，具有继承性、职业性、地域性、创新性的特点，能够弘扬优秀传统文化、突出职业院校属性、引领社会文化和培育高素质人才。同时，高职院校校园文化并不是独立存在的个体，而是包含人才培养、价值导向、凝聚创新、社会服务的功能。高职院校校园文化建设还具有丰富的社会服务功能，是对地方经济社会发展的重要补充。

1.2.2.1 高职院校校园文化的特点

所谓特点，可以简单理解为特别之处、特殊之处。高职院校校园文化

---

① 教育部，共青团中央. 教育部共青团中央关于加强和改进高等学校校园文化建设的意见 [EB/OL]. (2004-12-13) [2024-01-20]. http://www.moe.gov.cn/s78/A13/s7061/201410/t20141021_ 180396. html.

的特点就是高职院校校园文化自身的特别之处和特殊之处。这种特别之处和特殊之处集中体现在继承性、职业性、地域性、创新性四个方面,是深化高职院校校园文化体系性认知的重要组成部分。

第一,高职院校校园文化具有继承性。高职院校校园文化不是独立产生的,而是有特定的文化继承,这种文化继承主要体现在对历史文化的关切,即继承了传统文化中的精华部分,同时又积极吸收了社会主义先进文化。在继承的过程中,主要是要让师生以文化的认知为基础,加强对民族发展、国家发展和区域发展过程中涉及的文化形成认同,坚定文化自信。同时,还需要兼收并蓄,积极吸收外来文化中的优秀成分。要用开放的视角来审视其他国家、民族的优秀文化,积极吸取与自身实际相适应的文化。特别是随着信息技术的飞速发展,高职院校更需要学会用新技术、新手段加强文化的交流与融合。总体来说,高职院校校园文化需要以继承为基础,结合高职院校实际进行拓新,让高职院校校园文化更具活力、更符合本校实际。

第二,高职院校校园文化具有职业性。高职院校校园文化的职业性是针对高职院校这一主体而言。高职院校的最本质属性就是其职业性,主要是服务于高素质技术技能人才培养。高职院校校园文化的职业性主要围绕学校办学类型、学校设置专业展开。一般而言,高职院校办学类型基本可以划分为综合类高职院校(如武汉职业技术学院)、理工类高职院校(如重庆工程职业技术学院)、农林类高职院校(如黑龙江农业经济职业学院)、医药类高职院校(如重庆医药高等专科学校)、师范类高职院校(如桂林师范高等专科学校)、语言类高职院校(如海南外国语职业学院)、财经类高职院校(如江西财经职业学院)、政法类高职院校(如浙江警官职业学院)、体育类高职院校(如四川体育职业学院)、艺术类高职院校(如湖南工艺美术职业学院)、民族类高职院校(如宁夏民族职业技术学院)、旅游类高职院校(如浙江旅游职业学院)、水利类高职院校(如山西水利职业技术学院)。不同类型的高职院校,其校园文化的职业性与学校设置专业有紧密联系,如医药类高职院校紧扣医药文化,体育类高职院校紧扣体育文化。不同高职院校职业性的凸显,是服务国家发展和地方发展以及学校自身发展的现实体现。

第三,高职院校校园文化具有地域性。高职院校的办学地域基本是相对固定的,部分高职院校因校区多可能存在多地区办学的情况,但大多数高职院校基本在某一个校区集中办学或 2~3 个校区跨校区办学。当前，不少高职院校把服务地方经济社会发展作为衡量学校自身发展的重要指标。部分省（自治区、直辖市）的教育管理部分研究出台了关于提升高校服务地方经济社会发展能力的指导意见，并探索将高校服务地方经济社会发展工作纳入年度目标考核工作指标。从宏观上看，高职院校校园文化的地域性是落实国家对地方发展相关要求的实际需要。调研发现，不少高职院校都是沿袭中职到高职的发展道路，其中不少中职院校在升格为高职院校的过程中，主管部门将同地域类的相近专业院校资源进行了优化整合，从而形成了高职院校办学格局。从微观上看，高职院校校园文化的地域性还体现在对所处地域的文化传承与传播。比如由广安市人民政府主办的广安职业技术学院，地处邓小平同志故里广安市，作为广安市的唯一一所高职院校，其校园文化凸显了广安地域特色。所以，高职院校校园文化的地域性，能够增强高职院校的文化底蕴，为高职院校高质量发展提供文化支撑。

第四，高职院校校园文化具有创新性。作为高职院校发展的不竭动力，创新推动了高职院校各方面工作的积极发展。对于高职院校而言，在弘扬和传承文化的基础上，需要融合创新元素来推动校园文化工作，为高职院校校园文化赋予新内涵。一方面，创新平台建设。通过搭建企校联动平台、数字赋能平台、多媒体推广平台，推进高职院校校园文化建设工作。一是搭建企校联动平台。由政府牵头，联动行业、企业、学校，结合职业教育相关政策，推动高职院校人才培养与地方经济社会发展紧密结合，为职业教育和地方经济社会高质量发展提供支撑。二是搭建数字赋能平台。以信息技术为抓手，运用虚拟仿真等技术推进高职院校各专业建设，提升高职院校数字资源建设的实效性。三是搭建多媒体推广平台。由高职院校宣传部门负责，运用微信公众号、抖音、微博等多媒体平台，形成学校多媒体宣传矩阵，创造相关文化作品并积极在平台上推广宣传，加强高职院校校园文化的辐射和影响。另一方面，创新制度建设。通过建立系统科学的制度体系，着力从党群工作、行政工作、教学科研、学生管理等方面着力，通过制度推动高职院校校园文化工作落地落实。同时，要注重科学评价考核，对校园文化工作要进行系统性建构，设置相应考核指标，探索形成相应考核机制。还要加强激励和保障，对于考核结果有效运用，纳入相关评优评先工作，使校园文化建设更具效用。

1.2.2.2 高职院校校园文化的功能

所谓功能，简而言之就是指作用、效用、效能。高职院校校园文化的功能就是指高职院校校园文化能够产生、发挥的作用、效用、效能。高职院校校园文化的内核是文化育人，通过文化来引导人、培育人。因此，高职院校校园文化的功能可以理解为人才培养、价值导向、凝聚创新、社会服务。

第一，高职院校校园文化具有人才培养功能。校园文化工作是高职院校工作的重要组成部分。高职院校是学校，其本职工作就是育人。高职院校校园文化工作的主要任务是以文化人，发挥高职院校教育的基本功能，以此回应"培养什么人"的问题，形成人才培养功能。高职院校校园文化的人才培养功能主要体现在德育、智育、体育、美育、劳育五个方面。其一，德育。德育就是思想政治教育。把德育放在首位，突出的是高职院校校园文化建设的方向问题。高职院校的德育要求用中华优秀传统文化和社会主义先进文化来加强教育高职院校学生，使其始终沿着正确的方向成长，成为思想素质过硬、具有良好技术的符合国家发展需要的技术技能人才。其二，智育。高职院校的智育可以通过课堂教学和丰富多彩的校园文化活动展开。而课堂教学和校园文化活动本身就属于高职院校校园文化范畴，通过理论和实践的方式，学生可以掌握科学文化知识，并以此学以致用。其三，体育。高职院校的体育主要通过体育活动展开，适当的体育活动能够帮助师生调节心理，促进师生身心健康发展。同时，体育活动还具有娱乐效用。在工作和学习之余开展一定的体育文化活动，能够增强体质，进而帮助师生提高工作实效性。其四，美育。高职院校校园文化中的物质文化本身就具有美育因素，比如学校的广场、操场、教学楼、图书馆等，能够帮助学生认识和发现美，进而培养和提高审美。其五，劳育。高职院校的劳育主要通过不同的文体活动展开，也贯穿育德育、智育、体育、美育各方面，能够帮助学生以劳树德、以劳增智、以劳强体、以劳育美。劳育是一个有机体。

第二，高职院校校园文化具有价值导向功能。高职院校校园文化的导向功能是指高职院校通过具体的文化活动，引导师生形成正确的价值取向。高职院校有其特定的文化氛围和环境，文化氛围和环境本身就对学校师生有相应的导向功能，主要体现在两个方面。一是传播知识的功能。传播的知识是指高职院校学生在校学习的各个方面的知识，比如专业基础知识、专业延伸知识、思政课相关知识、心理健康知识、劳动教育知识、体育知识、军事知识、创新创业知识、职业规划相关知识、美育相关知识。教师通过专业课、公共课以及丰富多彩的校园文化活动对以上知识进行系统拓展，以教育教学活动的形式服务于校园文化工作，能够帮助学生系统掌握相关知识，以此帮助学生由知识积累逐步转向素养提升。二是道德规范功能。高职院校校园文化蕴含丰富的思想政治教育资源。比如学校校风、校纪、校规反映学校的精神面貌、纪律要求和规则意识，其实就是对学生进行纪律和规则的引导和教育。再比如专业课、各类通识性公共课课程思政教学设计，是为了增强学生的政治认同，培养学生的家国情怀，助力学生形成正确的道德规范，其目的是提升高职院校立德树人成效。

第三，高职院校校园文化具有凝聚创新功能。高职院校校园文化工作，需要按照守正的原则进行创新，就是要坚持正确的价值导向，不断推陈出新。高职院校校园文化的凝聚创新功能是指高职院校校园文化在引导学生形成共同的价值观念、行为规范等的基础上，围绕创新主题对学生进行创新思维培养和创新能力提高。一方面，高职院校校园文化有利于培养学生创新思维。创新是高职院校校园文化的重要组成部分。近年来，国家大力提倡创新创业，各高职院校按要求开好创新创业基础课程和实践课程，落实相应学分和学时，探索将专业教育与创新创业教育有机融合，同时将学生参加创新创业比赛、自主创业、取得发明专利等成果纳入课程考核指标。通过学习创新创业课程，学生创新思维得到有效培养。另一方面，高职院校校园文化有利于提高学生的创新能力。基于国家对创新创业工作重视的时代背景，高职院校每年都围绕创新创业主题开展一系列活动和举办一系列比赛。对高职院校而言，每年除了有机会和本科院校的本科生、研究生同台竞技创新创业大赛，还有机会参加面向所有职业学院的中华职业教育创新创业大赛。这凸显了高职院校在创新创业教育方面的重要机遇。通过参加各种比赛，学生创新能力不断提高。无论是创新创业课程学习还是参加创新创业比赛，都是高职院校校园文化的重要组成部分，具有凝聚创新功能。

第四，高职院校校园文化具有社会服务功能。服务社会是推动高职院校自身发展的重要路径，高职院校具有社会服务的职能。因此，高职院校校园文化也具有社会服务的功能。高职院校校园文化的社会服务功能是指以高职院校校园文化为载体的社会服务总和所产生的具体效用。高职院校要实现自身发展，必须要服务社会，高职院校校园文化的目标指向就是服务社会。因此，高职院校要通过人才培养和科技服务等形式推进社会发展。一方面，高职院校校园文化以高素质技术技能人才培养推进社会发展。高素质技术技能人才培养是高职院校自身重要任务之一，这就要求高职院校培养的人才能够适应社会发展的现实需要，服务地方经济社会发展。因此，高职院校学生要具有扎实的学识和技能，学好专业知识和技能，依托校企合作平台等不断提升自身专业本领。另一方面，高职院校校园文化以科技转化和服务推进社会发展。高职院校偏重于应用，注重科研工作转化。比如教师将自己的科技研发成果进行转让，通过协议定价的方式，将成果转让给相关公司应用于生产以发挥实际效用。从 1997 年开始，国家相关部门就发文鼓励大学生利用寒暑假开展文化、科技、卫生"三下乡"活动。许多高职院校也积极落实该项活动，特别是不少高职院校利用假期时间组织学生前往农村，通过义务家电维修、直播带货等方式，让技能赋能乡村振兴。总之，通过人才培养、科技转化、科技服务等方式，高职院校校园文化的社会服务功能得到了进一步发挥。

1.3 高职院校工匠文化建设的必要性

高职院校工匠文化建设是指以工匠文化为切入点，从物质文化、制度文化、行为文化、精神文化等方面对高职院校校园文化进行建设。高职院校工匠文化建设有其必要性，是工匠文化与高职院校校园文化建设的耦合。一方面，工匠文化是高职院校校园文化建设的精神要义；另一方面，高职院校校园文化建设是工匠文化彰显的应有之义。通过高职院校工匠文化建设，高职院校可以整合校园工匠文化资源，营造校园工匠文化氛围，搭建校园工匠文化平台，以此提升师生工匠文化素养和综合素质，传承和弘扬工匠文化，坚定文化自信，助推高职院校文化育人工作落实，提升高职院校工匠文化质量，进而为技能型社会建设提供强大文化引领，为推进社会主义现代化强国凝聚精神力量。

1.3.1 助力工匠文化的传承和弘扬

校园文化是高职院校传承工匠文化的重要载体。传承与弘扬工匠文化是一种文化实践活动，其本质是传播文化，就是通过相应的载体，实现工匠文化的思想政治教育意义。以高职院校校园文化为载体传承和弘扬工匠文化，就是将高职院校校园文化作为文化载体，将工匠文化与高职院校校园文化有机结合，以使工匠文化的内容与高职院校校园文化内容耦合，实现文化育人的思想政治教育目标。将工匠文化融入高职院校校园文化建设，可以结合高职院校校园物质文化、制度文化、精神文化等，助力工匠文化的传承与弘扬，从而使高职院校师生从校园文化形成工匠文化认知，并积极认同和践行工匠文化。其一，可以将工匠文化融入高职院校校园物质文化。打造工匠文化主题校园景观，将工匠文化与高职院校楼宇名称命名结合起来，以使高职院校地标、环境等凸显工匠文化元素。比如在高职院校校园里打造工匠文化主题广场，分区域展示工匠文化的历史演进与当代传承，布置鲁班、墨子、李春、蔡伦、毕昇、张衡、黄道婆、马钧等工匠的雕像，通过宣传栏等方式宣传工匠事迹，设置工匠文化醒目标语。其二，可以将工匠文化融入高职院校校园制度文化。通过建章立制，使工匠文化与校园治理有效结合。比如通过制定"工匠文化育人年度工作要点和实施方案"为高职院校推进工匠文化育人提供顶层设计；通过制定"工匠型师资队伍建设实施方案"为高职院校师资队伍建设改革提供重要依据；通过制定"工匠文化融入学校人才培养指导意见"为高职院校各专业人才培养提供方向指引；通过制定"师生职业技能竞赛管理办法"为师生工匠精神培育和职业素养提升提供重要指导。其三，可以将工匠文化融入高职院校校园行为文化。通过打造工匠文化主题特色社团，开展工匠文化系列活动，引导学生学习工匠知识、体悟工匠文化，将工匠文化与社团活动联系起来。同时，还可以搭建工匠文化与学生日常行为规范相联系的"桥梁"，以工匠文化引导学生形成良好的行为规范，实现学生个人成长目标。

高职院校师生是弘扬工匠文化的重要主体。传承和弘扬工匠文化，是对中华优秀传统文化的礼赞，是中华优秀传统文化在高职院校的现实运用，能够让工匠文化与高职院校工作紧密结合，引导高职院校师生深刻认识、理解、体悟工匠文化，从而增强高职院校师生对工匠文化的认同，并以此赋能高职院校高质量发展。实现工匠文化传承和弘扬的重要主体是高职院校师生，对高职院校教师来说，可以结合教育教学工作来传承和弘扬工匠文化。从事管理工作的教师在管理上要传承和弘扬工匠文化，这就要求教师要在管理工作上"求精"，不断追求卓越，提高工作质量。从事教育教学的教师同样需要传承和弘扬工匠文化，比如专业课教师、公共课教师、实践课教师等分别要在专业课教学、公共课教学和实践课教学中融入工匠文化，结合专业特点，通过具体典型的案例，加强对学生进行中华优秀传统文化教育、职业理想和职业道德教育，实现专业教育与文化教育的有机融合。此外，教师在科研工作中也可以传承和弘扬工匠文化。通过有组织的科研活动，教师可以建立科研团队，围绕工匠文化主题开展学术研究，形成系列专著、论文等学术著作，还可以加强科研转化，通过科教融汇、产教融合等方式，加强与行业和企业合作联系，攻关前沿技术，以科研工作支撑高职院校校园文化建设。综上，以教学、科研和管理为抓手，能够助力工匠文化的传承和弘扬。对于高职院校学生来说，可以在参与教育教学活动中传承和弘扬工匠文化。一方面，日常的教育活动中蕴含丰富的工匠文化资源。不少高职院校都开展了具有学校特色的工匠文化主题活动，比如有的学校通过文化艺术节的形式开展工匠文化主题实践活动，有的学生通过讲座的方式参与工匠文化主题宣讲活动……学生通过参加系列活动，能够以实践的方式筑牢工匠文化根基。另一方面，日常的教学活动中也蕴含丰富的工匠文化资源。比如教师在教学中讲授的工匠文化主题相关案例，学生可以通过学习案例的方式掌握相关知识点，进而提升职业素养。

1.3.2 提升高职院校校园文化建设质量

工匠文化能够丰富高职院校校园文化建设的内容。高职院校工匠文化建设是将工匠文化融入高职院校校园文化，是运用工匠文化这一理论指导文化育人具体实践的过程，对高职院校校园文化建设的内容有重要的补充效用，能够进一步丰富高职院校校园文化建设的具体内容。高职院校校园文化建设本身就是一个系统性的复杂工程，其内容兼具静态性和动态性。一方面，静态性主要是指植根于中华优秀传统文化，是对中华优秀传统文化的现实彰显。在中华民族发展的具体实践中，产生了中华优秀传统文化，工匠文化作为中华优秀传统文化体系的重要构成部分，充实了高职院校校园文化建设内容。在中华优秀传统文化中，以工匠文化为主题产生了数不胜数的典型人物或故事。典型的工匠人物，既可以从年代划分，又可以从领域划分，还可以从地域划分。比如，制造行业的工匠有黄道婆、奚仲、欧冶子等；建筑行业的工匠有鲁班、蒯祥、黄成、雷金玉等；艺术行业的工匠有蒙恬、蔡伦、陆子冈等。唐朝工匠有杨务廉等、宋朝工匠有李诚等、元朝工匠有刘庭秀等、明朝工匠有宋应星等、清朝工匠有徐寿等。别具匠心、郢匠挥斤、神工意匠、庖丁解牛、精益求精、鬼斧神工等成语，既体现了古代工匠文化，背后又有典型工匠故事。以上列举的关于工匠文化的典型人物或故事，能够丰富高职院校校园文化建设内容。另一方面，动态性主要是指要汲取党的创新理论成果，能够生动展现时代发展的文化印证。新中国成立以来，我国在各个领域不断发展，取得了举世瞩目的成就，涌现了一批又一批先进模范。国家层面，表彰了劳动模范，评选了大国工匠；省市层面，建造了大国工匠博物馆，不少省市的博物馆都有关于工匠主题的场馆或展览，还有与工匠文化相关的公园、旧址等，都为进一步充实高职院校校园文化内容提供了重要支撑。

工匠文化能够提升高职院校校园文化建设的效果。高职院校校园文化建设质量对高职院校人才培养、自身发展等有重要的影响。以工匠文化融入高职院校校园文化，对高职院校人才培养、自身发展能够产生重要的指引作用，提升高职院校校园文化建设的效果。一方面，工匠文化融入高职院校校园文化有助于高职院校结合自身实际，构建富有职业教育特色的校园文化体系，从而形成校园文化建设品牌，促进高职院校自身发展，塑造高职院校良好形象。对高职院校而言，其自身具有职业教育属性，技术技能人才培养是其基本责任。不少高职院校深耕工匠文化，以工匠文化历史积淀提升校园文化厚度，通过打造工匠文化主题校史长廊，实现工匠文化历史和学校校史的交融，实现学校人才培养修德与育能并举，助力高素质技术技能人才培养。同时，高职院校还以工匠文化地方特色提升校园文化厚度，通过整合地方工匠资源，将其纳入高职院校校园文化建设，通过编写相关读本、开设相关课程、建立研究中心、成立学生社团、开展校园文化活动等方式，引导学生学习借鉴地方工匠在城市发展中的积极贡献，让高职院校校园文化更具地方特色。另一方面，以工匠文化为主题开展系列校园文化活动，能够帮助高职院校师生加深对工匠文化的认知，满足其精神文化需求，在丰富多彩的校园文化实践活动中自觉用工匠文化对标自身行为，从而促进高职院校师生的全面发展。通过组织开展工匠文化主题校园才艺比赛、手工技艺活动、辩论比赛、知识竞答比赛、红色影展活动，为高职院校校园文化建设提供思想保证和精神动力，有利于引导高职院校学生形成正确的职业观、世界观、人生观、价值观，积极践行社会主义核心价值观，坚定理想信念，树立文化自信，夯实信仰之基，锚定职业方向和规划，提升社会适应能力。

1.3.3 为推进社会主义现代化强国凝聚精神力量

工匠文化可以加强高职院校思想政治引领。工匠文化是中华优秀传统文化的宝贵历史文化遗产，饱含重要的文化价值和职业道德追求。用工匠文化来引领高职院校校园文化建设，能够为高职院校校园文化建设提供源源不断的文化滋养，通过汲取工匠文化的内在底蕴，以加强高职院校思想引领和政治方向。一方面，要求高职院校校园文化建设坚定正确思想引领。一是引导高职院校学生学好党的创新理论，坚持以习近平新时代中国特色社会主义思想为引领，学深悟透习近平总书记关于青年工作重要论述，按要求每周开展"青年大学习"活动，以劳动节、青年节、国庆节等重大时间节点，组织开展"青年信仰"讲座对话活动，引导高职院校学生勇于担当、铸魂立心。二是挖掘校史资源，讲好工匠故事，讲好学校故事。组织学生深入挖掘校史，以校史中的工匠为素材，拍摄录制为微电影和宣讲视频，作为校园文化实践活动重要素材。三是知行合一，勇于担当，引导高职院校学生在职业教育赛道跑出青春"加速度"。通过乡村振兴、志愿服务等主题社会实践活动，引领高职院校学生争当青年先锋，积极用技能践行社会责任。另一方面，要求高职院校校园文化坚定正确政治方向。高职院校要按要求开展入党启蒙教育，讲好中国共产党历史，通过团课、党课、专题讲座等形式，提高高职院校学生思想政治素质，引导高职院校学生形成正确的政治观。可探索专业课教师融入学生思想政治教育工作机制，通过专业课教师担任班导师的形式，帮助学生正确地进行职业生涯规划，从而形成思想政治教育合力。此外，还可以校企联动推进高职院校校园文化建设。近年来，不少企业坚持以党建为引领，将党建工作与业务工作有机结合，高品质高标准打造了党员活动空间。通过校企合作平台，可以将企业党员活动空间作为高职院校校园文化实践活动阵地，为高职院校学生提供文化涵养和政治指引。

工匠文化可以激扬高职院校师生奋斗实践。工匠文化在中国革命、建设和改革中得到了传承和发展。进入新时代以来，通过全社会大力弘扬工匠精神，提升工匠文化认知认同和践行，工匠文化成为推动社会发展的重要资源。对高职院校而言，工匠文化能够为高职院校师生的奋斗实践注入强大的精神力量。一方面，有助于打造工匠型教师队伍。工匠文化在高职院校教师队伍建设中不可或缺。作为高素质技术技能人才的培养者，高职院校教师的历史使命包括为学生传承和弘扬工匠文化，通过多种方式提升学生的职业能力，使学生符合社会发展实际需要。因此，要把培养教师的工匠文化认同感放在高职院校工匠型教师队伍建设首位，着力从情感认同、认知认同、行动认同上发力，建立校企共培机制，组织教师深入企业开展实践活动，引导高职院校教师将企业知识与教育教学联系起来，以德为先，以德施教，以人才培养为基础，树立立德树人的工匠情怀，培养专注执着的工匠品质，以工匠文化激扬育人工作。另一方面，有利于树立工匠型学生榜样。高职院校校园工匠文化建设，可以促进以"匠心"育"匠才"。工匠型学生榜样就是具有良好的职业品质、态度、习惯、文化的学生，可以从精神文化、行为文化、制度文化、物质文化方面培养工匠型学生榜样。在校园精神文化层面，可以帮助学生形成良好的职业品质。高职院校要注重对学生进行职业信念的引导，通过学习古代工匠和大国工匠事迹，加强专业教育，树立职业自豪感和职业自信心。在校园行为文化层面，可以帮助学生形成良好的职业态度和职业习惯。高职院校要加强校企合作，通过订单班等方式开展教育教学，带领学生到企业进行实践，引导学生感知企业文化，为学生职业发展奠定良好基础。在校园制度文化层面，可以形成良好的学生管理运行机制。高职院校要对学生管理制度进行系统设计，制度要体现以学生为中心，严密务实。在物质文化方面，可以形成良好的职业氛围。高职院校的环境打造要围绕工匠文化展开，教室、实训室、集训队训练基地等要充分体现工匠文化，同时还要用好网络文化，通过宣传优秀校友的先进事迹，帮助学生具象化理解工匠文化，实现学生自我激励的效果。

2 高职院校工匠文化建设的要求

高职院校工匠文化要将工匠文化与高职校园文化建设有机结合，这是一个系统性工程，需要进一步挖掘工匠文化的育人特质，贴合高职校园文化建设的内在需求，明确高职院校工匠文化建设的目标、内容、原则、机制，形成整体推进、分工明确、全面科学的建设体系，从而实现高职院校工匠文化建设理论和实践的创新。

2.1 高职院校工匠文化建设的目标

随着产业结构转型升级，高质量发展不断推进，国家与社会对技能人才提出了更高要求。高职院校工匠文化建设切合社会主义核心价值观培育与践行的需要，加强高职院校工匠文化建设是新时代高职院校培养技能人才的重要方式。使工匠文化扎根校园，是高职院校校园文化建设的应有之义。随着时代发展，工匠文化的形式虽然不断变化，但其精神内涵一脉形成，对高职院校师生职业道德、职业能力的培育与提升仍然具有重要影响力。在高职院校工匠文化建设中明确社会目标、学校目标和个人目标，层层落实形成体系，充分发挥校园文化的教育力量，才能促使学生形成公共价值追求，发挥高职院校的育人实效。

2.1.1 社会目标：助力社会主义核心价值观培育与践行工作

"社会主义核心价值观是当代中国精神的集中体现，凝结着全体人民共同的价值追求。"① "富强、民主、文明、和谐，自由、平等、公平、法治、爱国、敬业、诚信、友善"，这 24 个字高度凝练了国家层面、社会层

---

① 习近平. 习近平著作选读：第二卷 [M]. 北京：人民出版社，2023：35.

面、个人层面的价值追求。近年来，"工匠文化""工匠精神"多次出现在国家重要的政策和文件中，《中华人民共和国国民经济和社会发展第十四个五年规划和 2035 年远景目标纲要》再次强调要"弘扬科学精神和工匠精神，广泛开展科学普及活动"，体现出加强培育和践行社会主义核心价值观和大力弘扬工匠文化的重要性。高职院校以培养技能型人才为目标，作为培育和践行社会主义核心价值观的重要阵地，在校园文化建设中将工匠文化和社会主义核心价值观有机融合存在着必然性与可能性。二者在内涵、目标与实现路径层面具有高度的内在一致性，二者在互动中融合、在融合中发展。

工匠文化推动社会主义核心价值观国家层面价值目标落实，助力实现国家制造业转型升级。富强作为社会主义核心价值观国家层面的首要目标，是人类社会的永恒梦想。不断创造和积累物质财富是任何社会主体的生存需求和发展动力，马克思主义强调物质生产是人类发展的前提。富强是中华民族的千年夙愿，也是中国共产党的奋斗目标。当前是实现中华民族伟大复兴的关键时期，国家富强是实现中华民族伟大复兴的物质保障，制造业是国家经济发展的重要支柱，没有强大的制造业作支撑，就无法实现国家的强大和民族的振兴。打造具有世界一流水平的制造业，是提升综合国力、切实保障国家安全、建设世界强国的必然选择。当前我国制造业发展需要从"制造大国"向"制造强国"、从"中国制造"向"中国创造"进行转变。习近平总书记强调："我国经济要靠实体经济作支撑，这就需要大量专业技术人才，需要大批大国工匠。"不论是以钢铁、水泥为代表的传统制造业还是新兴产业，不论是传统工业经济还是新兴数字经济，技能型人才始终是中国制造业发展的重要力量，他们所传承的工匠文化、弘扬的工匠精神始终是制造业不断发展创新的重要精神源泉。在转型发展过程中，要想实现高质量高层次高水平的发展，必须在技能型人才培养上持续发力，探索具有彰显工匠文化的技能型人才培养路径。作为培养新时代技能型人才的摇篮，在教育教学过程中以培育支撑制造业转型升级的生力军为目标，落实工匠文化的培养与践行，是高职院校的时代使命，同时也是推动我国制造业转型升级的重要保障。加强高职院校工匠文化建设，以润物无声的方式，从思想源头培育具有创新精神、工匠精神的劳动者，才能促进我国制造业转型升级。

工匠文化推动社会主义核心价值观社会层面价值目标落实，营造平等公平的社会氛围。平等作为一种社会价值，是指社会应当如何对待每个成员的规范性价值。具体而言，任何一个社会中的所有成员存在个性、能力、需求等各方面的差异，但是他们在作为一个独立的个人，在社会主体的意义上都是平等的，每个人的生存和发展客观需求都应该被尊重和保护。公正作为一种社会价值，关键在于衡量一个社会制度安排的正当性和合理性。社会公正，应当体现在经济、政治、文化等社会生活的各个领域、层次和方面。当前社会仍然存在一定的认知固化、价值偏见，仍然存在着轻视或歧视体力劳动或技术型工作的落后观念，这是技能人才队伍发展壮大和技艺传承培育的主要阻碍。要破除这种思想观念、体制机制障碍，必须从教育、观念、待遇、社会保障等方面协同发力。第一，培育和践行工匠文化，在全社会树立起劳动光荣、技能宝贵、创造伟大、人才宝贵的普遍观念，引导大众尊重技能和技能型人才。习近平在全国劳动模范和先进工作者表彰大会上的讲话中提到"劳动模范是民族的精英、人民的楷模，是共和国的功臣"。近年来，央视《大国工匠》专题节目获得广泛好评。古有木工祖师鲁班和桥梁专家李春，凭借工匠精神创造了古代中国的奇迹；今有火药雕刻师徐立平和蛟龙守护者顾秋亮，以大国工匠的魄力用工匠精神助力中华民族九天揽月、深海探龙。第二，培育和践行工匠文化有利于增强技能型人才的自我认同。劳动者只有对从事的职业和工作具有高度的认同感、归属感，才能实现终身从事并不断追求更高的境界，最终取得职业成就。这种认同感能激发工匠产生对自身特长和技能的自信心和自豪感，将其作为安身立命、自我发展的根基。第三，培育和践行工匠文化也切合职业教育发展需要。十三届全国人大常委会第三十四次会议表决通过新修订的《中华人民共和国职业教育法》。对于职业教育的地位，新职业教育法进行明确规定，职业教育是与普通教育具有同等重要地位的教育类型，这是我国首次在法律层面为二者划上等号。此举提高了职业教育地位，进一步打破偏见，拓宽学生成长成才的选择路径，缓解了社会、家庭、个人对发展选择的焦虑。职业教育和普通教育地位同等，这意味着各层面对二者要同等重视、同等发展、同等保障。职业院校学生升学就业的权利平等，从政策层面上升到法律层面，进一步提高了职业教育在教育体系中的地位和社会认可度。因此，从思想转变到法律保障，从主观需要到客观现实，工匠文化能够助力破除固有偏见，提高职业教育技能人才的社会认同与社会地位，营造公正平等的社会氛围。

工匠文化推动社会主义核心价值观个人层面价值目标落实，提升职业道德水平。敬业是指劳动者热爱、珍惜所从事的工作和职业，勤奋努力，尽职尽责的道德操守。社会的进步和发展，都是以其成员勤奋工作、创造价值为前提的。因此，在实现中华民族伟大复兴的关键时期，要把敬业作为社会主义核心价值观的重要内容加以强调，将其作为对劳动者的基本要求。敬业要求热爱工作，只有把工作作为自己真心喜爱的事业，视为自己价值得以彰显的方式，才有可能全情投入，才有可能克服倦怠，才有可能不断进取。当社会中的绝大多数劳动者都把敬业作为自己的核心追求时，社会才能够进步。敬业还要勤奋努力，热爱只是前提和基础，只有将强烈的愿望转化为具体的行动，敬业才能从主观想法转变为实践。工匠文化有利于敬业精神的培育与践行。2019年9月，习近平总书记对我国选手在世界技能大赛上取得佳绩作出重要指示："要在全社会弘扬精益求精的工匠精神，激励广大青年走技能成才、技能报国之路。""执着专注、精益求精、一丝不苟、追求卓越"的工匠精神，其核心包含对职业的敬仰和执着，也包括以孜孜不倦的精神追求劳动之美、技能之美。当前，之所以要弘扬工匠精神，传承工匠文化，就是在新时代用工匠文化涵养职业道德，践行爱岗敬业的价值观念。建设高职院校工匠文化是推动落实技能型人才培养目标，培养德技兼备的新时代的技术人才的必由之路。

2.1.2 学校目标：实现工匠文化融入高职院校校园文化建设

高职院校作为我国高等教育的重要组成部分，其校园文化特点兼具共性与个性，具有大学校园文化的普遍性特征。与此同时，基于高职院校在人才培养目标、人才培养模式、具体教育教学方式和普通高校所存在的差异，形成了高职院校校园文化的特征。因此在高职校园文化建设中需要突出职业性、实践性、区域性等特点。工匠文化的内涵和特质与高职校园文化建设需求之间具有内在契合性，相互作用，相辅相成，要以工匠文化作为高职校园文化建设的精神内核，以校园文化建设作为彰显工匠文化的重要平台，在二者有机融合中达到以下目标。

第一，明确主线，特色鲜明。高职院校校园文化内涵丰富，学界普遍认为高职院校校园文化涵盖了精神文化、物质文化、制度文化、行为文化四个方面。在建设过程中需避免以下情况：首先，要避免高职院校校园文化建设遍地开花、各自为营。因为校园文化内容丰富形式多样，囊括了建设校园环境、开展文化活动、营造校园氛围、完善管理制度等具体活动。精神文化、物质文化、制度文化、行为文化涉及不同部门、不同层面,若在建设中缺乏主线,将无法形成合力,影响高职院校校园文化育人功能的实现。其次,要避免高职校园文化建设只注重数量规模,忽略质量、缺乏特色。例如,大量的校园文化活动的开展,若缺乏系统规划且特色不够鲜明,容易造成在投入了大量的人力、物力、财力之后,无法达到预期的教育效果,出现有高原无高峰的局面。高职院校校园文化建设活动和项目的数量并非衡量高职院校校园文化建设效果的唯一标准,注重内涵与质量,突出特色能够更好达到育人效果。将工匠文化融入高职院校校园文化建设,将培育和践行工匠文化作为校园文化建设主线,引领和丰富校园文化,结合高职院校育人目标、育人模式的特点,打造以工匠文化为特征的校园文化,利用校园文化的润物无声的育人手段,让学生潜移默化地受到工匠文化的影响,从而实现高职院校校园文化建设与工匠文化培育践行同步推进。

第二,打造品牌,扩大影响。高校校园文化品牌,是指在高校百花齐放的各种校园文化长期发展过程中形成的,通过提取、总结和凝练,再加以包装、宣传与推广,使其在全体师生心中具有较强的影响力、号召力和凝聚力,在校内外形成一定的知名度、美誉度、忠诚度和社会认可度,吸引广大师生积极参与或积极实践的校园文化特色项目①。打造校园文化品牌,是社会文化发展的客观需要,是营造良好校园氛围的需要,更是技能型人才全面发展的需要。提供社会服务是高校的职能,高职院校也承担着向地区和行业输送技术应用型人才的任务,同时提供技术创新、推广和服务,传播先进文化,使学校成为地区的技术技能培训基地、新技术研发推广中心。高职院校通常会承担完成职业技能培训、推动校企合作、促进区域经济发展等相关任务。因此,打造以工匠文化为核心的校园文化品牌,将品牌塑造与区域文化、地区发展、产业结构相结合,促进校园文化品牌与区域文化、地方文化、企业文化的融合,扩大校园文化品牌的辐射范围和带动效应,形成具有本校特色影响深远的校园文化品牌,是高职院校的一项重要任务。

---

① 沈威. 论新形势下高校校园文化品牌培育的五个基本原则 [J]. 思想政治教育研究,2013(5):74-76.

2.1.3 个体目标：促进高职院校师生自觉弘扬和践行工匠精神

工匠文化融入高职院校校园文化建设个体目标，符合高校教育立德树人的根本要求，切合高职院校技能型人才培养的需要。囊括校园文化建设在内的一切工作的最终落脚点都在于"人"，一切工作的展开也需要"人"。因此，要实现工匠文化和高职校院校园文化的有机融合，充分发挥工匠文化的育人功能，进而弘扬传承践行工匠文化，师生层面的培育目标和发展要求与工匠文化进行准确对接十分重要。个人层面的目标要实现内化于心，外化于行，实现从认知到行为的转化，只有将这些问题纳入学生成长成才和教师队伍建设的目标之中，才能真实切合师生需求，才能被师生真心接受与认同，才能有效发挥作用。师生只有将工匠文化与个人发展目标相结合，才能自觉弘扬和践行工匠精神。

第一，将工匠文化内化于师生的精神追求。习近平总书记深刻指出，在长期实践中，我们培育形成了"执着专注、精益求精、一丝不苟、追求卓越的工匠精神"。工匠精神是时代精神的生动体现，是各行各业发展的精神动力。如今，我国大部分工业领域实现了机械化智能化生产，但是工匠精神仍需要继承与发扬，高职院校师生要深刻地意识到在新时代弘扬工匠精神，培育工匠文化的重要性，要深刻理解工匠精神的时代意义，并将其融入自我精神追求。首先，将工匠文化融入自己的职业素养。工匠文化包含职业素养的要求，它体现着职业道德、职业能力、职业品质，是从业者的职业价值取向。工匠文化是优秀的职业道德文化，新时代传承和发展工匠文化符合时代发展的需要，具有重要的时代价值与深刻的社会意义。对于工匠文化的追求，有利于提升个人精神价值追求，完善个人职业素养，成为个人成长成才的重要道德指引，推动形成正确的就业观和择业观。就业问题是每个学生必然要面对的问题，也是事关民生的大事，具备正确的就业观、择业观对学生未来步入社会非常重要。工匠文化中积极向上、踏实努力、精益求精等优秀的精神品质可以帮助学生打破就业偏见，抵御物质诱惑，克服工作困难，明确自身定位，实现干一行爱一行，在各行各业发光发热。其次，将工匠文化融入师德师风建设。落实立德树人的根本任务，需要高职院校教师具有过硬的政治素质、精湛的业务能力、高超的育人水平、娴熟的方法技术，引导学生成长成才。新时代师德师风建设对教师职业道德、职业素养、职业能力提出了更高要求，需要将工匠文化师融入师德师风建设，弘扬工匠文化中包含的敬业、创新、专注、奉献等精神特质，更需要将师德师风推向更高水平，促进教师热爱教学、研究教学、潜心教学，认真完成教书育人的任务，以工匠般精益求精的精神打磨教学技艺，以锲而不舍的精神提高教科研水平，以创新精神不断推进教学理念、教学方法、教学内容的更新，以传统师徒制的精神启迪学生。

第二，将工匠文化外化于师生的实际行动。首先，学生应以实现技能成才、技能报国为目标。2019年，习近平总书记强调要在全社会弘扬精益求精的工匠精神，激励广大青年走技能成才、技能报国之路。高职院校学生弘扬与践行工匠文化不仅仅要将其内化于精神，更要转化为行动。当前制造业转型升级中需要更多的技能型人才和大国工匠，需要更多的劳动者，这就要求高职院校的大学生走技能成才、技能报国之路，做有理想守信念、懂技术会创新、敢担当讲奉献的新时代技能型人才，为社会发展注入强劲动力。其次，以"双师型"教师队伍建设作为教师发展目标。"双师型"教师队伍建设能够提升职业教育整体质量，推进技能型社会建设，不断拓展学生成才路径，进而强化现代化建设人才支撑。"双师型"教师要求具有丰富的教学经验和良好的教学水平，且具备相关职业证书和教师专业职务证书。其专业成熟精湛的专业技能和高质量的教育教学水平都是工匠精神的体现。一方面"双师型"教师不断提升自身专业技能的过程就是不断践行精益求精、开拓创新的工匠精神的过程。另一方面，"双师型"教师将技能转化为教学内容，以严谨的教学态度、高质量的教学水平对学生进行理论与技能的传授的过程，就是通过榜样示范的力量对学生施加影响，实现对工匠文化的践行过程。

2.2　高职院校工匠文化建设的内容

高职院校工匠文化是高职院校在长期的教育实践过程中，将工匠文化与既定的教育目标和学校发展目标相结合，由学生教职员工在教育教学、工作生活之中创造形成的文化形式。高职院校工匠文化要求将工匠文化作为全体师生公认和自觉遵循的价值取向、思维方式、行为规范，具体而言，就是要将工匠文化的内涵与高职院校文化建设中的制度文化、物质文化、精神文化、行为文化有机结合，发挥育人作用。

2.2.1 建章立制，工匠文化融入高职院校制度文化建设

高职院校文化建设中的制度文化是学校为了维护教育教学、科研实验、行政工作、日常生活、校园活动等有序进行，规范和约束师生行为的一系列规章制度。这些规章制度旨在维护稳定、正常的教学秩序、工作秩序、生活秩序。其主要包括：教学制度，基于教育教学、专业建设、课程建设、教学组织、教学运行、教学质量等相关内容形成的相应的规章制度；学生管理制度，主要用于规范学生学习、生活、素质、活动等；组织管理制度、人事管理制度等。任何一所学校要发展，必须走改革之路，校园文化建设要适应时代发展需要，就要不断加强校园制度文化建设，才能保障和促进学校管理的与时俱进。例如，在制度文化建设中可以继续完善《学校管理制度》《德育工作制度》《学生管理制度》《师德师风建设制度》等，使学校管理更加人性化、合理化。从而实现校园文化建设与高校学生全面发展，推动高校内部的和谐统一，深化校园文化的内涵。

优秀的校园文化从来都离不开完善的校园管理制度，学校各种制度的实施和落实是校园文化建设得以顺利进行的重要保障。高职院校制度文化将发挥制约功能、导向功能、教育功能。相对于校园文化中的其他方面，与物质文化的直观性、行为文化的实践性、精神文化的无形性相比，高职院校制度文化是校园文化的外化形式，能够反映学校管理治理的水平、原则和张力，是校园文化稳定发展的保障。校园制度文化建设的最终目的不在于依靠制度的外在约束力规范学校内各个主体的行为，而是使各主体能够共同认可、自觉遵循，形成自我约束、自我管理、自我教育。

将工匠文化融入高职院校制度文化建设，可以使工匠文化和制度文化建设相互作用、相辅相成。第一，弘扬和践行工匠文化需要制度保障。师生自觉弘扬和践行工匠文化是一个从认知到行为的过程，在此过程中涉及学校教育、日常管理、生活工作等方方面面的内容，需要学校各部门共同推进建设。因此，弘扬和践行工匠文化需要建立健全相关的制度，进一步完善顶层设计，推动各方协同联动。在教学制度中，将工匠文化与现有的专业建设、课程建设、专业实训、教学组织、评价考核制度等内容相结合；在学生管理制度中，将工匠文化和学生学习规范、生活规范相结合。结合过程中避免生搬硬套，契合人才培养目标，符合教育教学需求。第二，推动制度文化建设从外在约束向内在约束转化需要以工匠文化为引

领。如今高职院校普遍认识到制度管理的重要性和制度文化建设的必要性，只有通过完善高校的管理制度，才能保障学校的学习、工作、生活等顺利进行。在制度文化中强调以人为本要求制度建设要以学校师生的发展需要为出发点和落脚点，但在实际建设中可能存在把校园文化制度建设局限于制定和运行规章制度，停留在制度运行的外在效果，使得校园制度文化建设无法深入到对师生内在的引导，也就无法从外在约束向内在约束转化，进而限制了校园文化育人功能的发挥。将工匠文化融入现有的规章制度之中，发挥价值引领的作用，可以使制度作用的对象将一种外在约束转化为内心需求，真正发挥制度文化的作用。例如，在学生综合素质评定制度、教师考核评定制度中融入工匠文化的内容，可以使师生明晰价值追求，形成内在约束；在实训管理制度中融入工匠文化，可以实现潜移默化的育人效果。

2.2.2 注重基础，工匠文化融入高职院校物质文化建设

校园物质文化建设主要是指学校内部的景观、环境和设施打造与布置。"物质本身并不是文化，而这些物质的文化蕴含在于，这些物质都是由人创造的，是人们的精神世界的对象化的物化，任何人造物上都蕴含着人们的某些思想、情感等精神内容。"[①] 因此，校园物质文化是带着特定的目的去设计、布置、创造的，都承载着特定文化内涵，彰显出学校办学治理理念、校园文化主题。物质文化作为校园文化的外在表现形式，也是学校精神文化建设和行为文化建设的载体和依托。物质文化建设不断完善，校园文化建设的其他方面才能在此基础上全面发展。物质文化建设需要兼顾共性与特性，要符合新时代广大青年的需求，也要彰显出学校特色。物质文化发挥着潜移默化、培养熏陶的功能。科学合理地进行物质文化的布局建设，可以发挥出强大感染力，形成一种富有人文关怀，体现学校特色，师生喜爱的校园氛围。校园物质文化主要包括：第一，校园景观打造。学校的绿化、建筑、道路、长廊、雕塑等都将传递一定的文化内容，师生沉浸在校园生活之中能潜移默化地受到影响。第二，校园场地建设，包括教学楼、图书馆、实训场地。图书馆虽然主要供学生获取知识、丰富精神世界、充实课余时间、陶冶情操，但同时也是体现校园文化的重要场

---

① 张德，吴剑平. 校园文化与人才培养 [M]. 北京：清华大学出版社，2001：190-191.

所。馆内藏书的数量与质量是图书馆建设重点，但是图书馆的建筑设计、装修风格、管理布局等都将体现出校园文化的水平。实训基地，在这里学生将理论知识进行实操演练，是技能型人才培育的重要场所。要在实训过程中培育践行工匠精神，实训场地的设计就应该内含工匠文化。第三，校园网络文化阵地。随着网络不断发展，网络已经融入新时代大学生的日常生活，网络文化也成为校园文化的重要载体和平台。但是，网络的"双刃剑"效应也十分明显。因此，发挥网络文化的积极作用是推动校园文化建设的关键点，在网络平台中融入工匠文化的内容，能够发挥潜移默化的育人效果。

工匠文化可以使高职院校物质文化建设主线明确、内涵彰显。在高职院校物质文化建设过程中要避免一种误区，就是将校园物质文化建设单纯地认为是物质建设。虽然认识到物质文化建设的重要性，但是仅局限在扩大规模、加大投入，在校园内大兴建设，造景观、修建筑、买设备、摆雕塑等，投入大量物力财力，在外观上确实能取得一定效果，给人一定的直观印象。但是这种粗放式的建设只停留于表面，校园内各场景之间无内在关联，无法提升物质文化建设的整体意义。校园物质文化建设要有明确主线，合理分区，突出内涵，彰显学校特色和文化底蕴。把工匠文化融入校园物质文化建设，围绕弘扬和践行工匠文化这条主线对校园物质文化建设进行整体设计，在校园的景观设计、场地建设、网络宣传中融入工匠文化，如工匠文化宣传栏、雕塑、网络专栏等，一方面使工匠文化的培育具有物质载体，另一方面也使物质文化建设实现内涵式发展。工匠文化与高职院校校园文化建设具有内在一致性，工匠文化中有大量的资源可以丰富校园物质文化。以工匠文化为主线的校园文化建设可以避免在建设过程中各区域内容分离消减育人作用的问题，避免建设形式化，以工匠文化为主线贴合高职院校师生发展需要，既可展现出良好的校园形象，又可为师生营造生活、学习、工作的良好环境。

2.2.3　思想引领，工匠文化融入高职院校精神文化建设

高职院校的精神文化是学校在建设发展壮大的过程中，经历时间的沉淀、选择，凝聚汇聚的能够反映学校的办学宗旨、育人效果以及文化特色，并为广大师生员工普遍认同的精神财富。高职院校的精神文化主要体现为学校的治校理念和师生所秉持的价值观念、价值取向、思维方式、心

理状态、精神风貌等。高职院校的精神文化主要包括办学理念、校风校训、教学学风、校园精神等。高职院校精神文化的最大特点是作为一种隐形教育，师生日用而不觉，在潜移默化中对学校建设发展、师生成长产生深刻的影响。作为学校宝贵的无形资产，精神文化是校园文化的关键，会产生深层次、深远性的影响，持续为学校发展提供动力。高职院校发展中，优越的物质基础、高效的管理体制、高质量的教学水平都十分关键，但是师生展现出的强大凝聚力和向心力也是学校建设发展的关键支撑。通过精神文化建设，构建普遍认同自觉践行的价值观念，全体师生就会展现出努力奋进的精神风貌，校园中会形成积极向上的氛围，形成个人发展与学校发展相融合的局面。

以工匠文化丰富高职院校精神文化内涵。以工匠文化作为引领是高职校园精神文化建设的客观需要，将二者有机融合可以提升精神文化建设质量，充分发挥精神文化的积极作用。高职院校的精神风貌对于其建设发展而言十分重要，也是学校长期发展不断丰富的精神财富，会在学校发展过程发挥长久深远的影响。高职院校在精神文化层面一直强调要兼具科学精神和人文精神，科学精神是揭示客观世界发展变化规律时要坚持追求真理、科学严谨、敢于质疑的态度与信仰。人文精神坚持以人为本，追求人的本质，实现对真善美的追求。然而应用型高校的人才培养目标是培养德技兼备的高素质技能型人才，其办学治学的出发点和落脚点应该落在实践应用上。因此，高职院校精神文化建设除了强调科学精神、人文精神，还应该加入工匠精神，并实现三者的融合统一。首先，工匠精神与科学精神的相通之处。工匠精神强调爱岗敬业、吃苦耐劳、精益求精，在新时代弘扬工匠精神要求在践行工匠精神的意志品质的同时不断地创新，而不是简单地重复劳动，创新是工匠精神的重要体现。因此，工匠精神与科学精神都强调必须秉持严谨求实、执着坚持、突破创新的精神理念。其次，工匠精神与人文精神的相通之处。习近平同志在全国宣传思想工作会议上强调，中华优秀传统文化是中华民族的文化根脉，其蕴含的思想观念、人文精神、道德规范，不仅是我们中国人思想和精神的内核，对解决人类问题也有重要价值。古代工匠们在传承技艺的同时，形成了历史悠久的工匠文化，是我国优秀传统文化的重要内容和宝贵财富。在新时代弘扬工匠文化，要从我国优秀传统文化中汲取育人力量，发挥工匠精神的时代价值。当代大学生应该自觉弘扬中华优秀传统文化，通过学习传统文化，增强认同感与归属感，这是高职校园精神文化建设的应有之义。工匠文化作为中华优秀传统文化的组成部分，需要将其融入高职校园精神文化建设，加强人文精神的培育，强化文化认同。最后，工匠文化融入可以限制弱化克服价值取向的功利化。当前，部分高职院校师生的价值取向中存在一定的功利化、实用化的趋向。例如，学生对于自己的学习成绩、活动参与、综合素质只为评优评先或就业求职服务。教师的目标可能仅限于个人发展、职称评定，而教师所体现的价值取向会对学生形成潜移默化的影响。工匠文化强调精益求精、追求卓越，需要不断沉下心来精心磨炼技艺，踏踏实实地完成一件事情，反对心浮气躁和一蹴而就，它所体现的是一种长久坚持、不断磨炼的精神品质，是一个持续性的价值实现过程。因此，在校园精神文化建设中强调工匠文化，是立足于人的需要，有利于克服功利主义的价值取向，可以实现人的全面发展。

2.2.4　知行合一，工匠文化融入高职院校行为文化建设

校园文化建设要坚持知行合一，要实现师生内化于心外化于行的目标，通过科学设计、精心组织和积极开展校内外实践活动、校企合作双向联动，师生在各项实践之中进行学习体验和情景体验，达到知、情、意、信、行院校协同发展的目标。因此，实践在校园文化建设中发挥着重要作用，高职院校行为文化建设是文化建设的重要一环，是实现立德树人的重要教育环节，决定校园文化建设水平。当前高职院校普遍非常重视行为文化建设，各学校经过多年的探索和实践，总体呈现出内容丰富、积极向上的行为文化建设发展态势。高职院校行为文化建设包括师生日常行为规范，对于师生在生活学习工作过程中，校内外各个场景的行为进行规范；校内外活动开展，进行主题多样、形式丰富的校园活动，依托各种校外资源，利用各种纪念节日开展丰富多样的活动；校企合作的深化，利用校企合作平台，利用企业资源开展相关活动。总体而言，高职院校行为文化建设取得较为丰硕的成果，但是在建设过程中也存在同质化严重，特色不鲜明的问题。首先，活动形式单一、内容雷同，活动方式方法创新性不足。例如，校园活动互相模仿，校园歌手大赛、大学生文化艺术节、演讲比赛等文化活动出现频率较高，千篇一律的活动方式无法凸显学校的文化传统和特色，并且同质性的活动对于师生吸引力会逐渐减弱，进而影响育人效果实现。其次，未能形成品牌特色。校园活动举办频率较高，但是如果没

有系统规划、科学设计，将会呈现出较大的随意性，活动多而杂。例如，部分高职院校仅在重要节日开展相关活动，活动之间无关联性，学校各层面各部门虽然投入大量人力物力，但未能形成具有学校特色的、影响力广泛的、能长期坚持的活动品牌。最后，参与率和影响力还需进一步提升。活动参与的师生群体还需要扩大，活动的影响力还要进一步强化。现有校园活动容易形成以部分学生和党团行政教师、辅导员为主的局面，对大多数学生没有产生教育影响。

将工匠文化融入高职院校行为文化建设将提升校园行为文化建设质量，打造富有特色、师生喜爱的文化品牌。首先，用工匠文化规制师生日常行为。良好的学习习惯终身受益，工匠文化的培育需要从学生日常学习生活的习惯与细节抓起。工匠文化讲求持之以恒的精神，工匠精神的形成非一朝一夕之功，因此学校要将工匠文化的内涵融入学生日常规范，使之日用而不觉。同时，学校也要将工匠文化融入对教师的教学规范，老师以身作则，在教育教学工作中展现一丝不苟的敬业态度、与时俱进的创新精神，进而达到引导和感染学生的目的。其次，以工匠文化作为校园活动品牌建设的主题。学生校内外活动是校园文化建设的重要载体，其内涵和质量直接体现校园文化建设水平。校园活动的设计应该兼顾娱乐性与教育性，在设计和实施各类活动时，正确价值观念的引导非常关键。以工匠文化为引用，切合高职院校教育目标的需要，贴合高职院校学生专业知识和技能学习的需要，符合学校办学特色和文化传统，可以明确主题、找准主线，避免投入大量人力物力开展多而杂的活动，但育人效果不强的问题，打造出师生喜爱育人有效的校园文化品牌。与此同时，打造以工匠文化为核心的活动品牌，丰富工匠文化培育载体，也有利于工匠文化的培育与践行。

高职院校工匠文化建设是一个系统工程，包括宏观与微观、显性与隐性、整体与个人的各个层面的建设需求。统筹兼顾整体推动高职院校工匠文化建设的创新，需要将工匠文化科学合理地融入制度文化建设、物质文化建设、精神文化建设、行为文化建设，理顺这四个方面之间的关系是高职院校工匠文化建设的关键。这就要求我们在校园文化建设中将物质文化建设与精神文化建设放在同等重要的位置。在高职院校校园文化建设中，应实现精神物质化、物质精神化之间的相互渗透、相互转化，而不能忽视任何一方面。与此同时，在校园文化建设中注重大学精神的建设固然重要，然而随着时代的变迁，大学精神应该走出校园，紧跟时代发展的脚步，努力实现大学精神的社会化，使高校校园物质文化、精神文化、制度文化、行为文化统一于高校内外发展之中，使工匠文化的学习领会与生动践行相结合。在新的历史、新的形势下，校园文化建设不应满足于现状，而应着眼未来，在理论上、实践中有所创新。为此，应坚持继承性与创新性相统一，以工匠文化为主线使四者在协调发展中实现创新。

2.3　高职院校工匠文化建设的原则

高职院校工匠文化建设的原则是指工匠文化在融入高职院校文化建设过程中应当遵循的基本准则和标准，是对培育和践行工匠文化，发挥工匠文化育人作用的基本规律的把握。在高职院校工匠文化建设中应坚持系统性、主体性、创新性、开放性的原则。

2.3.1　系统性原则

高职院校工匠文化建设是一个系统性工程，具体的规划建设发展过程涉及诸多方面和环节，要利用系统性思维科学规划、整体建设。系统是由各个子系统构成的有机整体，各子系统具有独立作用与功能。系统不是由各个子系统简单相加机械拼凑而成，由各子系统组成的系统在各子系统原有功能的基础之上具有超越各子系统的功能。因此系统的功能不是各个子系统功能的简单相加，在进行高职院校工匠文化建设的过程中要注意系统性推进各项建设。

首先，高职校园文化建设是一个整体，在建设过程中要避免各自为战，割裂相互之间的联系。高职院校工匠文化建设要将工匠文化融入物质文化、精神文化、行为文化、制度文化建设之中，这四个方面的建设内容、任务、过程相互联系、相互作用。第一，物质文化建设和精神文化建设要相互作用、整体推进。物质文化建设主要是指校园内景观打造、场地建设、网络平台建设等，是硬件设施，是师生看得见摸得到、直观感受得到的存在，是一种显性教育。一方面，利用物质文化建设培育践行工匠文化，必然要求在设计打造实施的过程中承载特定的精神内涵，所以物质文化建设是精神文化建设的基础，没有物质文化，精神文化建设就缺乏载体。另一方面,精神文化建设可以对物质文化建设的内涵进行规定和指导,没有精神文化建设,物质文化就无法体现其育人价值。在进行高职院校工匠文化建设的过程中要注意物质文化和精神文化的系统推进有机融合。第二,制度文化建设和行为文化建设保持一致性,以科学完整的制度文化推进行为文化建设。建设校园工匠文化是一个怀匠心、树匠德、育匠师、做匠人的过程,是从认知到行为的发展历程。对于高职师生而言,不仅仅需要理解认同工匠文化,更为重要的是主动践行工匠文化。在校园内师生的日常行为、校园文化活动、校企合作等都需要相应的规章制度进行规范,科学合理完备的规章制度是师生良好行为习惯、校园文化活动合理开展的前提,要实现师生践行工匠文化的目标就需要在制度文化建设中有相应的要求与规定。与此同时,校园制度文化建设也是保障物质文化建设和精神文化建设顺利展开的重要依据,可以保障各项工作顺利推进。因此,高职院校工匠文化建设要将物质文化建设、精神文化建设、行为文化建设、制度文化建设整体性推进,由学校自上而下分级联动推进建设。

其次,高职院校工匠文化建设要实现全员参与,发挥整体作用。高职院校工匠文化的培育与践行不是针对部分教师、行政人员、学生展开,而应该形成分工明确、齐抓共管、齐心协力的效果,充分利用和发挥各级领导干部、思想政治理论课教师、辅导员、专业课教师、实训课教师、行政人员、服务人员、学生骨干的作用,实现全员参与、共同合作的局面,将工匠文化融入学校教育教学的各个方面,最大限度调动各方参与积极性,形成一个具有凝聚力、向心力、影响力的集体,进而将工匠文化融入落实到各环节、各方面,使工匠文化深植师生思想与行动。

2.3.2 主体性原则

高职院校工匠文化建设要充分发挥学生的主体作用,调动学生积极性,发挥学生的创造性。科学的校园工匠文化建设与落实,不仅仅要发挥学校领导及老师的作用,还要把学生也充分调动起来。如果单单是由学校制定各项制度,学生被动接受,就变成了填鸭式的发展,那么校园文化建设必定没有生机与活力,所以校园文化的建设必须要把广大的师生和在校所有人员调动起来,把他们看成活动的中心和主体人物,把他们看成主人,充分发挥他们的潜在力量,刺激其内心巨大的创造力和发挥力。

将工匠文化融入高职校园文化建设,符合高职院校学生成长成才的发展需求。良好的育人环境、优秀的精神文化、规范的制度文化、完善的制度文化可以在潜移默化中使学生认识到作为高职院校学生学习践行工匠文化的重要性，从认知上升到行动，增强学生对于弘扬传承工匠文化的认同感，自觉践行工匠文化的使命感。高职院校的学生作为新时代技能型人才的储备力量，处于思想成型和观念塑造的关键年龄阶段，其思想积极活跃、反应敏捷、乐于接受新鲜事物，而且动手能力较强。因此，充分调动学生的积极性，发挥其主体性作用将推动高职校园文化建设深化发展。

首先，明确大学生是高职校园文化建设的重要参与者。大学生是高职校园的最重要群体，在文化建设的过程中扮演着不可或缺的角色。在进行工匠文化的融入中，不论是校园文化活动的设计，还是学生教学生活规范的制定以及校园环境的设计，都要充分考虑学生的需求与感受，尊重学生的主体地位，积极发挥学生的自主性作用，建设的出发点和落脚点要围绕学生成长成才的需要，科学合理地进行融入，避免生搬硬套和形式主义，使学生真正成为工匠文化建设的参与者和受益者。其次，明确大学生是工匠文化建设的组织实施者。如校园文化活动和学生社团活动，学生基于自己的兴趣爱好在相关制度的组织之下进行的一系列校园活动，设计组织参与活动的过程是学生能力培养的过程，也是价值塑造的过程，因此在正确的引导之下，学生应该是活动的策划者、组织者和实施者，自觉主动地将工匠文化同各类活动相结合，形成富有特色的校园文化品牌。最后，明确优秀学生代表和学生骨干是高职院校工匠文化的建设者、引导者。充分发挥大学生中优秀学生群体和学生骨干的带头作用和榜样示范作用，培育、宣传、弘扬、传承工匠文化的典型案例，激励广大学生学习榜样，争当模范，以弘扬工匠精神和成为大国工匠为奋斗目标。

2.3.3 创新性原则

高职院校工匠文化建设必须坚持创新性原则。创新性原则是指高校在校园文化建设的过程中，根据自身发展特点，培育大学生不断突破自我、敢于创新的精神品质，培养他们提出新理念、新方法和新途径的思维习惯[①]。工匠文化强调要具有创新精神，强调执着坚守，但并不等同于因循守旧、一成不变、拘泥一格，工匠精神自身就包含着不断追求突破、实现

---

① 杨宇龙. 社会主义核心价值体系引领高校校园文化建设研究 [D]. 石家庄：河北师范大学，2012.

革新的创新精神，既怀着敬畏之心、要求高质量高水平，但又强调不断突破、不断创新。自古以来，富含着创新精神的工匠们是推动科技发展、社会进步的重要力量。在高职院校工匠文化建设的过程中坚持创新精神就是要求学校根据自身特点和文化历史，在新时代与时俱进，结合时代发展的方向与需求，坚持新理念、新方法和新途径，创造性地推进高职院校工匠文化建设，展现出时代性、丰富性、多样性的特点。只有在不断创新、推陈出新的过程中，才能释放工匠文化魅力，调动师生参与积极性，发挥育人实效。如果建设过程中缺乏创新能力，会造成同质化、单一化、形式化的局面，对于工匠文化的理解和培育仅仅流于表面，无法和育人目标、育人内容和育人手段形成有机融合。因此，创新是高职院校工匠文化建设的内涵和需要。

在坚持创新性原则的过程中要做好：第一，理念创新。在正确理解工匠文化内涵与时代价值的基础上将其融入办学治校、教育教学、日常工作的实践之中，树立创新思维，将工匠文化创造性地融入现有的校园文化。第二，方法创新。要主动运用新方法、新媒介、新形式，打造贴近学生生活、富有创造性的活动方式和文化形态。在校园内富含工匠文化的场景打造贴近学校特色、富有创意的工匠文化景观，以学生喜闻乐见的方式呈现。充分利用互联网，通过线上线下相结合的方式，创新管理、活动、教育的方式方法。校园文化活动的设计和实施要具有创新性，不要局限于单一重复的活动形式，不断吸收借鉴，找到符合学校特色和发展需要的活动内容和形式。

2.3.4　开放性原则

开放性原则要求高职院校工匠文化建设的过程不能维持一个封闭的状态，不能局限于校园内部进行。要建设好工匠文化，培育新时代技能型人才需要走出校园，吸收校外的先进理念和建设经验，拓宽建设途径，扩大建设平台。工匠文化作为中华优秀传统文化的重要组成部分，无法孤立存在，只有不断和其他文化互动，交流借鉴，创新发展，才可以使工匠文化在新时代凸显时代价值与意义。高职院校工匠文化建设是社会文化建设的一部分，受到社会其他文化的影响，也能够反作用于其他文化。坚持开放性原则就是要求采取扬弃的态度辩证地吸收，不断丰富高职院校工匠文化建设的内容与形式。在坚持开放性原则的同时要坚定立场与方向，必须坚持马克思主义的指导地位不动摇这一政治方向。在正确的方向指引之下，在包容多样中增进思想共识，形成和谐、繁荣、先进的高职院校工匠文化。

学校在发展中坚持开放性原则也包括接受来自各个方面和渠道的意见和有关校园文化建设方面的好的意见和建议。校园文化的建设在开放的状态下进行，才能使校园文化建设不断推陈出新。坚持开放性原则要求在将工匠文化融入高职院校文化建设中要做到：第一，吸收借鉴国外培育践行工匠文化的经验和启示。例如，美国工匠精神中凸显出的创新精神和实用主义精神为推动美国发展做出重大贡献。德国制造以高品质高性能给人深刻印象，严谨专注执着的工匠精神的传承与培育很大程度上与德国的制度构建有关，特别是德国教育著名的"双元制"，在学校与企业的共同作用下对于技能型人才培养和工匠文化建设都具有很大的借鉴意义。日本工匠文化中对"精"的执着追求，对于培匠心育匠人的注重，对于工匠文化建设具有很大的启示作用。因此，高职院校工匠文化建设要在思维上、视野上走出去，要立足中国面向世界，融入国家发展战略，凝练工匠文化内涵，创新培育方法。第二，高职院校工匠文化建设要积极"走出去"。高职院校要加强与政府、社会和企业的联系与交流，充分利用各种资源促进工匠文化融入高职校园文化建设，利用校企合作平台，加强工匠文化和企业文化之间的交流。工匠文化是企业文化的重要内容，也是各领域、各行业的文化共识，是从业人员的行为标准。高职院校应该以培养技能型人才为目标，向企业输送大量技能人才，探索工匠文化与企业文化互动的必要性与可能性，探讨工匠文化在从业人员职业素养中的作用，将企业人才需求与高职院校培养目标相对接，使工匠文化有效转化为实际生产力，对弘扬工匠文化、培育大国工匠、加强教育针对性、提升企业竞争力发挥积极作用。

2.4 高职院校工匠文化建设的机制

要保证高职院校工匠文化建设取得成效需要建立长效的运行机制，使建设过程中各要素各主体相互协调，科学运行。因为工匠文化的培育要从思想层面不断地转化至行为层面，一种文化的培育和弘扬需要通过具体途径，让思想层面的内容融入校园文化建设过程，转化为具体的制度、规则、行为、活动等。具体的融入途径和方式具有多样性、复杂性，若无相应的机制进行规制，将影响建设效果，这就需要完整配套的运行机制，以促进建设过程正常运行并达到预期目标。高职院校工匠文化建设的机制主要包括：决策机制、执行机制、协同机制、考核机制。这四个部分相互制约、相互影响、相互协调，共同推进高职院校工匠文化建设。

2.4.1 科学的决策机制

将工匠文化融入高职校园文化建设，鼓励全体师生积极培育弘扬和自觉践行工匠文化，符合当前高职校园文化建设需要，有利于推动学生成长成才和教师个人发展。将工匠文化融入高职校园文化之中是一个复杂、具体、系统的工程，要实现工匠文化的有机融入，使其形成一个科学有序合理运转的系统，让工匠文化真正被师生认同和接受，并将工匠文化内化于心外化于行，在具体的建设过程中，首先需要一个科学的决策机制和完善的顶层设计。

学校党委是建设高职院校工匠文化的领导核心，正确认识到工匠文化的时代意义，充分发挥工匠文化的育人功效，需要党委统筹领导。在具体的建设实践中，应建立和完善引领工匠文化建设的领导机制，加强学校党委的统一领导，并将之摆上重要议事日程。要高度重视工匠文化在办学治校、教育教学、育人工作中的重要作用，将其纳入学校工作全局。要完善相关政策和战略的制定，完善学校管理制度和组织管理机构，形成纵向领导和横向联动相结合的整体管理合作体制。

建立科学的决策机制，通过完善的顶层设计，学校党委肩负起高职校园文化建设中定方向、谋方法、求实效的重要责任。在高职校园中弘扬和传承工匠文化离不开学校领导的重视，离不开行政主管部门和各级工作部门的密切配合，需要各部门管理人员进一步提高认识加以重视，从工匠文化的传承和融入角度，对校园文化建设的目标和策略进行审视，制定有利于工匠文化元素融入校园文化建设的战略，并在具体的工作和活动中予以实施。通过科学的制度安排，为高职院校工匠文化建设建立科学有效的领导机制。针对工匠文化建设的重大决策，学校党委要积极参与，为推进整体建设把握方向，针对具体的建设方向、建设方针、建设方式进行科学的决策，保证建设的方向性、科学性、有效性，为推进高职院校工匠文化建设提供坚强有力的组织保障。对于工匠文化引领校园文化建设遇到的困难，学校党委要组织力量主动协调解决；党委领导班子也要加强自身建设，注重在学校规章制度的框架下营造活跃、创新与和谐的制度氛围，通过制度和规范建设来确保学校的各项工作与工匠文化建设始终保持高度一致。

2.4.2 完备的执行机制

科学的决策需要具体的落实，要将高职院校工匠文化建设的顶层设计落实到各环节各主体，实现建设流程的完整性和闭合性。

首先，在建设过程中要明确执行主体，分工明确。将工匠文化融入高职校园文化建设符合师生发展需要，要充分发挥广大师生的主观能动性，在培育和践行工匠文化上，积极引导师生由"被动接受"到"主动践行"，通过全员积极参与，产生对于工匠文化的认同感和使命感，并自觉将之外化为具体行动。充分利用和发挥领导干部、思想政治理论课教师、辅导员、专业课教师、实训课教师、管理服务工作者、学生骨干在各自角色中的独特育人作用，着力打造同向而行的全员育人体系，将工匠文化培育贯穿学校工作的方方面面。要调动各个类型主体的积极性，明确学校各个岗位教职员工的育人责任，制定完善师德规范，严格师德管理。教师队伍建设是关键，各类教师都承担着教育育人的重要责任，在理论教学、实训操作、答疑解惑中通过讲授传输、言传身教等方法对学生进行工匠文化的培育。思想政治理论课教师将工匠文化与思政元素相结合，针对高职院校学生特点和需求进行职业道德教育、工匠精神培育、爱国主义教育等；专业课教师在专业课讲授中将工匠文化融入，实现与思政课协同育人；实训课教师在实际操作中引导学生践行工匠文化，将理论外化为行动。学生是高职院校工匠文化建设的主体，他们是工匠文化培育最直接的受众群体和建设群体，要提高学生对工匠文化的兴趣，引导学生自觉参与到建设中来。不仅要引导学生自觉参加各级各类的活动，更要鼓励学生成为培育践行工匠文化组织，参与各类工匠文化活动的主体，学校和教师要给予必要的指导和支持，尽可能将更多的学生吸纳到工匠文化建设的队伍之中，充分发挥他们的主体作用。学校行政管理人员推进校园工匠文化建设的相关政策的制定者与执行者，他们为校园工匠文化建设提供引导与保障。

其次，高职院校工匠文化建设要环节完整、运行流畅。运用动态思维分析其执行过程，厘清建设过程中的各个环节。从建设的要素来讲，在建设过程中要实现对于工匠文化育人内涵的挖掘、育人载体的拓展、育人环境的打造、育人平台的建设等。具体的执行环节包括规划设计、具体执行、反馈调节三个部分，各环节环环相扣、层层递进，形成完整的闭环，建设过程形成螺旋式上升的效果。第一，规划设计。针对高职院校校园工匠文化建设进行整体的前期规划与设计，保证实施方向与育人要素和育人条件的合理配置。在规划设计中，要注重物质建设、精神建设、制度建设、行为建设的互联互通、相互作用，对其进行整体设计，并且要符合受教育对象的思想特征、成长规律、成长需求，充分考虑建设的必要性与可操作性问题。第二，具体执行。在具体实施过程中要实现内容精准、有效融入。要对工匠文化的内涵价值以及意义进行准确把握，根据师生发展需求和学校发展需要对工匠文化内容进行整理筛选，并且准确地找到融入校园文化建设的切入点，实现融合的科学性、合理性，不能生搬硬套。具体建设执行过程中要注重方式方法的选择，选择能够承载工匠文化内涵、体现师生价值取向、凸显学校特色的方式方法，避免建设的同质化和单一化。第三，反馈调节。高职院校工匠文化建设要求将工匠文化融入校园文化建设并发挥育人效果。从执行的环节来看，具体实施环节完成并不意味着校园工匠文化建设的所有环节结束。虽然培育工匠文化、弘扬工匠精神是抽象的思想上的建设，但是更为重要的是师生将工匠文化融入个人行为习惯并自觉践行，这是可以通过语言、行为等表现外显出来的，也是评价工匠文化融入校园文化建设效果的重要标准。因此，对具体执行过程的效果反馈与调整也应该纳入执行过程之中。经过了前期准备阶段与具体实施阶段，以工匠文化为引领的校园文化品牌是否形成，工匠文化是否内化为师生的意识，外化为行为习惯，育人功能是否有效发挥，教育效果是否达到预期，这些信息的有效反馈，有利于工匠文化建设的目标完善、方案优化、策略调整，为进行下一步的育人实践活动打下良好基础。

2.4.3 灵活的协同机制

工匠文化融入高职院校文化建设工作要想取得理想效果，必须充分调动内外部的各个工作主体，形成"统一领导、齐抓共管、分工负责、各司其职、共同参与"的格局和协同推进机制，努力形成责任明确、校内协同、校外联动、密切合作的工作局面。

首先，高职院校工匠文化建设在校内要形成协同推进的工作局面。第一，制度体系之间要形成协同育人机制。高职校园制度体系内容广泛，包括师生日常行为规范、道德标准，还有教学管理、学生管理、人事制度、后勤管理等，要加强各种制度体系之间的协同联动。第二，学校各部门各类人员之间要分工合作、协同育人。在融入的过程中，建立和完善横纵双向领导协作机制，强化领导机构的有力统筹指挥，设立分工明确、各司其职的宣传部、组织部和具体的执行部门，并选出文化素养高、社会责任感强的领导团队，制定和完善相关的制度、政策、条例，安排好相应的外部保障条件①。校园内不同部门具有不同功能，这些部门从不同的地位和立场为工匠文化建设建言献策、集思广益、群策群力，同时针对具体任务，保障建设质量，为建设的有序推进提供支撑。

其次，高职院校工匠文化建设要建立校内外协同联动机制，充分利用校外工匠文化资源。将走出去与引进来相结合，邀请工匠劳模进校园，组织学生参观实践基地，充分利用社会资源实现校内外有效联动。高职院校要深化校企合作，利用校企合作平台培育工匠文化，引入优秀的企业文化，探索企业文化培育职业人才模式。高职院校要遴选具有优秀文化氛围的企业进行合作，让学生从产品的研发到核算、生产、设计、包装、销售、管理等各个环节，零距离观察企业运行方式，适应员工快速的工作节奏，感受企业有形的规章制度、运作流程、岗位职责和无形的精神文化，培养遵纪守规的自觉意识，并落实到日常行为中②。通过贴近产业、贴近行业、贴近企业，将企业所展现的工匠文化融入教育教学过程，积极搭建校企文化互融的协同育人平台，做好整体规划，整合资源和力量，形成校内外协同推进工匠文化培育的良好局面。

2.4.4 健全的考核机制

首先，评价高职校园文化建设的成效需要健全考核机制。考核机制是指通过设立科学合理的考核标准、考核流程和考核手段，对工匠文化融入高职校园建设的内容、过程、结果、影响等方面进行评价，以确定建设的成效和不足之处。科学的考核机制能够利用客观数据对建设成效进行评

---

① 周婷婷. 中华优秀传统文化融入大学生思想政治教育研究 [D]. 临汾：山西师范大学，2018：32.

② 赵慧. 工匠精神融入高职校园文化的路径研究 [J]. 职教论坛，2017 (17)：36-40.

判，尽量排除主观因素的影响，科学地评估建设成效，针对工匠文化融入的整个过程进行客观分析，通过分析反馈进一步优化建设水平。想要达到客观科学的评价效果，需要确定一套科学的评价标准。高职院校工匠文化建设的内容涵盖物质建设、精神建设、制度建设、行为建设四个方面，覆盖了学校全体人员，决定了考核指标应兼具综合性和个体性的特点。考核标准要厘清各环节、各因素、各主体在建设过程中的作用以及关系，进行科学整理分类，形成多级指标体系。指标体系的设计要包括精神层面的情感、态度的价值取向，行为层面的实践效果，也要包括物化后的影响成效等。在学校原有的各类考核中可融入工匠文化相关元素，例如，将师德师风考核、学生的实训成绩考核、社团考核等合理科学地与工匠文化建设效果考核相结合。

其次，要充分发挥考核结果的激励作用，促进各主体强化工匠文化建设的积极性。合理适度的激励可以充分调动工匠文化建设中各个主体的积极性和主动性。充分发挥考核结果的激励作用是推动工匠文化融入高职院校文化建设的重要动力。在充分遵循师生需求的基础上，通过合理、合法的方式，根据考核结果从物质精神方面进行激励，充分调动他们培育和践行工匠文化的积极性。为了确保激励效果最大化，可事前调研、分析师生的需求，并加以正确引导。在具体操作过程中要注意：第一，物质激励与精神激励相结合。单一的物质激励或是精神激励都不能取得理想效果，应将物质激励与精神激励相结合。物质上，针对学生以奖学金、助学金等形式进行激励，针对教师设立相关奖励项目或和职称评审挂钩等；精神上，运用表扬、颁布荣誉等方式灵活多样地给师生以激励。第二，短期激励和长期激励相结合。保持教师队伍稳定性，激发教师的创造性和主动性。

最后，健全考核机制要达到典型示范的效果。通过考核评选出典型案例、典型人物，可以使建设过程中的各个群体找到各自对标的榜样，并发挥榜样示范作用。发挥榜样力量要注意以下几点：一是要加大教师队伍建设的力度。教师要认识到工匠文化建设的必要性和重要性，让他们能够自觉地认同、践行工匠文化，并将工匠精神融入师德师风建设，树立高尚的道德情操、创新教学内容、爱岗敬业、认真开展教学工作，不断创新工匠文化融入教育教学的方式方法，成为践行工匠文化的模范，向学生起到潜移默化、耳濡目染以身作则的教育作用。二是要发挥学生的朋辈影响作用。针对学生在专业学习、道德品质、志愿服务、社会实践、技能大赛等各方面选出符合践行工匠文化要求的优秀学生代表，让学生身边的榜样发挥典型示范作用。三是对考核结果中的优秀典型进行奖励，对于践行工匠文化有成效、有成绩的师生要予以奖励、宣传，形成评价科学、影响广泛的激励长效机制。

3 高职院校工匠文化建设的途径

　　党的二十大报告明确指出："培养造就大批德才兼备的高素质人才，是国家和民族长远发展大计。加快建设国家战略人才力量，努力培养造就更多大师、战略科学家、一流科技领军人才和创新团队、青年科技人才、卓越工程师、大国工匠、高技能人才。"① 新时代的高职院校建设要坚持新发展理念，高职院校工匠文化建设必须有创新性的思维，以引领高职院校更好地发展。其中，高职院校工匠文化建设是高职院校建设的重要组成部分，高职院校的发展需要以校园工匠文化为根基，促进高职院校学生的全面发展，以此提升学校的整体竞争力。同时，高职院校还应紧密围绕职业教育的特点和要求，深入挖掘高职院校自身的办学特色和行业企业以及区域资源优势，将工匠精神与专业建设紧密结合起来，以制度文化、物质文化、精神文化和行为文化为载体，让工匠精神涵养精神文化，传递物质文化，外化制度文化，践行行为文化，构建以工匠精神为核心的"四位一体"的校园工匠文化建设体系（见图3-1）。高职院校应着力打造职业特征明显，职业道德、职业素质与职业技能并重，具有高职特色的校园文化品牌，实现校园文化建设创新和高素质技能人才培养的双赢局面。

---

① 习近平. 习近平著作选读：第一卷 ［M］. 北京：人民出版社，2023：30.

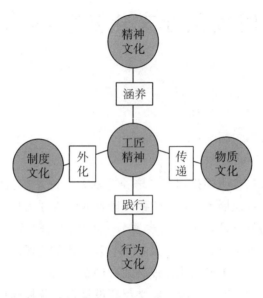

图 3-1　校园工匠文化建设体系

3.1　制度文化建设

校园制度文化不仅包括学校的各项规章制度和守则，还包括对于制度的执行情况。校园制度文化是学校各项事务得以正常、有序运行的保障机制。工匠精神融入校园制度文化建设，意味着学校的制度建设将更趋于科学化和高效化，各部门和全体教职工的执行力也将得到进一步提升，有利于推动学校的高质量、高水平发展。学校管理人员在做好顶层设计的同时，要细化工作的流程和规章制度，完善激励制度，强化考核运用，让教师在教育教学、学生管理工作过程中有章可循、有流程可走，通过制度的细化，让教师和学生知晓工匠精神的着力点，严格按照规章制度办事，不走捷径，不懈怠。

3.1.1　做好顶层设计，明确责任主体

高职院校制度文化建设是一项长期的任务和复杂的系统工程，不能一蹴而就，也不要奢望仅仅通过一个点、一个面的建设就能实现整体的突破，需要长期的坚持。学校要进行整体设计、打造特色，培育和弘扬大学

精神，挖掘和传承学校传统底蕴，在办学过程中突出办学理念，积极培育和大力弘扬学校精神。

一是做好顶层设计，激发内生动力。工匠精神的培育是一项系统工程，也是对高技能人才培养的更高标准和要求。它不仅需要教育主管部门的宏观指导，也需要各高职院校具备一套有助于工匠精神培育的制度，否则很难起到实效。高职院校顶层设计对校园工匠文化的重视程度决定着高职院校校园文化建设的成效。高职院校对这个"隐性"的文化内涵建设是否认同，不仅会影响校园工匠文化在整个学校建设进程中的地位，还关系着社会主义核心价值观和思想政治教育在校园文化中的传播，关系着素质能力的锤炼与养成。因此，要加强章程建设，通过现代大学制度建设，优化内部治理结构，将行业企业的制度文化引入章程建设，完善符合高等职业教育发展规律同时体现高职院校特色的章程，充分激发教师和学生的内生动力，推动科学、规范、细致、严谨的工匠精神培育。做好顶层设计，既是调动教师主动性的手段，也是发挥学生积极性的措施；既需要宏观方面的框架性制度体系，也需要微观方面的具体操作方法。顶层设计既包括对外办学（如产教融合、校企合作、订单培养、产学研一体等）方面机制的科学建立与运行，也包括内部管理（如教育教学、行政管理、学生工作、后勤服务等）方面的规章制度，顶层设计使工匠精神培育有规可依、有章可循。在校企合作方面，要建立健全产教融合、订单培养、现代学徒制等运行机制，推动工匠精神培育制度化、规范化；在高职院校内部管理方面，将企业优秀管理文化融入教学管理的各个方面，在教学和实习实训中将有关企业的操作规范和要求张贴在显眼位置，让学生了解并适应企业的管理方式。

二是深入研讨内涵，把握个性要求。不同高职院校由于专业不尽相同，体现了不同的行业背景和产业需求，因而在起点、定位、文化、体系、结构等方面都不尽相同，工匠精神培育的要求、路径、措施也不尽相同。高职院校要根据专业实际，邀请相关行业的企业专家、大师，共同深入研讨不同专业工匠精神培育的着力点，探索并提出富有个性的要求和措施，制订相应的工匠精神培育实施办法，努力使人才培养满足相关产业需求，支撑行业发展。对高职院校校园文化建设的全面系统设计，应坚持"一以贯之、统筹兼顾"的原则，突出高职院校的办学特色与职业特质。因此，这种顶层设计的指导思想、方针原则、培养目标、建设模式、实施举措等都要突出高职院校的办学特色，在校园精神文化、物质文化、制度文化、行为文化等层面都突出高职院校的职业特质，在充分发掘学校历史传统宝贵资源的基础上，借鉴和传承优秀的地域文化传统，结合学校办学理念，大力营造崇尚科学、严谨求实、善于创新、开放包容的具有时代特征和学校特色的校园精神，从而带动全校师生的文化自觉与境界提升，精心培育与打造具有高职院校特色的校园文化品牌。而承担这一设计任务的顶层设计师应是学校党政领导班子。学校党政领导班子要统揽全局，科学决策，促进办学理念的发展，丰富学校精神的内涵，推进学校制度的创新，建立与高职院校相适应的校园文化，要将校园文化建设纳入学校发展的总体规划，并使之与学校的总体建设相适应。加强领导，是建设和繁荣校园文化的关键。要加强指导思想的领导，用科学的思想理论指导校园工匠文化建设；要建立必要的管理机构与机制，积极投入，专人负责，常抓不懈；要加强规划和管理，有具体和切实可行的规划，不断加强管理和检查落实，推动校园工匠文化健康和谐发展。

3.1.2 融入常规制度，健全制度体系

工匠精神、工匠制度的确立，主要取决于学校对内部体系的管理规范和管理方式。大学顶层设计的治理体制文化统领着大学文化建设的基本方向。治理体制文化应该包括学校制度文化与组织机构文化。就高职院校治理体制文化建设而言，在解决好与普通高校存在的共性难题的同时，还需要遵循高职教育高等性、职业性、开放性、跨界性的本质属性和高素质技术技能型人才培养的规律与要求，探索创新具有中国特色的高职院校内部治理体系。

一是以工匠精神为指导，推动现代化大学制度建设。制度是需要人们共同遵行的行为准则，具有一定的约束性和保障性。高职校园制度文化以一种内在机理的形式存在，是校方在实施教学和管理过程中所积淀的办学理念和精神价值的规范体系。明确治理理念、价值取向是大学治理制度文化建设的前提和基础。工匠精神是高职院校的精神特质和内涵要义，工匠文化是高职院校以文化人、创新创造、追求卓越、培育大国工匠的价值诉求和重要保障。大学制度文化建设的关键在于科学制定并有效实施大学章程。因此，高职院校要在以学校章程为统领的规章制度建设中贯穿工匠精神这一主线，突出"精益求精、追求卓越"这一大学文化的内在之魂。在

办学指导思想、教育教学理念、师生共同成长等规章制度中培育工匠精神。学校要找准人才培养与产业需求的定位，邀请业内专家共同研究和构建一套有利于工匠文化培育的制度，通过校纪校规、管理制度、奖惩制度等规范学生的举止行为，激发学生的内生动力，在日积月累中塑造工匠精神。

二是高职院校组织机构文化建设应渗透和彰显工匠精神。高职院校内部治理结构是现代大学制度的核心，其治理体系和组织结构必须结合高职教育的特点和规律。成立学校董事会、校企合作理事会是高职院校实现治理体系和治理能力现代化的必然要求，是引入企业文化、培育工匠精神的重要途径。因此，高职院校应该积极吸收来自行业一线、知名企业、具有卓越工匠精神的能工巧匠作为学校的兼职教师，使其成为这些机构的重要成员并具有较大话语权。同时，学校在教育教学管理过程中要始终践行工匠精神，每一项制度的提出、讨论、研究、修改和实施过程中都要注重细节，反复琢磨合理性、合法性和可执行性，真正做到有利于学生成长成才。例如，制定课堂管理规定，规范学生在课堂上合理使用手机问题，狠抓迟到早退，培养学生专心做事、认真守时的习惯；对实训室工具的摆放和使用、具体的操作顺序都应提出明确的要求，并将有关操作规范和要求张贴在醒目位置，要求学生规范操作，让学生提前了解并适应企业的管理方式，通过长期的实践磨砺培育学生的工匠精神；制定师德师风行为规则，加强对教师行为的管理。教师不仅是职业技能的传授者，更是工匠精神的示范者和引领者，教师认真严谨的教学态度、孜孜以求的专业追求、与时俱进的创新精神都会引导和感染学生。

三是要积极借鉴、引入企业先进的管理理念和管理模式。作为现代社会中的组织，高职教育与企业在本质上是相同的，因而作为组织管理的有效方式，企业质量管理模式完全能够引入高等教育领域。高职教育同工商企业相比，虽然其目标、活动内容和方式、质量的评价标准等有着众多的区别，但作为社会的基本单位——社会组织，其活动过程以及组织管理方面在本质上是相同的，都需要进行有效的资源配置，需要充分发挥包括人、财、物在内的各种的资源的作用，都存在一个输入——转换——输出的过程，并通过这个过程的有效控制和管理，以较小的投入获得更大的产出。因此，借鉴企业管理思路，引入企业质量管理模式，应成为我们改革高职教育质量管理的有效途径。企业的质量文化、成本文化、管理文化等无不折射着对职业敬畏、对工作执着、对产品和服务追求完美的价值取向，要将其融入学校管理体制和规章制度建设之中，促进校企、工学、产教在有效对接、深度融合中协同培育工匠精神。

3.1.3 完善激励制度，强化考核运用

制度文化建设是促进师生遵守制度的文化引领。各项规章制度在制定后，需要员工遵守，这样才能营造和谐的工作氛围，才能够减少一些重大的失误，避免企业各项风险的发生。因此，制度文化建设是校园工匠文化中的一个重要组成部分。

一是构建正向激励机制。学校的各项规章制度等对学校师生发挥着制约的作用。学校制度文化进一步规范了师生的日常行为和学习生活等，也对开展正常的教学活动提供了重要的支撑。高职院校的重要使命就是为社会输送更多的技能型和应用型人才，高职院校制度文化在建设过程中需要对学生职业素质等方面严格把关，融入工匠精神，以便在培养人才的全过程中将工匠精神展现得淋漓尽致。一方面，借助互联网技术，将企业行业中的一些规章制度、岗位的职业要求、操作标准等展示在校园显眼位置，既能够发挥宣传的作用，还能够让学生不受时间和空间的限制，全方面地了解企业的规章制度。另一方面，规章制度需要符合高职院校的职业特征，即应用性和技能性特征，以便在各项校规校纪中融入工匠精神，打造出具有工匠精神的制度文化体系。例如，对于在校学生的着装、学校礼仪等进行严格规定，让学生认识现代化治理内容，认识到无规矩不成方圆的重要性。充分运用高职院校综合考核结果，延伸扩大综合效应。聚焦"精神鼓励""资金支持"和"政策激励"三个维度设计奖励办法，实现绩效导向和扩大高职院校受益面的统筹兼顾，探索构建高校高质量发展"1+1+N"综合考核正向激励机制。

二是完善考核参与机制。针对不同类型和层次院校发展的实际，调整指标设置及权重，让高职院校发展成效在考核中都能得到体现。注重综合考核过程管理。对每一项考核指标的内容、依据、能否量化、所占分值权重等进行确认。对于不能量化的指标，采用听、看、查、测等方式检验，通过过程监测将结果指标"可视化"。中间过程根据预期结果实施常态化监测，不定期督促指导，发现问题及时提出整改意见，对好经验好做法进行宣传，对落实不到位的进行约谈。在具体考核中，采取基层组织自评、

师生测评、各单位互评和考核组访谈、查核资料、问卷测试等方式，完善考核参与机制。通过科学完善的综合考核制度体系，以高质量引领和推动事业发展高质量，以学校领导班子建设成效与高质量发展成效形成相互印证、相互促进的正向双循环，以办学治校满意度评价作为高质量发展成果的最终检验，使上级对高职院校的管理、高职院校对内部的管理形成"闭环系统"，让系统决策、过程管理、结果反馈等在循环积累中不断提高和发展，全面推动高职院校高质量发展，全面提升高职院校服务经济社会发展的能力和水平。

3.2　物质文化建设

校园物质文化主要指学校提供给学生进行学习和生活的各类设备、设施、场所以及校园自然环境的总和。校园物质文化为学校实现人才培养提供物质基础。校园物质文化建设与学生的学习和生活息息相关，学生与之接触最为频繁、有最切实的体验和感受。因此，要加强高职院校学生的现代工匠精神培养，利用校园物质文化环境进行展示是一种非常重要的方式。高职院校可以在学校建设规划的过程中，主动融入能够体现现代工匠精神的元素，让校园景观设计凸显工匠文化，让校园场地打造蕴含工匠文化，让网络平台建设宣传工匠文化，让学生在潜移默化中受到渲染和熏陶，从而实现培养学生现代工匠精神的目标。

3.2.1　校园景观设计凸显工匠文化

校园景观文化是大学生人文素质教育的重要载体，具有独特的风格和魅力，其不仅是学校建筑的外部延伸，同时对校园也起着美化和点缀的作用，更是一个无声的教育课堂，对在校学生的思维习惯、语言行为等起着潜移默化的影响，所以在校园景观文化建设中，对景观的文化立意和思想内涵做深入性研究有突出的现实意义。

一是丰富环境文化。苏联教育家苏霍姆林斯基说过，学校要让每一面墙都能说话。校园无闲处，处处都育人。校园物态环境是培育大学精神的重要载体，它们从格物、致知、致理等方面以无声的语言诠释着、展示着大学精神和校园文化的内涵蕴意和独特魅力，并对生活于其中的师生产生潜移默化的影响。因此，校园景观是体现工匠精神特色的校园物质文化载体，高职院校应将工匠文化元素和工匠精神实质渗透校园建筑布局、建筑外观、校园景观、校舍设施等物态环境载体之中。从校园的整个布局规划，到校内各种设施，如一亭、一室、一砖、一木的设计，都从物质层面集中体现工匠精神和人文精神时刻陶冶、泽润着莘莘学子。用工匠精神建设优雅校园，在优雅校园环境的背后，体现着丰富的环境文化。第一，要想让师生们爱校如家，就应该把学校建设得像家一样，干净、温馨，有人气，不能像今天住明天走的客栈。第二，建设好校园环境，事实上是在向师生们表明一个态度，学校有心气，大家才能有心气，工作才能有干劲，学习就更起劲。

二是营造职业氛围。在高职院校，实体环境是不可或缺的传统文化阵地。这些实体环境主要包括建筑物、图书馆、宣传标识和体育馆等基础设施，将工匠精神融入物质文化中，能够让高职学生和教师在渲染的工匠精神氛围中接受熏陶和感染。校园建筑景观等物质设施在建设时注入工匠精神，不仅仅能够突出文化景点的别致，还能展示出更为深层的内涵，使其不再是死的建筑，还是成为文化的一部分。要尽量让教学楼、实训室、学生宿舍等设施的每一面墙壁、每一个走廊都能融入产业元素、行业元素、职业元素，体现专业特色和工匠精神，实现校园环境文化的思想化和艺术化，能时时激励师生，处处陶冶情操，达到润物细无声的育人效果。可通过橱窗、展板、灯箱、墙报、校报等传统媒介，常态化宣传当代中外工匠型人才的典型事迹。可专门建造工匠主题雕塑园，主要侧重于对学校相关专业和行业领域的古今中外著名工匠雕像艺术品的打造，每个雕塑附上工匠简介。如机电类专业可选取数控机加车间钳工高级技师胡双钱、高铁研磨师宁允展、特种熔融焊接工高级技师高凤林等。

三是体现时代性。校园建筑的设计应该具有一定的时代性，这种时代性可以通过现代科学技术等手段来体现。如校园建筑可采用一些新材料、新技术、新工艺等，让其既能够体现人们的生活以及工作方式的改变，又能够很好地体现新时代的绿色、节能、低碳等新思想和新理念，由此把工匠文化表达得更具有时代性。总之，要让师生进入校园，就能感受到注重技术、崇尚技能的浓郁氛围。用工匠精神建设优雅校园，在优雅校园环境的背后，彰显着诚信文化和劳动教育，让学生体验并参与到校园的绿化美化维护中来，让师生知道校园的维护也有自己的努力，师生们便会更加爱护校园，在潜移默化中养成爱护环境、爱护家园的良好习惯。

因此，培养高职院校学生的高贵品质和工匠精神，需要从物质环境入手，寄情于学校的山水和雕塑等景观环境，从而在突出校园文化层次和地位的同时，还能够陶冶学生的情操，启迪学生的思想。

3.2.2 校园场地打造蕴含工匠文化

我们可以把校园比作一个小城市，如果单从功能上对学校进行区域划分，可分为学习区、活动区、休息区等；但是从整体上来看，校园设计属于一种群体设计，它有一定的功能区分，但是这种功能区分不应该太严格，而是应该更讲究生活化、人情化、色彩化，从而发挥环境育人的重要作用。"以心体之、以身验之"是最深刻的心灵认同。

高职院校学生的文化基础、学习习惯以及学习方式等决定了开展实践活动是对他们进行现代工匠精神培养的最优方式。学生通过课堂教学习得关于现代工匠精神的理论知识，在实践活动中将其真正内化为指导自己行为的思想意识。因此，实训基地是学生进行实践活动的重要场所，它的建设质量直接关系到高职院校学生现代工匠精神培养的质量。所以，高职院校应该加强对实训基地建设，为学生提供更好的现代工匠精神培养环境。

一是注重规划性，合理统筹实训基地建设。整个教学设施的建设需要前期规划，同样，实训基地建设也同样需要预先筹划。实训基地建设工作中至关重要的一个环节是做好实训基地建设规划的制订，它有利于保证学校投资效益的产出，有利于保障实训基地建设投资的准确性、科学性和超前性，实现最大的社会效益和经济效益。实训基地建设是为了满足培养具有现代工匠精神的技能型人才的需要，促进学生职业技能和综合职业素质的发展，所以高职院校实训基地建设要本着仿真性、开放性、共享性、生产性的原则，根据市场调研并结合现代工匠精神的人才培养目标，明确实训基地建设的总体目标和基本职能，确立实训基地分步建设的具体步骤，并制定实训基地管理的制度和实训师资发展规划，使实训基地的建设更好地服务于学生的现代工匠精神培养。

二是注重合作性，建立校企共育机制。实训基地建设要实现长远发展，不能仅仅依靠高职院校的单方力量，而应发挥政府、行业、企业和学校四方联动的合力，形成实训基地使用和发展的良性循环。政、行、企、校四方联动合作机制要基于共同建设、共同教学、共同管理的愿景，形成互惠共赢的利益驱动新机制,构建共管共育、责任共担、成果共享的合作新机制,而校企双方应成为这个合作过程中共育机制的主体。高职院校要利用其办学优势,主动面向企业需求,为其提供有针对性的服务,奠定校企双方的合作基础。同时企业也要担负起共管共育的责任,主动参与学生现代工匠精神培养的主要环节,及时将新的技术和仪器设备应用于实习基地,选派企业技术骨干参与实训基地的教学活动。企业与高职教师一同设计现代工匠精神培养的实训课程方案,规划学生实习岗位的工作任务和校企双方可参与的实训项目,以此实现以产促学、以学促研、以研促产的产学研一体的目标。

三是注重互补性,加强校外实训基地建设。高职院校仅仅建立为学生提供实践技能学习的校内实训基地是远远不够的,因为校内实训基地在操作环境、文化氛围等方面始终无法与企业实习基地相提并论。现代工匠精神的培养需要学生能够真正融入生产环境,切实感受企业文化氛围,通过在实践中体验和感悟,逐渐将在工作中学习到的规范和技能要求内化为自己的行为。所以高职院校在加强校内实习基地建设的同时还应该深化与企业的合作,探索建立适合现代工匠精神培养的校外实习基地,办好"厂中校"。高职院校通过在校外实训基地中开展对学生的专业技能培训、生产实践体验等,使之与校内进行的课程有机衔接,形成校内外实训基地相互配合、互为补充的教学内容和培养方式,让学生能够深化对现代工匠精神内涵的理解,加强现代工匠精神培育要求下的实践锻炼。

3.2.3 网络平台建设宣传工匠文化

随着"互联网+"时代的到来,高职院校需要加强网络文化建设,建设信息化校园,建设好学校的官方网站,通过视频、图片、相关资料等,突出高职院校的校园工匠文化。校园网络特别是新媒体作为一种虚拟文化,近年来越来越凸显其不可替代的优越性,高职院校要充分发挥其独特作用,充分利用这一平台宣传工匠文化。

一是繁荣网络文化,激励引导学生。高职院校应通过公共平台和公众号宣传办学理念、办学模式、办学特色、学院实时动态、优秀师生事迹等内容,从信息层面加强校园文化建设。在"互联网+"时代,组织结构也呈现扁平化,信息来源多样化,这就和传统的校园工匠文化建设不同,出现了一种新的校园工匠文化建构方式,只要学生能够在网络空间中通过自己的某种创新性思维赢得他人的关注和追求，就会带来一股新的校园文化潮流，这时候校园工匠文化就会从传统的传播方式中走出来形成新的局面。但是，网络的兴起也给高职院校带来一定的困难，要想从官方的角度来实现对校园工匠文化的建构了就需要迎合学生的文化欣赏形式，当然还要能够在适应他们欣赏的文化模式下来演绎出新的校园工匠文化。高职院校可以通过校园门户网站、官方微信、官方微博、电子校报等方式经常性地展示优秀工匠案例，开设"工匠精神大家谈"等网上专题栏目进行讨论交流，对在校生进行勤勉励志教育，拓展就业创业渠道，增强职业信心和创业动力，引导学生从优秀工匠身上学习可贵的工匠精神。值得一提的是，杰出校友是校园工匠文化建设过程中的重要资源，要充分发挥他们的作用。在全国千余所高职院校中，每所高职院校都会涌现出数以千计的杰出校友，其中不乏具有工匠精神的行业精英、企业专家、能工巧匠、创业典型，他们身上都有超出普通人的不同寻常的一面。可以结合专业实际，通过校友访谈录、校友话成长等方式，分类别展示他们的先进事迹。

二是开展师生网络互动交流。校园网络平台起到非常重要的作用，它不仅是外人认识校园的一道重要窗户，也是学校师生进行交流和沟通的重要平台。在校园网络平台的主页可以加入与工匠文化相关的一些标语以及图片，从而提高吸引力和宣传效果，还可以设置有关工匠文化的专栏，推送一些比较优秀的有关工匠文化的文章供学校师生阅读和学习。除此之外，高职院校还要发挥充分微信平台的作用，依托微信平台建立一些以工匠文化为主题的小程序或者公众号，让学校师生进行关注和学习。校园广播可以开通微信公众号，通过信息、文字和语音等方式与听众交流，让听众在节目中也能听到自己的声音，增强他们的参与感，提高校园广播的影响力。高职院校还可与社交网络平台合作，如开通新浪专业版认证微博，利用其丰富的功能，开展粉丝分析、宣传效果分析等，有针对性地对首页宣传视频和展示图片进行个性化包装。高职院校可以结合学生的特点，重点利用贴图、音乐等发起微投票、微话题等活动，吸引学生参与，使学生在活动过程中受到潜移默化的教育和影响。另外，高职院校还可以依托网络建立广播电台网络节目库，结合学生特点，多在校园广播的内容上下功夫，制作出迎合学生兴趣点的有特色、有见解的新闻节目，同时兼顾其互动性和娱乐休闲性，把广播电台建设成为内容活泼、形式亲民、观点独到的校园媒体，把重要节目上传到网络，方便师生及校外人士随时随地收听。

三是加强网络的维护和监管。为了加强网络的维护和监管，提高师生的网络素养，高职院校要定期对师生开展具有针对性的培训，增强师生网络信息安全意识，提升网络安全防护能力。例如，通过向师生讲解网络安全具体案例，层层深入分析信息安全隐患，并提出具体的防范和解决措施。高职院校要不间断地提醒师生提高网络信息安全意识，直面网络诈骗的后果。对于那些过时的内容和信息要及时更新，对于那些不利于学生身心健康发展的信息要及时加固防火墙并进行阻拦，减少病毒的植入和黑客的入侵，从而保障网络能够正常运行。总之，高职院校要发挥好校园网络育人的功能，利用校园网络平台传播工匠精神，进而培育学生工匠精神，把握学生思想动态，加强网络安全防控，营造风清气爽的校园网络空间。

3.3 精神文化建设

精神文化是人的精神食粮，孕育着人的精神家园，决定着人的精神状态、精神生活和精神本质。校园精神文化是高职院校校园文化建设的核心内容，是学校文化底蕴和学生精神风貌的直观呈现，对塑造学生的精神品质具有不可替代的作用。因此，高职院校可以在进行校园精神文化建设的过程中，有意识地用现代工匠精神思维引导学生，让工匠文化融入学校办学理念，用工匠文化优化学风教风校风，用工匠文化浸润学校思政工作，加深学生在精神上对现代工匠精神的认可和推崇，并将其内化为自身品格，为将来的职业生涯发展提供无穷的精神动力和精神滋养。

3.3.1 工匠文化融入学校办学理念

高职学生工匠精神的培育起始环节和重要塑造期就是在校求学时期，新时代能否及时转换自身办学理念，输送的人才能否被企业和社会所接纳赞许，不仅仅关乎一所学校的办学声誉、发展前景，更能对国家产业升级与竞争力产生重要影响。由于高职院校自身办学理念对培育高职学生工匠精神起着至关重要的启蒙作用和指引作用，故而施行科学、先进的办学理念对于培育高职学生工匠精神起着重要的基础性作用。

一是秉持面向社会、服务地方经济和社会发展的办学理念。高职院校要秉持面向社会、服务地方经济和社会发展的办学理念，重新审视培养主体和专业建设等办学内容。高职院校以就业为办学导向，培养社会所需的具有较高职业素养的技术技能型的实用性人才。而职业素养中的工匠精神往往被职业院校所忽视，只注重专业技能的学习与培养。因此，要将工匠精神培育贯穿高职院校的教育教学，提高思想认识，确立办学理念，重构课程框架体系，调整教学内容和教学方法。高职院校要为培育工匠精神奠定基础，满足国家供给侧结构性改革的人才需求，促使高职院校加快发展，坚守自身职能定位，提高人才输出质量，让更多的学生成为高精尖的技术人才，而不仅仅是工业生产流水线的一个环节。各高职院校要把握自身的专业优势，立足当地的产业结构，科学设置专业科目，在专业优势领域不断积累，从而使优势专业更强，更具竞争力。

二是办学思路清晰，逐步提炼、不断深化。大学精神是一所大学的灵魂，是高职校园文化中最基本、最核心的要素，它体现学校的办学宗旨、办学理念、办学特色和办学个性，反映学校的价值取向和发展方向。因此，高职院校应把塑造大学精神放在校园文化建设的首位，打造准确的办学定位、先进的办学理念和清晰的办学思路。校园精神文化是校园和谐关系的集中体现，需要长期积累、逐步提炼、不断深化，高职院校要把校园文化建设纳入学校发展的总体规划，强调蓝图与现实、目标与结果、战略与执行的统一。例如，上海电子信息职业技术学院将"工匠文化"作为学校育人品牌，校史打造围绕"工匠文化"展开，开发"匠心中国"主题课程，邀请劳模、工匠等走进学校课堂，和行业、企业共建技能大师工作室、工作站，成立研究中心，学校教师科研工作围绕"工匠文化"展开，以此培养工匠型人才。安庆职业技术学院通过顶层设计大讨论等活动，认真探索高等职业教育规律，把握时代脉搏，集思广益，确立了"勤学笃行，德技双馨"的校训，形成了"实践与理论并重，技术与人文融通"的办学理念，这些举措为建设以"团结、进取、诚信、负责"为核心内容的校园精神文化奠定了基础。合肥职业技术学院从"崇德、重技、求实、创新"的校训，到"以人为本、尚德重技、质量兴校、特色发展"的办学理念，再到"让争先成为师生自觉，让优秀成为合职习惯"的校园文化理念，多方位完善校园文化建设，营造健康向上、内涵丰富的校园文化氛围，最终实现"文化立校"。

3.3.2 工匠文化优化教风学风校风

校园精神文化建设是校园文化建设的核心内容，也是校园文化的最高层次。它展现学校全体师生的精神面貌，不仅体现在教师的教风、学生的学风和学校的校风等方面，还存在于学校的各种事物和环境中。学风、教风、校风建设是高职校园精神文化建设的关键，为高职院校学生的健康成长提供着良好的精神文化氛围。而工匠精神融入校园精神文化，能够让全体师生更好地明确自身的职业理想，坚定职业信念，升华职业精神。

一是用教风传递工匠文化。教风是指教育机构在教学精神、教学态度和教学方法等方面形成的长期的、稳定的教育教学风气。教风主要针对学校，有时也针对某一个教育者。教风是一个教育群体的德与才的统一性表现，是该教育群体整体素质的核心，是教师队伍在道德、才学、作风、素养、治教等方面的集中反映。教风是校风的重要组成部分。从某种意义上讲，好的教风也是一个学校崇高的精神旗帜，它对学生可以起到熏陶、激励和潜移默化的教育作用。教风好，可以提高学校的知名度，可以提高学校的社会声誉和社会可信度。因此，教风可以说是一个学校生存和持续发展的不竭动力。教风是凝聚在教与学过程中的精神动力、态度作风、方法措施等，它根据不同学校的不同特点表现出独有的特色和丰富的内涵，并通过学校全体成员的意志与行动，逐步地形成和固化，成为一种传统和风格。这些传统和风格对学生的成长起着重大的作用，对学校的发展和建设产生深远的影响。

培育高职院校学生工匠精神，就要充分发挥教师队伍良好教风对学生的引领和熏陶作用，用教师高尚的职业道德和思想品质感染学生，用教师高超的教学水平和严谨的治学态度教育学生，不断以"己之魂"触动"彼之魂"。斯大林曾经说过教师是人类灵魂的工程师，教风就涵盖了教师的灵魂。一个高尚的灵魂，便是高尚的教风，有了高尚的教风，便是最优秀的教师。人们把教师比作"阳光底下最光辉的职业"，肩负着教书育人的光荣职责。"教书"，即传道、授业、解惑；"育人"，即培养学生的健全人格，主要就是通过教师的言传身教去影响学生。教师也被称为"教书匠"，也是匠人的一种。教师要树立"只有踏踏实实做好每一件小事，才有最后做成大事的可能，只有每天兢兢业业圆满完成自己看似微不足道的工作，才会最终在本职岗位上做出不平凡的业绩，像大国工匠们那样演绎出精彩的人生"的理念。对工作认真负责、精益求精是每一位教师应具有的职业精神。在职业教育新常态下，倡导工匠品格，就是为了确保每项教育教学工作都能做到精心谋划、周密安排，与我国教育改革的发展方向紧密衔接，与职业院校的办学宗旨和工作目标遥相呼应。通过弘扬工匠品格，切实使社会主义核心价值观渗透教育教学的全过程，内化为新时期广大教职工的道德信念和行为指南，增强教师队伍的精品意识、奉献意识、创新意识、团队意识，以恪尽职守的工作态度、奋发有为的匠心品格，立足本职岗位、努力创先争优。教师正是从自身做起，自觉践行工匠精神，用优秀的品质去感染、影响学生，从而形成良好的教风，用教风传递工匠文化。

二是用学风优化工匠文化。学风即学校的学习风气，学风有广义的学风和狭义的学风之分。广义的学风包括学习风气、治学风气和学术风气三个方面的内容。狭义的学风特指学生的学习风气，是指学生在学习过程中所表现出来的态度、行为和习惯，它是学生个人素质的重要体现，也是学校教育的重要内容之一。本节所探讨的学风主要是狭义的学风。学风不仅是一种学习氛围，还是一种群体行为。良好的学风不仅能够提高学生的学习成绩，还能够培养学生自律、自信和自我管理的能力，为其未来的发展打下坚实的基础。在好的学习氛围和群体行为中，学生能够受到潜移默化的感染和熏陶，从而把一些良好的思想品德、价值观念、意志情感、行为方式内化为向上的精神动力。高职院校培育学生的工匠精神，也需要借助好的学风的熏陶，最终把工匠精神内化为高职学生积极向上的精神动力。

如今，随着社会经济的发展，尤其是"快经济"时代的到来，在追求"短、平、快"的情形下，有时候人们只注重眼前的东西而忽视了一些根本，很多高职院校学生也深受影响，无论是在学习方面还是在生活方面都表现出功利、浮躁的现象，做任何事情都显得急功近利，忽视学校纪律，没有树立正确的学习观。这样的学习风气明显不利于高职院校学生工匠精神的养成。因此，高职院校作为人才培养的主阵地，非常有必要采取有效措施来净化这些不良的风气。例如，高职院校应加强理想信念教育、社会主义核心价值观教育等，使学生在树立正确的人生目标的同时形成正确的学习态度，遵守严明的学习纪律，在良好的学习风气中被激励，进而使高职院校的学生无论是在学习还是在生活中都能够少一些功利、浮躁、投机取巧和急功近利，多一些脚踏实地和实干精神，努力培养严谨、专注、执着、坚持的工匠精神品质。高职院校要大力宣传勤奋踏实的工匠精神，将工匠精神传达到校园的每一个角落，使工匠精神深入人心，自动化为学风的一部分。此外，高职院校也要正确引导他们学习老工匠对天地自然和手中之物的敬畏感，努力养成耐得住寂寞、坐得住冷板凳、下得了苦功夫的精神。习近平总书记在党的二十大报告中指出："广大青年要坚定不移听党话、跟党走，怀抱梦想又脚踏实地，敢想敢为又善作善成，立志做有理想、敢担当、能吃苦、肯奋斗的新时代好青年，让青春在全面建设社会主义现代化国家的火热实践中绽放绚丽之花。"新时代的高职院校学生要努力拼搏，强化自身本领，以强烈的历史使命感和责任感肩负起民族复兴的重任。

三是用校风示范工匠文化。校风即学校的风气。是一个学校各种风气的总和，是学校在办学过程中长期积淀而形成的具有行为和道德意义的风气，是在校内乃至社会上具有极大影响并被普遍认可的思想和行为风尚。校风是校训的拓宽、延伸和具体化，其要素包括学校领导的工作作风，教师的教风和学生的学风以及学校积淀的传统文化精神和学术探索所形成的风气和氛围，校风集中体现了学校的办学理念、育人方针、学术追求和办学特色，是学校品位和格调的重要标志之一。良好的校风既是教育和管理的成果之一，又在教育和管理上具有特殊的作用，它有一股巨大的同化力、促进力和约束力，是一种精神力量和优良传统。建设好的校风是学校管理者的一项重要任务。

校风是无形的精神力量，可以振奋精神、激励斗志，迸发出积极向上、努力拼搏的革命精神，在这种环境中养成的行为习惯使人一生受益，将成为这个学校里每一个成员自觉奋进的动力，从而推动整个学校的繁荣和发展。优良的校风对党风和社会风气的好转也有着积极的作用。改革开放的总设计师邓小平曾说过："学校要大力加强革命秩序和革命纪律，造就具有社会主义觉悟的一代新人，促进整个社会风气的革命化"。优良的校风能使高校造就一批批有理想、有道德、有文化、有纪律的社会主义物质文明和精神文明的建设者，他们是社会的中坚力量，对社会有着巨大的影响，将使整个民族的思想道德素质和科学文化素质发生深刻的变化。对于一所学校而言，校长是教育家，是学校的组织者和领导者，校长的作风在很大程度上决定了学校的校风，优良的校风要靠他们去倡导，简而言之，有什么样的校长就会有什么样的校风。校风一旦形成便会产生向心力和凝聚力，从而释放出强大的生命力，最终使教者诲人不倦，呕心沥血；学者学而不厌，精益求精。因此，以校长为首的领导集体的思想作风、工作作风和生活作风对于教师的教风和学生的学风起着重要的导向作用。用校风示范工匠文化，首先来源于学校厚重的历史文化底蕴的积淀和教育先辈们的精心努力和艰苦付出。其次，也来源于当下教育领导者的传承、坚守和创新。这就要求教育领导者不仅要守住、传承工匠文化，还要创造工匠精神。学校各级领导班子要充分发挥榜样示范作用，用求真务实的思想作风、爱岗敬业的工作作风和崇高圣洁的生活作风去感化学生教育学生。此外可以定期组织开展有关的系列思想教育活动，对各级领导干部以及党员同志进行世界观、权力观、事业观、道德观等方面的教育。优良的校风一经形成，就会构成一种独特的教育心理环境，成为影响整个学校生活的重要因素，在各种场合如教室、图书馆、食堂、宿舍里，在各个不同的校内群体如领导集团、教师、学生、职工中，在各种活动如文艺演出、体育比赛、学术报告和各种人际交往中，都可以觉察到它的存在，觉察到它在起作用和它的权威力量。

3.3.3 工匠文化浸润学校思政工作

高职院校思想政治工作是一个系统的科学体系，其中，思想政治理论课是思想政治教育的主渠道，是落实立德树人根本任务的核心课程、灵魂课程和关键课程。新时代高职院校思想政治理论课的一个历史使命就是要促进大学生思想道德修养的提升。培育高职院校学生的工匠精神不仅是落实立德树人的根本任务，也是在完成新时代赋予高职院校的历史使命。随着中国特色社会主义进入新时代，对高职院校培育大学生的工匠精神提出了新的更高的要求，所以高职院校要发挥好"思政课程"和"课程思政"全方位育人的作用。

一是大力推进课程思政教学改革。一方面，要大力推动以"课程思政"为目标的课堂教学改革，在课程设计、教材选取、教育方法上都要加强创新，充分挖掘和运用专业课程所蕴含的工匠精神元素。此外，新时代的高职院校思政教师要自觉修身修为，努力做到政治强、情怀深、思维新、视野广、自律严、人格正，用高尚的人格魅力赢得学生的敬仰，用模范的言行举止为学生树立榜样。另一方面，高职院校教师在思政课堂上要针对性地讲解工匠精神而不能只是"蜻蜓点水"轻描淡写。思政课教师在教学中要善于运用案例教学法教学，注意把学生与周围的世界联系在一起，突出文化浸润的教育价值。因此，思政课教师在讲解有关工匠精神的内容时，要精心选取典型的工匠精神案例故事，图文并茂地展示大国工匠的风采，从而提高学生的工匠精神认知和情感认同并在此基础上激发他们的工匠精神意志，促使他们自觉践行工匠精神。

高职教育要将思想政治教育作为培养和弘扬工匠精神的重要渠道，同时将工匠精神有效融入和贯穿思想政治教育教学始终。高职院校应着重引导学生树立正确的价值观、人生观以及世界观，同时将社会主义核心价值观与工匠精神有机结合，在潜移默化中对学生开展教育，帮助学生树立崇高的职业理想和正确的职业态度。另外，在此过程中，教师扮演着重要的角色，应该发挥其重要作用。具体来讲，教师要善于用自身的人格魅力感染学生，以严格的职业道德规范、行为规范和学术道德规范要求自己，进而培养学生的工匠精神。

二是加强思想认识，坚持教育引领。高职院校承担着培养具有工匠精神人才的重任，需要将工匠精神的培养与思想政治教育融合起来，完善人才培养体系。思想政治教育课堂是融入工匠精神和培育学生的主阵地，有赖于其他各个教学环节的充分支持。近些年，各个专业都在其专业课上加上"课程思政"环节，逐步走向"大思政"路线，不断创新高职思想政治教育模式。高职院校应该从整体的教学设计和培养方案上统筹考虑，做好顶层设计和阶段培养计划，在专业教学、思政课堂、生产实习等各个过程中做好安排和衔接控制，保证工匠精神的培育是一条主线，打通各个专业全系统的融合。另外，对思想政治教育者来说，时刻以工匠精神要求自己，以身作则，在注重学生素质培养的同时，加强学生工匠精神的培育，并将这种精神贯穿教育教学全过程，内化于心。对学生来说，提高思想认识，把自己的职业素养培养与工匠精神结合起来，树立崇高的职业理想，自觉将工匠精神所包含的内涵融合到个人的职业生涯规划中，增强对工匠精神的情感和社会价值认同，提高自身综合素质，成为社会有用之才。

3.4 行为文化建设

高职院校行为文化是教师和学生通过学习和实践活动，展现出的校园文化内涵的行为表现。校园行为文化是学校办学宗旨、核心价值理念的动态反映，是校园文化建设成果的折射。将高职学生现代工匠精神的培养融入校园行为文化建设，教师的榜样示范起着重要的影响。教师的思维方式和在课堂上的言行举止，是学生时刻关注的重点，无声的行为可能会让学生记忆深刻。因此，以工匠文化规范师生日常行为，通过教师的教育活动来宣传现代工匠精神的意义和内涵是校园行为文化建设的重要内容。以工匠文化丰富文化活动内容，让学生在行为中体验现代工匠精神，现代工匠精神才能真正融入他的思想。以工匠文化深化校企深度融合，通过与优秀工匠的行为互动，学习他们身上的优秀品质，增进学生对现代工匠精神的认可。

3.4.1 以工匠文化规范师生日常行为

师生日常行为是师生道德情操、人文素质、思维方式、价值取向和行为规范的群体意识和群体风貌的体现。高职院校应大力开展学生日常行为礼仪教育活动、文明用语活动，广泛开展演讲活动、征文活动，加强政校企合作，创造更加宽广的平台，在日常行为中展现工匠文化。高职院校应探寻工匠文化融入学生日常行为规范的有效模式，弘扬"劳动光荣、技能宝贵、创造伟大"的时代风尚，营造人人皆可成才、人人尽展其才的良好环境。

一是加强教师言行文化建设。作为校园工匠文化建设的一个很重要的群体，教师的思想、行为都对学生起着至关重要的作用。教师言行文化作为一种群体文化，从某种意义上讲是社会文化的代表和化身。我们建设校园工匠文化，其核心内容体现在广大教师群体的价值观、道德准则和行为方式上。建设校园工匠文化，必须要提高教师的整体素质。在校园工匠文化的建设中，要着重提高教师的整体综合素质，好的教师言行文化对校园文化起着引领作用，同时对学生言行文化也起着潜移默化的影响。首先，教师自身要加强人文素质修养和职业道德修养，自觉抵制社会上唯利是图、浮躁不实、急功近利、学术腐败等各种负面现象；秉持、守望工匠精神，深入行业一线、企业车间，汲取优秀企业文化中工匠精神和企业家精神营养，以自身所具有的人文精神与工匠精神去感染、引领学生。其次，在教书育人中，应恪守以生为本，用精雕细琢、追求完美的工匠精神去教育人、培养人，而不是以工具理性的思维将人视为器物来打造、作为"工具人"来训练；给学生以人文关怀，尊重学生个性成长，着眼学生全面发展，培养具有良好工匠精神的高素质"社会人"。

二是加强学生言行文化建设。针对高职学生中存在的情绪浮躁、急功近利、诚信缺失、缺少担当、心理脆弱等缺点，高职院校应在注重人文精神教育的同时，强化工匠精神培育。高职院校应将《工匠精神读本》等列入思想政治教育类课程，融入通识课程并提高其教学课时比例，使学生系统掌握工匠精神的实质并内化为自己的精神品质；积极支持引导学生社团等组织以工匠精神为主旨组建兴趣小组，开展知识竞赛或创新创业大赛等活动；大力开展"企业文化进校园"活动，邀请名牌企业的行业领军人才或能工巧匠作为主讲者开展工匠精神专题讲座，其现身说法式的讲授往往更具穿透力和感染力；联合知名企业以冠名、联办、设立奖学金等方式开展以工匠精神为主题的社会实践、素质拓展、文体竞技等活动，促使蕴含工匠精神的优秀企业文化的精华和企业家精神成为影响学校学风的重要因素。总之，高职院校应通过多种途径、采取多种措施，促使在高职院校大学生形成追求完美、崇尚工匠精神的良好学风文化。

3.4.2 以工匠文化丰富文化活动内容

经常化、特色化的文化活动是学生参与校园行为文化建设的主要载体，通过文化活动，不仅可以体现校园文化建设的成效，突显学校的文化特色，还可以塑造学生的校园行为习惯。积极的校园文化活动是增强学生综合素养，实现全面发展的有效途径，从活动的策划到举行，一系列的参与，不仅丰富了学生的课余生活，还能培养学生的沟通与交际能力、团队协作能力以及创造力。高职院校应该积极创设众多喜闻乐见、参与面广的校园文化活动，提高校园文化活动的吸引力和学生参与度，让学生在参与文化活动中不断规范自身的行为，培养职业精神。那么，什么样的文化活动更能吸引学生呢？既高雅又接地气，既范围广又有特色的高职院校校园文化活动才能吸引学生的广泛参与。

一是发挥好社团作用。社团作为一种群众性组织，是大学生进行自我管理、自我教育、自我服务的重要阵地，学生在社团中能较好地锻炼管理水平和人际交往能力。高职院校社团大多与职业教育相关联，因而能为学生提供理论联系实际的锻炼、学习平台。新媒体时代，社团活动范围变得更宽，学生可以在手机上参与社团活动，这为社团的发展提供了良好的契机。但是由于网络极大地丰富了学生的课余生活，社团对他们的吸引力也有所下降。社团活动要想一如既往地吸引学生，就必须与新媒体紧密结合。一是帮助学生端正世界观、人生观、价值观。高职院校应正确运用新媒体，提高他们的媒介素养，增强辨别力，避免受到网络不良信息的侵害。二是充分利用新媒体。高职院校应依托 QQ、微信、微博等，建立社团群组，打开社团成员交流、互动的通道，建立起社团成员表达感悟的平台，拓展社团信息发布的渠道，从而增强社团的凝聚力和社团成员的归属感。三是利用新媒体拓宽社团活动的领域。高职院校应既鼓励社团成员在社交网站上注册自己的账号，通过网站进行信息交流、学习讨论等，又利用新媒体开展社团业务培训，促使学生通过视频会议、微信群等共同学习，提高业务水平。在策划校园各类活动时，高职院校应坚持正确价值观的引领，并融入工匠精神，尽可能结合学生的专业知识与职业技能来设计活动载体和内容，建设符合学校办学特色的校园文化品牌，同时拓展工匠精神的文化内涵。高职院校应建设创业孵化园、创客空间，邀请企业技能大师、专业教师、优秀校友指导在校学生共同申报项目，联合开展项目孵化、技术创新、产品研发和应用推广，促进学生在创新创业过程中践行工匠精神，提高创业成功率。高职院校应举办职业技能大赛并组织学生参加，激发学生学技术、钻技能、比技艺的热情，培养其专注、执着、创新的工匠精神和团队合作精神。高职院校应鼓励师生举办作品展览、创意市集，探索技能学习服务日常生活的方法，调动学生的学习积极性。高职院校还可开展工匠文化主题演讲比赛、工匠文化知识竞赛等方式引导学生学习工匠文化，让学校形成一种学习工匠文化的良好氛围。除此之外，高职院校也可以通过借助学校社团等团体，开展工匠文化艺术节等活动，进而吸引学生参与到工匠文化活动当中。

二是在社会服务中积极发扬"工匠精神"。高职院校应通过顶岗实习、"三下乡"、志愿服务活动等，让学生锻炼能力，增长才干。高职院校定期举办的社团活动、文体活动、科技活动等通过让学生自己策划、主持、演讲等，培养学生的责任感和集体主义精神，增强他们的自信心。高职院校应成立社会实践团，让学生到相关企业参观，并在企业工匠师傅的指导下体验一线生产过程；开展校外调查，走访行业专家和大师，了解相关专业的真实情况和存在的问题，从他们身上找寻成功的根源，思考解决问题的办法；下农村文化礼堂或社区学校，利用所学技能开展志愿活动，在服务他人的同时，提高学生的专业技能，提升专业学习的自豪感和兴趣。例如：高职院校应为了能够进一步弘扬劳模精神和工匠精神，通过开展"劳模工匠走入校园"的活动，以"匠心创造非凡"为主题，让学生在参与活动中能够心怀大爱，心怀善良，位于社会之中，方能找到自身的方向和在未来创造出一番成就。同时，学校邀请养老院的一些退休工人等，分享他们的一些求艺过程、技能锤炼和拼搏奉献的经历等，让学生体会到真正的劳模精神和共享精神，让学生在之后的工作和学习中能够一丝不苟、脚踏实地、潜心钻研，成就一番事业，成为工匠精神的重要传承者和引领者。

总之，通过开展丰富多样的工匠文化活动，不仅可以提升学生学习工匠文化的热情，也能帮助学生在活动当中传承工匠文化精神。

3.4.3 以工匠文化深化校企深度融合

当前，新一轮科技革命和产业变革正在重构全球创新版图、重塑全球经济结构。新旧动能加快转化，新产业、新模式、新业态不断打破旧的边界，这为打破校企人才培养边界、共建校企合作平台提供了机遇。深化校企深度融合，促进教育链、人才链与产业链、创新链有机衔接，是当前推进人才资源供给侧结构性改革的迫切要求，对新形势下全面提高教育质量，扩大就业创业，推动经济转型发展，培育经济发展新动能具有重要意义。在校企融合中，充分发挥企业和学校"双主体"育人功能，强调"工匠精神"的培育有助于提高学生的技能水平，在企业情景化教学中使学生在潜移默化、耳濡目染的氛围下，通过实习实训践行"精益求精"的理念和态度，积极适应新形势下的新要求，从而塑造爱岗敬业、精益求精、勇于创新的职业素养，实现自我价值。因此，培育大学生的工匠精神不仅需要高职院校自身的努力，还需要企业的帮助。高职院校在积极为企业提供所需的课程、师资等资源的同时，企业也应当依法履行实施职业教育的义务，利用资本、技术、知识、设施、设备和管理等要素参与校企合作，促进人力资源开发。

一是搭建校企合作平台，实现双赢的目标。校企合作协同育人，一方面，可以使学生在学校所学内容与企业实践有机结合，有针对性地培养与市场接轨的实用型技术人才；另一方面，能够为高职院校引入大量的企业优势资源，将企业文化带入校园，高职院校和企业合作的过程在很大程度上就是高职院校大学生近距离理解和践行工匠精神的过程。只有双方共同努力，共商共议，才能达成以最少成本实现效益最大化的目标。校企合作的过程中，双方在教育资源、管理要素、技术技能等方面都在互动渗透，而这一切都是以目标一致性作为基础的。所以为实现双赢的目标，利益驱动机制的建立势在必行。因为只有利益达成一致，合作才能稳定持续地进行。所以，校企双方在合作模式下，都应尽量站在对方的角度考虑问题。高职院校要从企业角度出发，为企业培养更多符合其发展需求，能够为他们带来切实效益的高技能人才；同样，企业也要站在学校发展的角度考虑，加大对实训基地建设的投资力度，帮助学校改善实验环境，及时更新实验设备，为学生创造更多的实训机会，以此帮助学校达成培养更多高质量人才的目标。

高职院校一直以来高度重视产教融合，校企合作，不断提升人才培养质量和学生就业品质，一是在专业设置时充分考虑企业岗位需求；二是在人才培养过程中持续深入地推进校企合作，同时欢迎企业到学校共建生产型实训基地，使学生在毕业前就能够接触到未来就业岗位的生产场景；三是在学生到岗之后，充分发挥工匠人才阶梯式成长平台，和企业一起搭建终身成长的平台。同时，企业创设更多机会让学生走进企业、工厂、培训基地进行观摩、学习等，使学生在真实的环境中掌握专业技能的同时感受大师的德技双修，在这一过程中领悟敬业、专注、精益、创新的工匠精神，从而使得高职院校大学生不仅在专业技能方面有所进步，在工匠精神素养方面也有所提升。校企合作是非常重要的战略合作，校企双方将共商共建、深度交互，在人才培养、技术服务等领域取得更优质成效。

二是创设学习环境，提高实效性。高职院校应充分发挥环境育人的重要作用，探索用行业企业文化培育职业人才，通过校企共建、引企入校、实景复制等方式，充分结合文化特色，有目的地创设学习环境，把工匠精神渗透到教学的各个环节，使高职院校大学生在学习的过程中十分自然地领悟工匠精神的精髓。高职院校应把企业的管理文化融入教学管理和班级管理，不断提高师生职业素质，持续加强师生对企业文化的认知。一是把企业文化引入教学，把课堂、实训室变为企业"车间"。二是把企业文化融入班级管理，把班级变为企业"班组"。例如：成都工贸职业技术学院机电工程学院数控专业按照企业"6S"管理要求，对班级实行工厂化管理，要求学生每天着统一工服、佩戴统一胸牌，通过指纹考勤记录出勤，班级模拟企业设有生产部、安全部、技术部、车间等部门，各部门分工明确、协同合作，促进了良好班风、学风的形成，毕业生深受企业欢迎。同时，将企业文化、工匠文化融入各类学生活动，在活动的主题、策划、形式内容中增添企业文化元素，寓教于乐，潜移默化地提高学生的职业素养。

总之，高职院校应该与企业紧密地联系、交织、融合在一起，既发挥高职院校教师教书育人的作用，又发挥企业导师技能育人、精神育人的作用，以工匠文化深化校企深度融合，共同培育高职院校大学生的工匠精神，为国家输送德才兼备的高素质人才。

4 高职院校工匠文化建设的保障

一套高效的校园工匠文化运行机制，必须要有一个结构优化、坚实有力的组织作为保证。为此，高职院校应当形成以学校党委统一领导，党政齐抓共管、各单位分工协作的组织领导机制，这样才能保证高职院校工匠文化建设顺利、稳定、有效的实施。

4.1 组织保障

4.1.1 有效的"宏观"组织保障

有效的"宏观"组织保障，就是在学校党委、学校行政这个学校顶层建立一定的组织机构，学校领导者作为师生员工的一部分，既是校园工匠文化建设的参与者，又是校园工匠文化的主要缔造者。学校领导者在组织、协调学校各项工作中做出了重要贡献，在校园工匠文化的形成过程中发挥着一般师生员工不可替代的作用。

首先是引领作用。学校领导者具有较高的思想素养和科学文化素养，他们指导和参与校园文化活动的过程，也是以自身的道德和行为潜移默化地影响学生的过程。学校的领导干部带领教职工完成国家和社会赋予的办学任务，通过对学校发展规划的制定和领导实施来确定人才培养方案，负责校园工匠文化建设总体实施方案，宏观指导和把握全校工匠文化建设工作，并对校园工匠文化建设的过程、进度和效果进行监督和指导。

其次是推动作用。学校领导者通过计划、组织、控制、激励和领导等管理职能，有意或无意对校园工匠文化建设产生巨大的影响。学校领导者应按照转变职能、权责一致、强化服务、改进管理、提高效能的要求，深化内部体制改革，加快管理职能的转变，在服务中实施管理，在管理中体现服务。同时，学校领导者在管理中应关注教职员工最关心、最直接、最现实的利益，如医疗、收入分配、培训、住房、社会保障、个人发展等，大胆探索、开拓进取、转变管理理念、创新工作方法、与时俱进，在推动校园工匠文化建设中有大的作为，进而推动地方经济乃至整个社会的良性发展。

最后是示范作用。学校领导者由于所处的岗位重要，加之领导者个人具有的管理才能和素质，因而其思想、风格对广大师生具有较强的影响力。所谓示范，就是各级领导者在校园文化活动中不仅要参与，而且要发挥带头作用。领导者的参与和带头，不仅仅表现为领导者的重视和支持，更重要的是在师生中树立良好的标杆。这样就会在师生的心理上产生敬爱感，这种敬爱感本身就是一种无声的号召力，既能体现领导者的责任，又能体现领导者的管理艺术。

总之，学校领导者应发挥引领、推动和示范作用，健全"党委领导牵头、部门组织实施、各部门各司其职"的工作机制，把党的领导贯穿规划实施全过程，协调解决实施过程中存在的问题，压实各部门规划编制与实施主体责任，逐级传导压力，确保校园工匠文化建设整体推进、高效落实。通过学校高层的宏观领导、示范和推动，可以最大限度地消除阻力、克服困难、增强凝聚力，最大程度地达到高职院校工匠文化建设的预期目标。

4.1.2　有力的"中观"组织保障

为了保障高职院校工匠文化建设顺利、高效地实现预定目标，有必要建立"中观"组织保障，就是要在学校党委的统一部署下，建立以学校党政主要领导为组长的校园工匠文化建设领导小组，设立专门的校园工匠文化管理科（室），配备专职工作人员，具体负责校园工匠文化管理日常事务，并加强对二级教学单位的校园工匠文化管理工作的指导。校园工匠文化领导小组要明确学校有关部门、学院这一层次在具体工作中的职责，各管理机构、二级学院要相互配合、形成合力，如宣传部门应该协助党委做好工匠精神融入学校校园文化建设的工作规划、文件起草工作，营造浓厚的工匠文化氛围，做好工匠文化的宣传工作；学工部、工会等主要职能部门要根据校园工匠文化建设的需要，科学组织和开展全校性的校园工匠文化建设活动和项目，引领校园工匠文化建设和发展方向；马克思主义学院、通识教育学院等基础课教学部门，要做好工匠文化的理论宣传、课程教学、学术研究等工作，在熏陶、感染和引导中促进师生的全面发展；组织部门、人事部门做好对领导干部、教职工劳模精神、劳动精神、工匠精神的教育、培训工作，并修改完善有关干部选拔、职务聘任、职称评聘等方面对工匠文化建设的有关要求；共青团系统要通过一系列的教育引导、活动开展、行为规范等做好对大学生日常学习、生活中工匠精神的培育工作；深化二级管理改革，激发二级学院办学活力，各二级学院要把工匠精神融入学生专业学习、实践的各个环节，渗透到教师课堂教学、科研的各个方面；财务、后勤、招生就业处和保卫处等部门要充当校园文化建设的协助和补充力量，切实解决校园文化建设中遇到的困难和问题等。通过学校中层各部门、二级学院的联动作用，可以很好地促进各教育、管理、服务相关要素的协同发力，为校园工匠文化建设提供有力的组织保障。

4.1.3 有用的"微观"组织保障

"微观"组织保障就是在学校的最基层组织，打牢"细小"工作的组织根基，使最基层单元成为校园工匠文化建设的宣扬者、实践者和引领者。校园工匠文化建设具有长期性和复杂性等特点，需要具备攻坚克难的勇气、敢闯敢试的锐气、持之以恒的志气，所以要求高职校园文化建设各类人才队伍结合"校情"这个最大实际进行具体规划和系统部署，从各种细节上重视并发挥校园工匠文化的育人作用。

党支部是党组织的最基层组织细胞，是做好校园工匠文化建设的必要保障。学校党委要明确基层党支部在建设校园工匠文化中的职责，基层党支部工作人员要担当起培养工匠精神的技能人才的使命，将教学中鲜活的实践提升总结，将无私奉献、精益求精的精神落到教学实际工作中，建设师生喜爱的校园工匠文化，为地方发展提供坚实的技能人才支撑。

学生党支部委员会在学校党委的领导下，在组织部、学生工作部的指导下，切实抓好学生党支部的党建工作，抓好学生党支部规范化建设。另外，学生党支部委员会还要严格把关，保障党员质量，积极主动地从有理想、有道德、有文化、有纪律的优秀学生中培养发展学生党员，充分发挥学生党员的模范带头作用，为党组织及时输送新鲜血液。

团支部是学校最基层的学生组织，要做好校园工匠文化建设，就必须建设好这些最基层的学生组织。一方面，以老师为主导，以学生为中心建立团支部团日活动运转机制。为不断加强学生的思想政治教育，培养团员青年的参与意识，高职院校要注重在重要时间节点，结合国家、社会重大事件与时事热点开展主题鲜明、形式多样的主题团日活动，组织大学生讲师团，用青年人自己的声音讲好工匠故事，引发青年大学生的共鸣，培育青年大学生的家国情怀和坚定不忘初心跟党走的信念。另一方面，要积极搭建平台，深化实践育人。高职院校应主动拓宽活动载体的内容与形式，在师生当中打造有较强吸引力和影响力的校园文化活动品牌，体现自身文化特色与文化品味。另外，高职院校还应通过开展志愿服务、公益活动、技能比赛、社会实践等需要大学生身体力行参与的活动，弘扬工匠精神，在学生中间营造刻苦、自信、奋发、向上的浓厚学习氛围。

学生会是全校同学进行自我管理、自我教育、自我服务的组织，是学生工作和教学工作的重要助手，是联系老师与学生之间的纽带与桥梁。学生会在教育教学、学生管理、校园文化建设中发挥着不可替代的作用，学生会只有不断提升自我组织力，才能更好地团结学生、动员学生，更好地服务广大学生，推动学生会组织工作迈向新台阶。一方面，学生会要从建章立制上结合新时代、新情况，优化组织体系与管理机制，根据规章制度赋权，由制度约束学生会成员，定期组织和规范学生代表大会，通过学生代表大会制度建设，落实学生会组织工作，对广大学生负责；另一方面，学生会要建立团干部的选拔、教育和学习机制，各级团组织加强对团干部的选拔、管理、教育、考核等工作，提高基层团干部的思想觉悟、理论水平、工作能力，明确工作职责，改进工作方法，提高工作效率，充分发挥团干部的骨干核心作用，形成团干部队伍的建设保障，并且每月组织各团支部团支书进行专题学习，为学生提供优质高效的学习服务，促进学生全面发展。各团支部每两周要组织各团支部的支委进行座谈，丰富活动的形式和内容，活跃校园文化氛围，激发校园文化的活力。

4.2 队伍保障

校园工匠文化建设对于造就高素质、高技能人才具有不可低估的重要影响和作用，是高职院校发展的灵魂，如何有效地提高校园工匠文化的育人功能，使学生逐渐形成正确的爱国观、成才观，建设和完善校园工匠文化的支撑保障体系就显得更加重要和刻不容缓。任何设想都要靠人去构思，任何计划都要靠人去实施，没有人员的参与、重视和支持，就不可能有校园工匠文化的建设和发展，因此，建设一支高质量、庞大的工匠文化建设队伍，是抓好校园工匠文化建设的关键。

4.2.1 领导干部建设

领导干部是学校发展的骨干力量，对学校发展有着极为重要的影响，领导干部是学校事业发展目标、方向的决策者，领导干部作风的好坏直接关系着我们党在师生中的号召力和凝聚力。做好领导干部队伍建设，有几个关键性因素不能忽视。

第一，不断提高领导班子自身建设的能力。学校办得好不好，水平高不高，关键取决于学校领导班子建设。领导班子要把党的思想理论建设放在首位，大力弘扬理论联系实际的学风，善于运用马克思主义基本原理指导和谐校园建设，忠诚党的教育事业，坚定地站在党的立场和人民的立场上，牢牢把握构建和谐校园的正确方向。因此，高职院校要提高领导班子理论思维和战略思维水平，把学校领导班子建设成为坚强领导集体，为加快校园工匠文化建设与发展提供坚强的组织和思想政治保证。

第二，不断提高领导教育教学能力。高校的根本任务是培养人才，其主要工作是教育教学，这是学校区别于其他部门的主要特征。领导干部的能力应当具有如下特征：①综合性，即驾驭全局、善于处理各种问题的综合能力；②实用性，即具有专门的业务知识的能力，能摒弃不合时宜的传统管理模式、落后的制度理念、刻板僵化的教学理念；③创造性，即干部在一般原则指导下，应当善于理论联系实际、具体问题具体分析，敢于打破常规，能够创造性地解决问题。这就要求领导干部不仅应当掌握教育学、心理学、行政学、管理学等专业知识，熟悉教育教学规律，有效地指挥各项工作的运行，还要熟悉本系统、本单位的技术知识和专业知识，避免因专业和特定环境的限制而造成盲目性、片面性和狭隘性，避免给学校教育管理工作带来负面影响。因此，合理的知识结构是高等学校领导干部必备的基本素质。一般干部都应当经过"双肩挑"的锻炼，一边从事党政领导工作，一边兼任一部分专业技术工作；也可以采取"换肩挑"的方式，一段时间集中从事党政领导工作，然后脱产一段时间进修提高，再回到业务岗位上去。

第三，注重提高领导干部执政能力和水平。鉴于校园工匠文化建设的长期性、系统性和针对性，高职院校必须将校园工匠文化建设的总目标和总任务进行科学而详细的分解，并建立领导责任制和目标管理体制，把校园工匠文化发展纳入院校的整体发展规划，形成正式文件制度，使校园工匠文化管理成为一项长期的、系统的、日常的管理工作，对校园工匠文化进行全面系统管理。高职院校应坚持新时代好干部标准，坚持正确的政治方向，严格准入制度，选拔政治上可靠、品德上过硬、业务上优秀的干部，通过"引、选、聘、挂"等多种方式招贤纳士，推进公开选拔、竞争上岗的干部选拔任用机制，建立干部考察调研常态机制，完善干部考核评价机制和激励约束机制，制定优秀年轻干部选拔培养计划。学校各级领导干部还要努力提高五种能力，即把握方向、统筹全局、改革攻坚的能力；抓住机遇、整合资源、推进发展的能力；以人为本、凝聚人心的能力；廉洁勤政、规范治校、科学管理的能力；团结和谐、从容应对、保持稳定的能力。

4.2.2 教师队伍建设

教师作为校园文化建设队伍的重要组成部分，其政治素质和业务能力决定着教师的育人水平，也成为衡量大学校园文化综合实力和发展潜力的重要标志，是高职院校学生现代工匠精神培养的核心要素。教师素质和能力的高低直接关系到其对教学方法的驾驭和使用，进而影响到对高职学生的现代工匠精神培养成效。在校园工匠文化建设中教师应做好以下几个方面：

一是明确发展目标。教师的个人发展规划及目标是实现教育教学质量提升的关键，教师发展目标由教师队伍建设目标和教师个人发展目标组成。一方面，高职院校应根据学校总规划，编制学校师资队伍建设专项规划，参照《本科层次职业学校设置标准（试行）》，围绕数量、结构和能力3个方面确定教师队伍建设目标，打造一支师德高尚、结构合理、由名匠大师领衔的高水平双师队伍、教练团队、工匠之师。高职院校还要建立一支专兼职结合的教师队伍，这支队伍主要从事校园工匠文化载体的管理、指导和具体活动的组织。学校的各个部门、各级组织都要支持校园文化载体建设及其开展的具体活动，选派水平高、有专业素养的教师，将他们的教学列入绩效考核，调动他们的教学热情，鼓励他们与专职教师一同参与课程体系构建、实训教材开发和学校项目活动，指导学生利用校园文化载体开展各项活动，打造"校-园-企共同体"，培养新时代高素质现代工匠后备人才。除此以外，高职院校还应该开展兼职教师岗前培训、教学研究、学术交流等活动，提高其教学能力和教学质量①。另一方面，教师应制定个人发展目标，把培养高素质的社会主义事业的合格建设者和接班人作为最终目标，确立短期和长期的职业发展规划，并根据计划进行相应的培训和学习，努力成为一名反思型、教科型的教师。

二是加强师德师风建设。教师应坚持师德为先，以立德树人为出发点和立足点，增强师德师风建设的针对性。一方面，学校应根据《中华人民共和国教育法》《中华人民共和国高等教育法》《中华人民共和国教师法》和教育部《关于建立健全高校师德建设长效机制》《新时代高校教师职业行为十项准则》等法律法规和文件精神，对教师进行充分的师德培训，在教师职业道德培训过程中设立一定的考核机制，将爱国守法、敬业爱生、教书育人、严谨治学和服务社会等纳入职称评定、职务升迁、评优评先进的考察范围，增强教师学习的积极性，深化现代工匠精神，使教师充分尊重学生的主体地位，在教学过程中始终以学生为中心，有强烈的教育责任感，关爱学生、理解学生、爱护学生；另一方面，教师要有"法治"意识，要依法依规依纪开展教学工作，遵循职业教育规律，严格执教，不在科研工作中弄虚作假、抄袭剽窃、篡改侵吞他人学术成果，不断提高教育质量，做学生良师益友，不在教学过程中对学生散布一些不良信息，不损害学生和学校的合法权益。

三是注重对教师的技能培养。在学校中，教师直接工作在一线，与学生接触最密切，更了解学生，对各专业、行业的前沿知识也最清楚，更了解社会的需要，教师素质和能力的高低，直接关系到其对教学方法的驾驭和使用，进而影响到校园工匠文化建设的成效。高职院校教师应该从自身角度出发，学习利用新型的教学技术和教学媒介，加强对新的教学方法的探索，找到匹配教师综合能力和经验、习惯的教学方法。高职院校教师应该定期参加专项培训与学习，开展以解决问题为导向的调查研究、专题讨论会等教学活动，加强教师培训。高职院校教师应该深入到企业实践锻炼，成长为"双师型"教师，将产业元素，尤其是工匠文化、职业道德、

---

① 陈新新，韩玉. 高职院校兼职教师培育工匠精神的问题与对策［J］. 职业教育研究，2018（10）：66-69.

人才培养等需求，转化为课堂教学内容，提升人才培养的适应性，打造高水平教师团队，共同建设工匠文化社会科学研究基地，实现协同发展，促进院地企生共同高质量发展。

4.2.3 行政人员建设

行政人员致力于广大师生员工学习、工作和生活的管理和服务，以确保学校各项工作有序进行。在他们当中，有从事宣传工作、学生工作和后勤工作的人员，行政人员是与校园文化建设关系最直接，也最为密切的队伍。

学校的宣传工作队伍是校园工匠文化建设的先锋，一般以党委宣传部为主体，包括各二级学院办公室人员、校内新媒体中心工作人员、广播站工作人员等，他们承担着学校的对内对外宣传、舆论引导、文化建设等重要职责，主导着校报、校刊、学校网站、展板和橱窗等宣传阵地建设，是校园工匠文化建设的重要力量。因此，学校的宣传工作队伍应该及时了解和满足广大师生的需求，不断探索新的服务模式和有效的工作方法，确保学生工作的有效性，并以此推动校园工匠文化建设的深入发展。

学校的学生工作队伍是校园工匠文化建设的组织者和规划者，对校园文化建设的方向和力度有着重要影响，学生科和辅导员要负责校园工匠文化活动的策划和顺利开展，他们的工作效果决定着校园工匠文化建设的成效。一方面，要明确学生科在校园工匠文化建设中的工作内容和要求，不断优化队伍结构，提高其教育教学能力；另一方面，要落实辅导员"双线晋升"机制，开展辅导员多岗锻炼、社会实践和学习考察，搭建班主任成长沙龙、名辅导员工作室等成长平台，打造学习型、研究型、创新型和实干型学工团队，并在学生思想政治教育、理论宣讲、学生干部培养、社会实践和榜样激励中，开展培育校园工匠文化的相关工作。

学校的后勤工作队伍是校园工匠文化建设的保障者和服务者，一支优良的后勤队伍对于校园工匠文化建设工作的开展至关重要。后勤工作人员主要包括宿舍管理人员、图书馆管理人员和食堂服务人员等，他们努力为学生提供安全、有序、舒适、方便、优美的校园环境和贴心的服务，他们在自己践行工匠精神的同时已成为学生的榜样。高职院校应当从后勤的选拔任用、考核评价和激励保障等方面着手，提高后勤队伍的思想素质和工作能力，为他们提供发展的空间，给予相应的物质激励和政策支持。

因此，对于学校的宣传工作队伍、学生工作队伍和后勤队伍，必须明确他们作为校园工匠文化建设的主体性力量地位，通过人才引进、考核招聘、业务培训等措施，不断提升队伍的素质和能力，同时为他们提供政策和资源支持，鼓励他们以积极的工作态度、超凡的思维投身校园工匠文化建设。

4.3 制度保障

制度保障是指校园管理者和被管理者在交往过程中缔结的社会关系以及用于调控这些关系的规范体系，主要包含各种规章制度、组织机构和人员队伍。根据其适用的校园文化主体的不同，在学校章程的统领下，制度保障也可分为领导决策管理制度、教学科研管理制度、干部人事管理制度和学生教育管理制度。

4.3.1 领导决策管理制度

思想是行动的先导，有什么样的思想支配，就会有什么样的行动，因此，新时代高职院校工匠文化建设，首先要解决的就是思想认识问题，而其中最关键的是学校领导对校园工匠文化建设的思想认识问题。

领导是学校的决策管理层，影响着学校的政策制度，总领着全校师生员工，引领着校园工匠文化建设的正确方向。

首先，学校要科学优化党委领导下的校长负责制，明确工匠文化建设的领导责任。学校应按照新修订的《中华人民共和国职业教育法》《中国共产党普通高等学校基层组织工作条例》等有关规定，紧密结合学校校情，制定完善学校党委、行政工作的基本规范与模式，强化制度管理，明确学校党委、校长和学校学术委员会的职责分工，建立和完善党委会议事制度、教职工代表大会制度等，规定学校重要党政会议对学校工作的决策程序和规范。学校还应制订保证各项工作正常开展的保障制度，如教学管理制度、科研管理制度、人事管理制度和财务管理制度等，进一步明确学校领导在任期内的目标任务，把素质教育的优劣作为评判标准，把中层干部的培养纳入目标考核，规范和完善任期目标责任制。

其次，学校应进一步完善干部任期考察制度，拓宽干部的选拔范围。

学校要通过干部公开述职、民主评议、民意测验、民主推荐、上级考察，进一步发扬干部管理工作中的民主，扩大学校教职工参与干部民主监督与管理的渠道，加强对学校领导干部在贯彻执行党和国家方针政策、工作实绩、群众评价等方面的考察。学校要把德才兼备、富有改革意识和开创精神的后备干部充实到学校领导班子中去，建立后备干部交叉挂职锻炼制度，积极为后备干部创造成才条件。

最后，学校要科学制定各项规章制度，科学决策。学校的制度设计要聚焦树立劳动光荣、技能宝贵的理念，树立职业的平等观，树立工匠的荣誉观，并结合学校自身特点、历史传统和专业设置树立技能创造财富的观念等。学校要充分汇聚各方力量，凝练师生共同理想与价值认同，这样既能全面激发学生成为工匠的自豪感、荣誉感，又能使得学校在其他各项制度中为工匠文化融入校园文化建设提供制度保障做到有章可循。

4.3.2　教学科研管理制度

要实现高职院校培养高素质技术技能型人才的目标，就要坚持以教学为中心、以科研为抓手的办学指导思想，"立足教育教学实际，服务教育教学实践"的原则，百花齐放、百家争鸣的方针，不断加强教学科研管理制度建设，提升学校的人才培养质量和科研实力水平。

在教学层面，教学是学校的中心工作和生命线，在实际的教学过程中，学校教学管理的地位是非常重要的，不仅计划、指挥、协调、监督高校的教学工作，还能顺利推进教学活动，全面提高教学质量。学校应充分运用课堂教学主阵地，积极探索现代工匠精神与课堂教学结合的有效方式，将工匠文化引入日常管理、教育教学、课程体系建设、校内实训中心与校外实训基地建设之中。一方面，建立"学校—学院—班级"三级宣讲机制，通过工匠文化宣讲这一类具有鲜明高职特色的文化育人工作品牌项目的建设，帮助新时代高职院校学生树立正确的人生观、价值观和世界观，激励其技能成才、技能报国，构筑个人与学校、国家同频共振的精神家园。另一方面，学校要积极探索创新的课堂教学形式和内容，从多方面考量教师的教学水平，在常规教学中将学生评教、督导听课、教学材料评比、现场说课及同专业教师互评等多种形式相结合，对教师的教学水平及教学态度进行全方位评价，激励每一位教师投入到教学工作中，提高教师的积极性，促进教师教学水平的提升。高职院校应在专业理论课中通过穿插"工匠故事会""大国工匠"等内容宣传工匠精神，使广大学生能够认知、认同和践行工匠精神，努力成为学术上的"经师"和道德上的"人师"；在思想政治理论课中注重引导学生形成"知行合一"的理念，在高职学生思想政治教育、学干培养、文体活动、创新创业、社区实践、志愿服务宣讲、评奖评优、三下乡等方面，积极开展培育高职学生劳模精神、劳动精神、工匠精神的相关工作和活动，教育学生在学习上要做到"学以致用"；在实践课中通过"我的实习""工匠体验分享"等教学设计，与企业要求对接，通过教学活动感知现代工匠精神，让学生在理论与实践课程中升华对现代工匠精神的体验和认知，并将这类活动纳入教学活动中的一部分，逐步完善教学管理制度，从而提高对工匠精神的研究能力。

在科研层面，构建学校科研管理制度需要一个较长的过程，必须经过不断创新和完善，健全科研工作机制。一方面，为给工匠文化研究提供更为丰富的数据资料，学校要与多方社会力量合作，积极搭建创新服务平台，组建职业教育发展研究所，建好服务技能型社会竞赛中心，培育标志性教学科研成果。成立内容丰富、具有鲜明现代工匠主题、学术研究氛围浓厚的工匠文化文献中心，建立和完善学习信息咨询服务制度，帮助师生获得更多的学习信息。另一方面，学校的工匠文化建设，在精神领域的建树离不开其聘任的教师在学术研究、技术发明领域所作的努力，学校教师和研究人员应围绕"工匠文化"主题积极参加各级各类优秀成果申报，并将教育教学科研成果奖作为教师年终考核、评优评先、专业技术职称职务晋升的依据。

4.3.3　干部人事管理制度

干部人事管理制度是学校制度文化的重要内容，是学校健康持续发展的重要保障。学校的干部是高校的管理者，但不一定是一流的技术能手，他一定要明白什么样的事情是一流的，什么样的人才是一流的，怎样凝聚一流的大师，培养一流的高技能人才。否则，他就不可能做到一流的管理，也就不可能实现建设"双高"的目标。

首先，学校要建立健全干部选任制度体系，让懂产业、有情怀、有能力的人才走上领导干部岗位，以德才兼备、以德为先为原则，坚持思想道德标准和业务工作标准并重的准则，制定《领导干部选拔任用管理工作条例》《党政领导干部选拔任用工作条例》《领导干部培养、任用、考核、监督制度》等规章制度，健全任用体系，制定详细有效的干部管理、考评和聘任制度，调动和激发广大干部干事创业的积极性，促进学校形成良好的师德师风，为学校的健康持续快速发展贡献力量。

其次，干部要发挥典型示范引领作用。校园工匠文化建设需要遵循引导示范原则，充分发挥教职工和学生的作用，干部要积极搭建沟通交流、合作共享平台，通过定期举办学校校园文化骨干队伍培训班，打造校园品牌文化，开展学校工匠文化建设工作，优秀论文及典型案例征集工作，挖掘学校工匠文化建设中的典型案例、工作特色和亮点，形成可示范、可复制、可引领、可辐射的典型经验和有效做法，积极营造以文化人、以文育人的良好氛围，不断增强师生文化自觉和文化自信意识。

最后，学校要加强领导干部的作风管理。学校的校风、学风和教风好坏，关键是看领导者的个人素质和领导班子的集体力量。领导干部要树立好形象，首先要清正廉洁，领导干部要以身作则、谦虚谨慎、团结协作、宽以待人、坚守岗位、埋头苦干、尽职尽责，生活作风要正派，经济上要清白；其次要求实创新，打破传统观念的束缚，真正把创造性、创新精神作为衡量、培养人才的一项核心内容；最后要提倡爱岗敬业、服务人民和奉献社会的精神，努力形成积极的服务意识和全员育人的工作理念，为全校良好校风的形成贡献力量。

4.3.4 学生教育管理制度

学生是学校教育的对象，是促使校园工匠文化不断发展的内在引擎，也是校园工匠文化建设的主力军。对一所学校校园文化建设成效进行评价，不仅要看它对学生有多大影响，还要看学生参与校园文化建设的情况。要使学生队伍在学校工匠文化建设中发挥积极作用，并保障学生队伍健康有序的发展，就必须在学生管理队伍中建立两种"制度"体系。

一是学生队伍管理条例。在学生队伍中，应该有学生管理制度、社团管理制度和班级管理制度三类。首先，在学生管理制度上，校规校纪是根据学校生活的特殊性，用来规范及约束学生行为的一种校园文化形式，高职院校学生要正常健康地学习、生活，学校在各个环节、各个方面都要有一定的规范，以此来约束青年人的行为。所以，每一个学校都要有一整套相对稳定的规章制度，制度要体现工匠精神的要求，对学生要有普遍性和指导性。其次，在社团管理制度上，高校学生社团是基于共同的兴趣爱好和愿望而形成的群众性团队，它是大学生实现自我管理、自我教育和自我服务的重要平台，也是校园文化建设的重要载体，大学生社团要通过围绕增强成员的效率意识、信誉意识和创造意识，提高社团成员认同感和团队归属感，培养和造就高层次的管理人才，加强对社团的规范化与多样化管理，要保证社团日常活动能够规范开展，保证大学生社团文化健康和谐地发展，就必须制定一套切实可行，被学生所接受的规章制度，如工匠主题专业社团设立、资金来源、校园文化活动规则、外联方式、奖惩方式等规范性制度，这样才能保证学生社团工作按照一定的轨迹，有目的、有秩序地开展。只有实施规范性的制度、才能有效地规范社团管理，为大学生社团文化的繁荣发展提供坚实的制度保障。最后，在班级管理制度上，学校要建立健全、科学、规范、操作性强的班级管理制度，以做到有章可循。学生一组建成班级，辅导教师就应该及时传达各个班级的规章制度，只有大家共同遵守，才能创造出一个良好的学习、生活和休息环境。学校还应该调动班级的班干部，带动学生的积极性，鼓励学生勇于发表关于校园工匠文化建设各方面的创新建议。学校应该做到"三定"，即定期检查和督促学生遵守各项规章制度，定期对学生的思想、生活等方面开展咨询和指导，定期组织开展班会活动，提高学生课余文化生活品味，陶冶学生的情操，增加班级的凝聚力。

二是在学生管理队伍中实施奖励和处罚的条例。学校要成立由分管领导挂帅，以学生科为主，团委、教学单位有关领导参加的学生奖惩管理机构，这是对学生管理队伍激励和约束的保证。奖励是对学生所做的于社会、集体和他人有益的思想和行为的肯定评价，起着表彰先进，树立榜样，弘扬正气的作用；处罚是对学生所做的于社会、集体和他人有害行为的否定性评价，是用于使受罚者认识和改正自己错误行为的方法。只有做到奖惩分明，才能最大限度地调动学生管理队伍的积极性和创造性。高职类院校应该加大对学生实践技能型活动的考核，将公益劳动（培养学生劳动观念和劳动技能）、勤工助学（结合所学专业或者发挥自身专长）、社会实践（大学生双创实验区、志愿者活动、科技下乡、技能扶贫等）等列入高职院校培养学生的整体计划。此举有助于形成健康向上的校园文化，使学生在规则中受到熏陶，认同并形成积极健康的价值取向。

4.4 物质保障

4.4.1 经费保障

无论是教学设备、人文景观等硬件设施的建设，还是师资力量、学科建设等软件的建设，都需要花费大量的人力、物力和财力，需要学校在这些方面给予足够的物质支持，计入高职院校工匠文化建设工作，编列专项预算。所以，除了管理、队伍、思想上高度重视外，高职院校还必须从学校发展的长远战略高度，充分认识加大工匠文化建设投入的重要性，对项目进行整体规划，设立专项经费并纳入预算管理，以保证必要的投入。此外，高职院校还应坚持开源与节流并重的原则，加强财务收支宏观调控，提高资金使用效率。

对于一部分新建的高职院校来说，面对起步晚、文化底蕴薄等不利因素，应有专门的领导分管校园工匠文化建设，并成立专门机构，有专项经费用于活动、宣传、培训和奖励等，确保各项工作顺利开展。在经费来源上，高职院校应该积极探索多渠道的经费投入机制，一是要在财政划拨款中编列专门预算，力争在资金投入增加幅度上不低于财政收入的增长幅度，以此拓宽校园工匠文化建设的资金来源；二是高职院校可以以单位或者个人名义向社会争取资金支持，吸引社会单位或个人投资，支持校园工匠文化建设，广泛吸纳校友捐赠、社会资金参与学校建设，并以扶持者的名义开展以校园工匠文化为主题的建设项目，以激发社会各界支持高职院校特色校园文化建设的主动性。

需要注意的是，有了充足的资金投入，并不等于高职院校工匠文化建设的预期效果就一定能达到，只有将资金合理地分配，有效地融入高职院校工匠文化建设的每个环节，才能实现育人目标。

4.4.2 环境保障

习近平总书记在强调环境的重要性时指出："环境好，则人才聚、事业兴；环境不好，则人才散、事业衰。"① 因此，高职院校应加强人文环境

---

① 习近平. 论党的青年工作 [M]. 北京：中央文献出版社，2022：46.

建设，做好全方位育人工作，发挥"环境育人"效用。在校园物质环境上，高职院校应充分利用现有设施，从学习区域的教学楼、实训楼、文化广场到宿舍区域的宿舍楼、舍区大道、宿舍公共区域等，甚至是生活、购物区域，不在学校每一个角落留下空白。在校园精神环境上，高职院校应围绕工匠文化，开展寓教育、娱乐、专业为一体的各种活动，积蓄工匠文化的文化内涵和精神气质，形成独特的校园工匠文化。

一是校园物质环境。物质环境是高职校园文化得以实现的物质载体，是精神文化的基础和保障。如校园建筑中最富表现力的图书馆、教学大楼和行政大楼，它们往往位于开阔而显眼的地方，学校从教室、实训室、学术报告厅和体育场，到校园景观环境都要体现工匠、企业的文化元素和理念，充分建设和利用仿真车间、实训中心等校企合作基地，使学生浸润于工匠文化之中，真正近距离认识工匠、走近工匠，进而接受成为工匠的教育过程。这种文化浸润，会不知不觉地为学生所接受，内化为自身的思想观念，最终通过一定方式表现出来。

首先，建筑作为人类的一种特殊风格的艺术，是物质和精神、形式和内容、技术和艺术的多元整合。在学校校史展览馆、食堂、图书馆等公共区域内放置古今中外优秀工匠的雕塑、人像，或者是本校毕业的优秀工匠的代表作和成都工匠的人物海报，使得学生们在生活以及学习的过程中就能被其氛围所感染。例如，学校可以突出高职院校的特质，着眼中华优秀传统文化传承、弘扬民族文化，充分体现民族性、区域性、时代性特征，面向全体师生和校友征集校园广场、道路、楼宇的名称。

其次，高职院校还可以通过学校电子屏播放专业知识、行业背景、杰出校友等内容，打造特色文化阵地，制作宣传展板、工匠文化长廊、布告窗、文化衫、路牌、广播、画报以及通过图片展览等形式来使工匠精神有效注入校园物质文化建设过程，发挥"工匠文化"的引领作用。此外，高职院校还可以在校园中的建筑内点缀一些工匠的名言，作为美化校园的重要手段。

最后，学校图书馆是教育的基础设施，是保障体系的重要部分，是广大师生学习知识的重要场所，也是衡量高校办学条件的重要标志。高职院校图书馆规模虽然不及本科院校，但是可以打造成为能体现学校特色的学习场所，除了空气流通、座椅舒适、安静明朗的基本环境能使师生心情舒畅，能启迪人的灵感，达到事半功倍的学习效果外，还应为学生设置阅读技能类书目的专门场所，这类书目既要有深厚的理论功底，还要能解决操作实践问题，更要通俗易懂。图书馆除了配备日常阅览所需的图书、电脑等设施外，学校还应给有关单位配备笔记本电脑、摄像机、录影棚、录音笔、移动硬盘等设备，以保障有关活动的顺利开展，同时便于以后的存档和备查工作。

二是校园精神环境。校园精神文化是高职院校校园文化建设的重要部分，是学校文化底蕴和学生精神风貌的直观呈现。学校应创造和谐、民主、活跃的精神文化氛围，坚决摒弃重物质文化轻精神文化的传统教学观念，巩固并内化"一训三风"，即校训、校风、教风和学风，通过校园规划、校歌、校徽等的征集活动提升师生的参与热情，鼓励其积极投身校园文化建设。高职院校应该用"工匠文化"氛围陶冶学生情操，开展丰富多彩的校园文化活动，围绕工匠文化主题，开展工匠文化课题研究，以"丰富教学内容，对大学生进行全方位、有重点、立体式的教学"①，增强学习的使命感，广大学生崇尚劳动、敬业精业、敢于创新，精神上有追求，行动上有方向。高职院校还应开设内容丰富、形式多样的学生社团，支持学生利用课余时间发展业余爱好，参与技能竞赛和系列文娱活动，将"五育"融入校园文化活动，为学生提供展示自我、丰富人生、提升综合素质的平台，使学生在校期间就能有针对性地进行技术技能的专业性学习，能够尽早地积累相关的技术理论储备和实操经验，形成良好学风。

三是其他文化环境。其一，校园环境。校园是探寻知识的宝库，也是进行美的熏陶的重要园地。所以，学校的各种物质文化、环境不仅要具备学习的功能，还要讲求美化，铺设草地，植树种花，使师生在紧张的工作与学习之余到绿草如茵、繁花似锦的校园休憩，能消除疲劳、心情舒畅、启迪灵感、丰富思维，激发出热爱生活、奋发上进的热情。其二，教师的榜样示范起着重要的影响。教师的思维方式和在课堂上的言行举止，是学生时刻关注的重点。无声的行为也可能会让学生记忆深刻，因此，加强教师的教风建设，规范老师的言行也不可或缺，通过教师的教育活动来宣传现代工匠精神的意义和内涵是校园行为文化建设的重要内容。其三，服饰。作为一种实用装饰艺术，服饰是识记用途与艺术审美直接有机融合的艺术作品，一个地区和一种职业的人群特征可以从衣着服饰上判断出来。

---

① 教育部思想政治工作司. 高校校园文化建设理论与实践［M］. 北京：中国人民大学出版社，2014：77.

校园服饰上，结合学校办学特色，学生的服饰可以体现职业性，营造一种"劳动美、工匠魂"的氛围。此外，值得指出的是，校园工匠文化建设并不仅局限在校内，它与社会各界的结合也越来越紧密，其环境保障也要将目光投向校外，争取更多的资源和平台支持。

4.4.3 网络保障

随着互联网的迅猛发展，网络空间已成为亿万民众共同的精神家园，也成为新时代大学生获取信息的主要渠道。校园作为教育场所，其网络文化的创造和发展必然要围绕学校立德树人的本职工作来进行，高职院校应有意识地对网络环境下校园工匠文化的各个方面和各种形态进行整体思考和合理安排，发展弘扬主旋律、传播正能量的网络文化，引导高职院校工匠文化向健康有益的方向发展。具体而言，在网络保障上，高职院校需要加强网络文化平台和网络文化内容的建设。

一是网络文化平台建设。加强校园网络文化建设，关键在于网络平台的建设。高职院校在工作中既要重视硬件建设，又要注重软件建设，积极争取校外资源，整合校内资源，确保工匠文化有效融入校园文化建设。

一方面，在硬件上，高职院校要以校园网站为基础，建立演播室、计算机教室、多媒体软件制作中心和电子阅览室，扩容私有云平台资源，推进智慧教室建设，打造"算力中心"，完善学校广播系统、校园通信系统和校园计算机网络系统；还要加快教室的改造，为了适应"智慧课堂"的教学要求，要将传统的教室布置，更换为布置有活动座椅的教室，方便学生的互动交流和讨论，教室内要安装多个可联网的多媒体电子显示屏，方便学生从不同角度观看，利用 VR、AR、虚拟仿真实训等素材，建成特色教学资源库和精品在线开放课程。在软件上，高职院校应重点加强学校门户网站的建设，加强网站专业学习、信息发布、办公系统、生活娱乐等各方面的建设；根据学生对网络文化的需要来提供相应的网络文化软件保障，建设课程思政、专创融合、在线课程等金课程，形成一批职业教育"课堂革命"典型案例，提升学校门户网站对广大师生的吸引力和社会影响力；将校园 App 与校园工匠文化加以整合，使校园 App 不仅服务于师生的学习和生活，还能为校园工匠文化的传播和推广服务，从而营造健康、积极、适应时代发展要求的校园文化精神和文化氛围，以培养广大师生的文化理念和价值理念。

另一方面，高职院校要建设好校园网络文化平台，应用好校园网络。高职院校在发展过程中可以利用各种资源创建能够为教师队伍与学生团体提供良好交流和沟通的平台。首先，必须要管理好校园网络。要管理好校园网络，必须有一支高素质、高水平的网络管理队伍，并保持网络管理人员的稳定性，定期对网络管理人员进行培训，不断提高网络管理人员的基本素质和技术水平。其次，对于管理层来说，应坚持贯彻人才原则，对网络文化队伍建设进行合理的机构分配，建立健全相关的工作体制，对各部门进行统一的分工，明确各部门的相关责任，加强对网络文化队伍建设的统一管理。对于教师来说，要进行网络环境下新的教育思想、教学理论与学习理论的培训，更新传统的教育思想、观念和教学模式，以适应信息技术的要求。最后，还要建设好网络信息监控、管理、引导与咨询平台。高职院校还可以建立统一的网络平台账号管理制度，对学校认证的各个公众号备案登记，落实责任人，确保有人管、管得住，防止非法的、不健康的内容在网上流传和扩散。

二是网络文化内容建设。通过培育积极健康向上的网络文化，高职院校可以创造出多姿多彩的网络文化产品，凝聚网络文化正能量。一方面，高职院校要充分利用网络信息平台，及时推送主旋律消息。当下，以微博、微信和抖音为代表的新媒体工具已成为最受青年大学生喜爱的社交工具。只有让教师队伍与学生团体在这一平台上互动交流，让学生在与教师沟通的过程中认识到校园文化建设的意义，从而积极主动参与其中，才能保证校园文化建设的有效性和针对性。在此背景下，高职院校应及时在新媒体中传播工匠文化，开通学校官方微信、微博，及时发布校园新闻、活动、通知，积极开展操作性强的网络文化活动，激发学生自主设计和开发校园工匠文化相关的网络产品，定期推送与工匠有关的新闻，并且在录制网络精品课程时融入工匠故事，用大量的网络资源充实教学内容，不断创新形式，及时推送正能量信息，发挥新媒体灵活、多变、互动等优势，增强教育的吸引力和亲和力。另一方面，高职院校要丰富网络教学内容。学生在进行专业学习的同时，教师还要将劳模精神、劳动精神、工匠精神融入网络课程，帮助大学生从情感上认同工匠精神、在实践中践行工匠精神，在课程中融入具有时代影响力的人和物的宣传，让主流声音占据制高点，如号召学生向宁允展、陈行行、宋彪等大国工匠学习，并努力确保这些素材的生动性、吸引力，提升学生综合素质，开拓视野。高职院校应以此为基础，开始进行关于工匠文化主题的网络资源数据库建设，搭建可供学生远程学习的网络平台。高职院校还可以利用网络新媒体进行宣传，开展关于"现代工匠精神"的学术报告活动、论坛讨论活动等，并定期举办教师信息化教学能力大赛，完善教师数字素养评价规范，将学生数字素养纳入人才培养目标，提升师生数字应用能力。

4.5　考核保障

考核，即考定核查，是指为了更确切地了解教职工队伍的工作态度、个性、能力状况、工作绩效等基本状况，为学校的人员选拔、岗位调动、奖惩、培训及职业规划等提供信息依据，对学校和教师的能力、表现、知识或技能进行评估和检验的过程。高职院校文化建设考核体系的构建，在高职校园文化建设中发挥着举足轻重的作用，只有抓住了重点环节，高职校园文化建设才能突飞猛进，文化育人的目标才能早日实现。

4.5.1　考核原则

在校园文化建设的过程中，建立将校园工匠文化工作纳入年度责任制考核实施细则，重点完善教师参与校园工匠文化建设的考核指标和评价标准，形成吸引优秀人才积极参与校园工匠文化建设的政策导向和用人机制，通过奖励和惩罚对行为人的行为方式和行为结果进行评价考核，以客观性、科学性、可行性、可竞争性和创新性为原则，因地制宜，遵循学生、学校、高职院校所在地的具体实际，创新和改革高职院校工匠文化的管理制度，从根本上提升校园工匠文化的建设水平。

一是客观性原则。客观性原则意味着校园工匠文化建设应遵循高职院校工作发展规律，考核中一定要坚持以马克思主义先进理论为指导、以事实为依据，把提高绩效作为首要目标和根本目的，按照规范的标准、程序、方法和时间采取符合实际、操作性强的考核方法，客观公正地进行考评。对被考评对象的任何评价都不能带有主观臆断或个人感情色彩，在考核中徇私舞弊、打击报复者，按有关规定应严肃处理。在进行高职院校文化考核过程中，考评者和被考评对象要坦诚地交流与沟通，在形成评估意见后要及时将评估结果反馈给被考评对象，肯定成绩、指出不足，并提出今后应努力和改进的方向。

二是科学性原则。科学性意味着实事求是和坚持真理，是检验工作开展是否符合事物规律的重要体现，在考核时应坚持从点滴入手、坚持正面教育为主、坚持发挥榜样作用、坚持舆论宣传、坚持激发教职工主动意识。科学合理的评价标准有利于工匠文化建设过程少走弯路，为弥补考核结果相互间的不足，非常有必要将定性和定量考核结合起来进行综合分析，量身定做具体的考核内容和标准，防止"揠苗助长"和"一面之词"，这样才能监督并且激励全校师生积极有效地执行。

三是可行性原则。任何考核都有其目的，其结果都是为了选择和制定最适宜的方案，以便开展今后的行动。校园工匠文化考核也一样，它不是校园工匠文化系列活动的终结，而是进一步繁荣校园工匠文化过程中的监测站和"加油站"，能为大多数被考核者接受并能长期坚持下去。对校园工匠文化的现状加以评价和整改，既是对它是否达到既定目的进行衡量，更是对它今后能否达到更加完善的境界进行诊断并提出建议。因此，高职院校工匠文化考核必须要坚持可行性原则，明确考评目标，结合学校实际和特色，围绕学校"双高"发展战略目标，发现问题根源，为制定改进措施提供必要的参考。

四是可竞争性原则。学校要通过各种渠道对外开放，争取切实调动广大教职工的积极性、主动性和创造性，要注意运用物质激励和精神激励。在物质激励上，高职院校应对积极参与校园工匠文化活动的教职工和学生给予物资类奖励，对指导学生参与技能竞赛的教师给予晋升职务或绩效奖励；在精神激励上，高职院校应通过表扬先进、颁发荣誉等方式给参与的单位和个人给予肯定。以此强化对高职教师考核评价结果的价值运用，将其作为调整优化后期高职教师队伍建设方略，改进高职教师队伍建设基本路径的重要参考与依据。竞争性原则可以全面提高高职院校管理水平和服务能力，为不断推进职业教育事业又好又快发展提供坚强有力的组织保证和人才支持。

五是创新性原则。高校发展，创新为先；高校改革，创新为本。考核制度的建立必须以创新为基础，不可一味模仿、照搬照抄其他高校的做法，确保最终形成的运行机制是"以学生为本"，使学生得到更好的发展，围绕学生发展，高职院校在校园文化建设的评价考核过程中需要努力打造教育品牌，彰显本校的办学特色，努力提高学校文化软实力。

4.5.2 考核内容

一是考核参与工匠文化建设的队伍。教育主管部门要组建一支专业的评估专家队伍，其成员可以由教育主管部门专家、兄弟院校学生领导和企业工匠大师等人员构成，并且充实到学校的评估专家库中。考核前从专家库随机抽取考核人员的方式，最大限度地保证考核工作的客观性；考核过程中专家可以科学制定考核内容，确定考核指标等级及权重，最后得出考核结果，为校园工匠文化建设提供全面、可靠的评价和整改依据；专家组在考核完成时，应及时形成报告，向教育主管部门反馈考核意见，提出整改方案，确定考核等级，形成备案，督促整改落实。

二是考核校园工匠文化建设的各项指标。在具体的考核中，高职院校应当针对校园工匠文化建设的具体内容设立相应的涵盖各方面的指标，校园工匠文化建设涵盖范围广、评价范围宽、具体标准多，但从根本上讲，其目标都是促进学生自由而全面地发展。一般而言，主要采用相对评价法（序列比较法、相对比较法、强制比较法）和绝对评价法（目标管理法、关键绩效指标法），从制度文化、行为文化、物质文化和精神文化等方面入手，并为每一方面内容设立相应的二级指标和权重，进而细化每项指标内的具体内容，从各个角度客观地反映校园工匠文化建设的成效。

4.5.3 考核方法

对于考核评价方法，学校应成立由学校党政主要领导任组长、党委组织宣传部等部门主要负责人组成的校园文化建设领导小组，统筹规划校园文化建设和考评工作，实施精准考核、全面考核、综合考核相结合的方法，根据年度工作进行考察，建立考核制度，并将其作为相关单位年终评奖评优的重要参考。而对于相关系室，则需要在对上年工作进行总结的同时，参照评价考核体系进行自我整改和系统诊断，最终对两者的评分进行综合审视，由考评工作小组确定最终评分。具体而言：

一是考核对象自诊。为促进教职工自我完善和提升，通过持续规范的自我约束、自我评价、自我改进、自我发展，建立并运行全要素网络化的内部质量保证体系，实现教职工可持续发展，结合专业建设目标，通过现状分析，按照"初级→中级→副高→正高"教师个人发展路径，参照职称评审标准编制个人发展规划，将考核指标体系划分为 4 个一级指标、30 个二级指标，考核分为 A 、B 、C 、D 四个等级。一级指标：①师德师风（权重 10%）；②教学教研（权重 50%）；③科研与服务（权重 20%）；④个人发展（权重 20%）。将制（修）订职业教育、培训相关标准、规范、实训条件项目建设、参加或指导学生参加职业技能竞赛（含学科）、企业实践锻炼（专业课教师）等纳入教学教研的二级指标中，并且将企业实践锻炼纳入职称评审的必备条件；将担任专家、裁判、双带头人、专业带头人纳入个人发展的二级指标中，并且纳入教师年度绩效考核中。对年度任务目标值未达个人发展标准值的教师进行确认，并说明原因。

二是上级考核和民意测验。其基本过程为：个人（小结）自评、群众综合测评、党政班子重点考评、党委审定四个环节。在操作上，个人（小结）自评是通过本人填写"考核表"对履行岗位职责情况进行小结，突出工作实绩、述学、述廉等内容。群众综合测评是通过中层干部互评、本部门教职工测评来进行，以不记名的形式填写民主评议表，依据为"综合考核指标"中"德、能、勤、绩、廉"的要求，按照中层干部互评与教职工测评各 50% 的权重计算汇总排序，另外还有党风廉政"一票否决"的要求。党政班子重点考评由学校党政领导按照干部主要岗位职责对应的重点考评要求，根据各部门提供的数据进行工作实绩评定，围绕思想政治素质、履职能力、作风建设、工作绩效、廉洁从业形成考评意见，作为确定考核等次的主要依据之一。最后，党委会集体审定考评情况，确定干部的年度考核结果。在年度受到党纪、政纪处分，组织处理或工作中有较大过失、失误者，实行"一票否决"制，强化考核结果的运用。总体来说，个人自评是干部考核的基本前提，群众测评是全面评价干部的重要途径，党政班子重点考评是检验学校整体发展与部门工作绩效的重要纽带。学校应通过多维度的评价，综合不同评价者的意见，并按照边诊边改，边诊边建的思路，不断完善，得出一个全面、公正的评价，促进人才培养质量不断提升。

三是实行成绩考核结果反馈、公开、公示。对经组织审定的考核评价情况，应以适当方式在一定范围内进行反馈、公开、公示，充分发挥成绩考核结果对加强干部队伍建设和教师队伍建设的导向、激励和监督作用，努力做到以成绩考核推动科学发展，以成绩考核激励科学发展。通过反馈、公开、公示干部、行政人员和教师成绩的考核结果，使成绩突出的教职工有一种成就感、荣誉感，使成绩一般的干部有一种压力感、紧迫感，使成绩较差的干部产生危机感，激励各级干部爱岗敬业，并通过学校总结表彰大会对成绩突出的教职工予以物质和精神方面的奖励，营造学赶先进、争创佳绩的良好氛围。

四是将社会和企业评价纳入校园工匠文化考核体系，联系国内外企业共同研讨并制定人才培养方案及人才考评标准。社会和企业评估是一种外部评估，通过社会和企业评估，可使学校更加敏锐地感受到时代的脉搏。社会文化的推动力通过社会评估反馈给学校，一方面可以对学校的办学效果起到监督作用，作为一种激励和鞭策促进校园工匠文化的发展和进步。另一方面，学校可以引导国内外重点行业、知名企业参与学校规划实施，形成集团化办学共同体，企业也可以对照自身，为以后的人才培养提供借鉴。

实践篇

成都工贸职业技术学院

工匠文化建设的探索与实践

5 成都工贸职业技术学院工匠文化 建设的总体思路

成都工贸职业技术学院是 2015 年经四川省人民政府批准，由成都电子职工大学（1991 年创办）改制建立的一所全日制普通高等职业学校。由成都市人民政府主办、四川省教育厅主管。成都工贸职业技术学院现有红光校区（总院）、西校区、东校区（成华校区）、菊乐路校区、新都校区、南校区（崇州校区）共 6 个校区，占地约 650 亩（1 亩≈667 平方米），建筑面积 33 万平方米，全日制在校学生 1.7 万人。成都工贸职业技术学院坚持社会主义办学方向，遵循"全面服务地方，引领区域发展"的办学理念，坚持"德能并重、工学一体、品质就业、助推产业"的办学思路，坚持立足成都、服务川渝、辐射西部，以工为主，工贸结合，努力建设高职教育与技工教育融通，专科教育与本科教育衔接，学历教育与职业培训并举，力争建成高职与技师融通发展、工匠文化特色鲜明的省内一流高职院校，着力培养高素质新时代产业工匠。

成都工贸职业技术学院主校区位于成都市重点工业集中发展的成都现代工业港和成都电子信息产业功能区——成都市郫都区，紧邻以电子信息产业为龙头的国家级高新技术产业开发区——成都高新西区，国家级双创示范基地——成都创新创业集聚区（菁蓉镇）。成都工贸职业技术学院建有机械工程学院、电气工程学院、信息工程学院、汽车工程学院、财贸管理学院、轨道交通学院、铁道工程学院、马克思主义学院、通识教育学院 9 个二级学院，建有"车间化"实训场所 50 余个，各类高精尖生产性设备价值逾 2 亿元。成都工贸职业技术学院设置与区域高端装备制造等千亿级产业发展需求紧密对接的数控技术（智能制造）、电子商务、应用电子技术、工业互联网、新能源汽车技术、轨道交通运营管理、铁道工程技术七大专业群，开设数控技术、工业机器人技术、物联网应用技术等 30 多个专业，其中数控技术、电气自动化技术、电子商务 3 个专业为教育部现代学徒制试点专业，学校被遴选为人力资源和社会保障部"中英现代学徒制"试点院校，凝合了"捷普班""莫仕班""三星班"等教改典范。

学校坚持"工匠文化"融合。学校按照"服务国家战略、服务产业发展、服务企业需要"的思路，始终把校企合作和产教融合作为践行"为党育人、为国育才"的重要举措，将工学结合作为基本教学模式，校企融合共育产业工匠。学校适应新时代人才需求，实现专业链与产业链对接，课程内容与职业标准对接，教学过程与生产过程对接。学校引企业进校园，融专业入产业，紧密对接成都产业功能区，先后与电子信息产业功能区等13 个产业功能区建立了战略合作关系，构建了当地政府、产业功能区、园区企业、行业协会等多方协同育人的工作机制。一是引企业进校园，融专业入产业。学校与京东集团、吉利汽车、西门子、中铁集团等世界 500 强企业深度合作，各专业已实现 100%校企合作覆盖率。学校基于校内工厂真实的生产环境，实现了工学交替，做到"四融四合"（融岗位需求入人培方案，实现生产与教学合一；融企业文化入专业文化，实现车间与教室合一；融企业团队入教师队伍，实现师傅与教师合一；融职业标准入教学内容，实现产品与作品合一）。二是携手知名企业共建实训基地。学校与西门子、中嘉汽车制造（成都）有限公司、成都京东方光电科技有限公司、捷普科技（成都）有限公司等"链主"企业、产业龙头企业共建产业学院、产教融合实训基地。学校与成都高新区南部园区的成都埃森普特公司和库卡机器人有限公司合作，开发工业机器人关键技术的课程体系，共建虚拟仿真实训基地，被评为"四川省工业机器人虚拟仿真实训中心"，与捷普科技共建的实训基地被评为"国家级智能制造生产性实训基地"。三是采取订单式培养模式。学校与成都高新区西部园区、宝利根精密工业、中铁隧道局、京东方等 30 余家企业开展学徒制试点、订单培养，目前，现代学徒制试点、校企合作订单班等学生已占在校生总数的 40%。学校被评为教育部现代学徒制试点学校。四是构筑技术服务平台。学校与多家产业龙头企业共建众创空间、工程技术中心、创业园孵化器、实验室和专业性公司等技术服务平台 20 余个。学校先后参与完成高压涡轮叶片超硬度合金精密零件的研发试制、口罩机智能制造生产线改造、混凝土湿喷机技术革新等项目研发，大幅度提升了学校服务支柱产业的能力。学校发挥教师创新团队技术创新优势，近 5 年，累计完成技术服务项目 600 余项，立项国家社科基金项目等纵、横向科研项目74项，获得各类专利200余项。

学校坚持"工匠文化"铸魂。学校大力推行"工学一体、育训结合、赛教融合"人才培养模式，抓住技能竞赛小切口，搭建立德树人大舞台，树匠心、育匠人。近三年来，学校师生在各级各类职业技能竞赛中共荣获国家级、省市级荣誉近400项。学校技能竞赛获奖个数和名次在市属高校中排名榜首。在第42~46届世界技能大赛选拔赛中，学校共有11名学生成功入选国家集训队。2020年，学校挂牌成立"四川省职业技能竞赛研究中心"，在四川省人力资源和社会保障厅指导下开展技能竞赛组织、竞赛技术标准研究、竞赛信息化研究、竞赛成果转化等工作；与成都市总工会共建"成都工匠学院"，开展成都工匠轮训工作，2020年成都工匠学院获批成为成都市市属高校首个"四川省职工教育培训基地"。

近年来，学校坚持立德树人，提倡"无私奉献、精益求精、追求卓越"的工匠精神内涵，充分发挥"工贸-技师"融通发展的优势，着力打造培养"成都工匠"的摇篮。学校先后被授予世界技能大赛国家级数控铣竞赛项目集训基地、国家高技能人才培养示范基地、国家技能根基工程培训基地、国家级智能制造生产性实训基地、全国技工院校一体化师资培训基地、国家级校企协同就业创业创新示范实践基地、国家级智能制造生产性实训基地、国家级工业互联网产业人才基地、国家级众创空间、教育部全国党建工作样板支部培育创建单位、教育部"一站式"学生社区综合管理模式建设试点高校、四川省"双高学校"培育单位和专业群建设单位、四川省第二批"三全育人"综合改革试点高校、四川省高等学校课程思政标杆院系（首批）和全球工匠联盟（亚太区）常务理事单位、四川省职业教育示范性虚拟仿真实训基地（西门子成都数字化工厂虚拟仿真实训基地）、四川省省级优质职教师资培养培训基地、四川省中小企业公共服务示范平台、四川省工业机器人虚拟仿真实训中心。学校先后获得2020年亚太职业院校影响力50强、全国教育系统先进集体、全国职业教育先进单位、全国第八届黄炎培职业教育奖"优秀学校奖"、国家技能人才培育突出贡献奖、四川省文明校园、四川省平安校园、四川省依法治校示范学校等荣誉称号。

5.1 制度文化建设

学校高度重视工匠文化制度建设。早在 2019 年，学校就专门出台工匠文化育人工作要点，以培育工匠精神、培养新时代高素质技术技能人才为育人导向，按照"完善工匠文化育人格局，压紧压实责任""加强工匠文化理论学习，积极贯彻上级精神""强化工匠文化育人阵地建设，涵养工匠文化内涵""创新工匠文化育人工作方式方法，凝练工匠文化育人工作品牌""全面加强工匠文化育人队伍建设，努力提高队伍整体素质""健全工匠文化育人工作管理体系，强化考核结果运用"的原则为学校工匠文化育人工作提供指导。在学校内部治理体系中，更是以制度推动工匠文化融入党群工作、行政事务、干部人事、教学科研、学生工作等领域，让工匠文化成为学校高质量发展的鲜亮底色。

5.1.1 融入党群工作

学校把工匠文化融入党委领导下的校长负责制。《成都工贸职业技术学院落实党委领导下的校长负责制实施细则（修订）》（成工贸院委发〔2022〕63 号）规定，学校党委会在党员代表大会闭会期间领导学校工作。会议由党委书记召集，会议议题由党委书记确定。党委会的主要任务：坚持第一议题制度，把学习习近平新时代中国特色社会主义思想和习近平总书记重要指示批示作为第一议题，特别是习近平总书记关于职业教育重要指示批示精神和党中央、国务院、省市关于产教融合、科技服务、工匠精神等重要会议及文件精神。

校长办公会（校务会）是学校的行政议事决策机构，主要研究提出拟由党委讨论决定的重要事项方案，具体部署落实学校党委决议的有关措施，研究处理教学、科研、行政管理工作。校长办公会由校长召集并主持，会议成员一般为学校行政领导班子成员，会议议题由学校领导班子成员提出、校长确定。校长办公会（校务会）的主要任务是：坚持第一议题制度，把学习习近平新时代中国特色社会主义思想和习近平总书记重要指示批示作为第一议题，特别是习近平总书记关于职业教育重要指示批示精神和党中央、国务院、省市关于产教融合、科技服务、工匠精神等重要会议及文件精神。

学校把工匠文化作为课程思政建设的主线。《成都工贸职业技术学院关于加强"课程思政"建设的指导意见》（成工贸院发〔2018〕80号）明确提出，"大力弘扬工匠精神""突出工匠精神的培养，通过不同途径和运用不同载体培养学生的工匠精神""要紧密结合学校工匠精神具体案例开展教学工作，同时要依托校企协同培养学生工匠精神"。《关于进一步推进"课程思政"建设 落实立德树人根本任务的实施意见》明确要求，要全课程渗透，落实课程思政建设；全要素融入，践行课程思政教学；全方位保障，实施课程思政改革；不仅专业课、公共课要融入工匠文化等元素，教学环境及场所（实训室）建设也要大力弘扬工匠精神，提升学生工匠精神素养。《进一步加强课程思政建设的实施方案》（成技院发〔2024〕4号）明确指出，"根据不同专业发展规律、专业人才培养特点和专业能力素质要求，科学合理设计思想政治教育内容，把工匠文化、工匠精神、工匠素养等工匠元素融进去。"

学校在思想政治工作考核中要求融入工匠文化和工匠精神。《成都工贸职业技术学院思想政治工作考核暂行办法》（成工贸院委发〔2018〕70号）一级指标"思想政治工作任务落实"明确要求，"做好思政课程和课程思政建设工作，将社会主义核心价值观、工匠精神、天府文化深度融入教书育人的各个环节。"一级指标"校园文化建设"明确要求，"做好部门文化建设，突出社会主义核心价值观、工匠精神、天府文化等内涵。"

5.1.2　融入行政事务工作

为加强图书馆建设，充分发挥图书馆在服务科学研究和文化育人方面的重要作用，根据教育部颁布的《普通高等学校图书馆规程》《普通高等学校基本办学条件指标（试行）》和教育部高等学校图书情报工作指导委员会高职高专工作组颁布的《全国高职高专院校图书馆建设指南》文件精神，学校制定了《成都工贸职业技术学院图书馆建设管理办法》（成工贸院发〔2022〕46号）。该文件"第四章 文化阵地建设"第七条明确指出，"图书馆文化空间建设：落实学校弘扬工匠精神的阵地愿景，配合学校党建品牌、工业博览园、教职工阅读文化空间体验区建设，建设红色文化、体现校园文化、精技的工匠文化元素、具有专业特色的图书馆主题文化。做好'党建书架''职工书屋''专业群书架'等主题图书推介服务。吸纳天府文化、产业文化、郫都地域文化，配合二级学院协同开展服务社区活动。"

5.1.3　融入干部人事工作

为深入贯彻全国职业教育大会精神，落实《中共中央 国务院关于全面深化新时代教师队伍建设改革的意见》《深化新时代职业教育"双师型"教师队伍建设改革实施方案》，助推"双高"建设、"三全育人"等重点工作落地落实，为建成高职与技师融通发展，工匠文化特色鲜明的四川省"双高"学校和全国优质技工院校提供人才支撑，学校于2023年5月由党委会审议通过，决定实施《"工匠型"教师队伍建设行动计划（2023—2025年）》（以下简称"计划"）。计划包含指导思想、总体目标、任务举措和保障措施四个部分，力图通过建立"工匠型"教师培养标准、构建教师发展长效管理机制、搭建教师发展平台等举措，以教师培养标准为引领，以管理机制完善为保障，以平台建设为载体，全面构建"工匠型"教师发展体系，释放人才创新创造活力，全力打造一支具有高尚师德，既掌握扎实的教育理论知识、课程设计能力和娴熟的教学技能，又掌握厚实的专业理论知识与卓绝的技术技能，秉持专注执着、精益求精、超越与创新的精神，并具备数字素养等时代特征的"工匠型"教师队伍。一是要充分发挥标准的引领与基础性作用，紧紧围绕师德师风、专业技能、教学能力、学术研究、公共服务五个方面，充分运用整改结果，以职称晋升等级和"双师型"教师认定等级为基础，关注教师业绩和个性发展，建立初、中、高三级"工匠型"教师培养标准。二是要以制度建设为抓手，通过建立教师执教准入制度、健全教师转岗管理办法、优化兼职教师管理办法、建立健全《师德师风考核办法》《师德师风失范行为处理办法》等制度、修订《教学督导工作管理办法》《教师业绩考核办法》《教师学历提升支持办法》、制定《教师培训管理办法》等方式，大力营造教师成长成才的环境和氛围，多措并举扎实推进教师队伍建设。三是围绕"工匠型"教师培养标准，发挥好教师发展中心枢纽功能，校企共建"双师型"教师培养培训基地或企业实践流动站共享优势，博士工作室、教授工作室、技能大师工作室引领作用，切实提升教师全面发展。

5.1.4　融入教学科研工作

《成都工贸职业技术学院教师业绩考核办法（试行）》（成工贸院发

〔2019〕70号），通过教师业绩考核，引导教师潜心研究职业教育教学规律与特征，注重教学方法和教学内容的改革。教师在努力提高课堂教学质量的同时，积极进行教学研究，全身心投入专业、课程建设和教学改革中，推动教学创新和发展，在主动适应和服务社会中提升自我发展水平，从而促进教学质量的全面提高。教师业绩考核对象为学校所有担任教学任务的教师，包括专任教师、兼课（职）教师。学校按照教师性质的不同，开展兼课（职）教师、专任教师的分类考核。专任教师按长期承担的课程属性的不同，开展公共基础课教师、专业课教师的分类考核。学校要求在教案中，要将工匠精神融入教学设计环节。

5.1.5 融入学生工作

《成都工贸职业技术学院学校领导干部联系学生工作管理办法（试行）》（成工贸院发〔2020〕41号）"第二章 职责和任务"第四条要求，校领导班子每名成员每学期至少给学生讲一堂思想政治理论课，宣扬以党建为引领，凸显以职业操守为核心的工匠文化。同时，学校为更好开展学生管理工作，对辅导员相关工作进行了顶层设计，其中均涉及工匠文化的相关内容。如《成都工贸职业技术学院辅导员考核办法（试行）》（成工贸院发〔2023〕23号）针对辅导员考核的重要要求之一就是"爱岗敬业"，体现的就是工匠文化与学生工作的融合。《成都工贸职业技术学院辅导员队伍建设三年行动计划》（成工贸院委发〔2023〕50号）围绕推动大学生思想政治教育科学化发展，服务大学生成长成才这一中心任务，健全体制机制、优化素质结构、完善培养考核体系、提升教育管理服务水平，通过3年的努力，建设一支"为师有德、育人有法、带班有方、科研有果、创新有为"的高水平辅导员队伍。其中，涉及辅导员管理、选聘、培养等一系列工作，比如组建辅导员科研团队、思政宣讲团，结合学校实际，可以探索将工匠文化作为主攻方向，以此与学校育人工作整体衔接。

5.2 物质文化建设

学校依托现有校园环境和教学资源，根植工匠文化，融入工匠精神，以"工匠文化传承与工匠文化体验"为核心目标，打造集"文化展示＋教学资源场景化+服务功能延伸"于一体的文化博览与工匠精神体验的综合性项目——成都工匠文化教育博览园。学校以体现新发展理念和现代大学精神为导向，对理念文化、行为文化、视觉文化、环境文化、制度文化等进行系统规划设计，发挥"内聚力量、外塑形象"的功能。学校深度挖掘城市工业文明、现代工匠精神内涵，围绕文化传承、精神展示、人物塑造三个方面，打造工匠文化馆，建设各二级学院区域文化，形成自己的精神文化内核。学校现已建设完成奇点匠心广场，重构学校大门，融入水韵与世界地图，广场建设了工匠文明柱、"一带一路"浮雕墙等艺术装置，以工匠人物故事为主线，打造有韵动的工匠文化高地。项目二期建设已启动，将学校户外公共空间以及室内教学实训空间结合，打造集聚工匠文化特色的主题场景，完善以工匠文化为主题的观光游览场景路线。工匠文化教育博览园建设依托现有校园环境和教学资源，根植工匠文化，融入工匠精神，以"一馆，两中心，七场景，八业态"为载体，通过塑造"匠心铸魂""技能筑梦""匠艺造物""精工利器"四大品牌活动，实现"工匠文化研究、工匠文化普及、工匠文化体验、工匠文化传承"四大功能，将学校建成为成都工匠文化育人主阵地和文旅新地标。

一是打造工匠文化载体。一馆：工匠文化展览馆；两中心：工匠文化博览中心和国际竞技中心；七场景：机械工业场景、智能应用场景、汽车工业场景、轨道交通场景、铁道工程场景、信息技术场景、电商直播场景；八业态：工业主题酒店业态、工业文创店业态、工业主题餐厅业态、工业场景沉浸体验业态、轨道交通角色扮演业态、卡丁车与赛车运动体验业态、党建与工业社团活动业态、匠人智造创新创业孵化器业态。二是塑造四大活动品牌。以工匠文化进校园为主线，开展"匠心铸魂"活动；以大国工匠进课堂为抓手，开展"技能筑梦"活动；以"工匠技艺进场景"为特色，开展"匠艺造物"活动，以"工匠精神进作品"为内涵，开展精工利器活动。三是实现四大育人功能。通过挖掘工匠文化内涵，传播成都工业文明，依托工匠文化研究中心，打造工匠文化载体，开展工匠文化活动，实现"工匠文化研究、工匠文化普及、工匠文化传承、工匠文化体验"四大育人功能。同时将工匠文化教育博览园面向在校学生、社区居民、产业工人和外来游客开放，将学校打造为工匠文化育人主阵地和文旅新地标。成都工匠文化教育博览园建设项目以链接历史、立足现在、展望未来为主线，围绕文化传承、精神展示、文化体验三大主题板块形成基本框架。项目总体规划将校园空间分为工匠文化展示区、工匠文化博览区、工匠体验互动区和旅游延伸消费区四个部分。项目总体规划见表5-1。

表 5-1　项目总体规划

序号	建设板块	建设内容	预期成效
1	工匠文化展示区	主题文化场景打造、工业景观升级、园区建筑风貌升级三个部分，用于呈现工业文明及工匠文化场景，丰富园区游览视觉体验与户外互动体验	建成并投入使用后，学校社会服务能力全面提升。面向在校学生、社区居民、产业工人等开展工匠文化教育、工匠技艺体验、职业技能培训等活动，辐射人数不少于 2 万人次/年
2	工匠文化博览区	主题工匠文化展览馆、工匠文化博览中心、国际竞技中心三个部分，用于呈现工匠文化深度体验博览空间，以场馆形式承载工匠文化的传播体验	
3	工匠体验互动区	机械工业场景、智能应用场景、汽车工业场景、轨道交通场景、铁道工程场景、信息技术场景、电商直播场景七个部分，主要依托学校实训基地、教学场景进行旅游体验场景提档升级，打造"工匠+旅游"深度融合体验区	
4	旅游延伸消费区	工业主题餐厅、工业主题酒店、工业商业街区、工业文创产品店、沉浸式体验馆五个部分，主要核心是增加旅游服务配套功能，实现吃住行、购娱学一体的文旅地标	

5.3　精神文化建设

学校校徽为圆形图案，圆形背景中主体图案为校园内实体标志性建筑物的变形，使人印象深刻并具备高辨识度；建筑前的阶梯做了视觉上的变形与延展，寓意"走向未来"；设计整体选用对称风格，既显示出了平衡与和谐，也传达了稳重优美之意。

校训：厚德致远、精技兴业。

厚德致远：以善为念，学会感恩；以诚相待，以心相交；与高者为伍，与德者同行；不为权势，以心相交，方能成其久远。

精技兴业：全体教职员工秉承精益求精的工匠精神，各自在岗位上干出成绩，助推学校高质量发展；全校学生要学好、学精技术，能带动家业的兴旺发达，为国家的发展添砖加瓦。

教风：博学善导、厚生乐教。

博学善导：教师要加强学习，要精通本业，旁涉其他，博古通今，涵盖中外，以达到知识渊博、学识丰富、学问广博精透的境界，这样才能真正传道、授业、解惑。教师在教育教学过程要善于引导，要相机点拨、因势利导、循循善诱，以达到授之以渔。

厚生乐教：爱是教育的根基，爱生才能育人，教职工要真正做到"关爱学生"，要对学生尊重、理解、赏识、信任、关心、爱护；教师要热爱教育，要有甘于献身教育事业的风范和爱校、爱岗、爱生的情怀。

学风：朝乾夕惕、孜孜求技。

朝乾夕惕：全体教职工员工要有危机意识，要强化知识不间断的学习，做到夙兴夜寐，各自成为本领域的行家里手，在岗位上干出成绩。

孜孜求技：专心致志、一心一意地钻研技术，勤学苦练、精益求精，掌握一技之长。

5.4 行为文化建设

学校高度重视师生行为文化建设工作。学校以师德师风建设为引领，引导教师对标对表高校教师师德禁行行为"红七条"、《新时代高校教师职业行为十项准则》等相关要求，规范职业行为。学校严格落实《普通高等学校学生管理规定》等学生管理文件精神。同时，学校通过组织各项活动加强学生行为文化建设，如学校每周一组织开展全校性升国旗主题教育活动，增强学生爱国情怀，提升学生综合素养，大学一年级阶段开展特色早自习、晚自习促进学生建设。此外，学校还通过各类校外实践活动彰显青年学生青春风采。本书以学校"青言青语"传党声宣讲团学生活动作为案例，进行学生行为文化分析。

"青言青语"传党声宣讲团成立于 2023 年 9 月，入选全国大学生遵义会议精神志愿宣讲团。"青言青语"传党声宣讲团坚持"理论研究+实践宣讲+思想引领"三位一体工作理念，将重大主题宣讲和基层常态化宣讲相结合，统筹学校、企业、机关、农村、社区五大阵地，着力讲好党的故事、传播党的声音。宣讲团成员包括全国青年岗位能手、成都大运会火炬手、退伍军人等优秀学生。指导老师为市级宣讲团成员、社会实践优秀指导教师。自成立以来，宣讲团通过短平快"微宣讲"、巡回式"文艺演"、小故事"生动说"等形式的"青言青语"，把理论政策宣讲送到村社广场、田间地头、校园课堂，让干部群众和青年学生听得清、听得懂、听得进。中国高职高专网、中国青年志愿者微信公众号等多家主流媒体多次报道宣讲活动。

"青言青语"传党声宣讲团针对宣讲内容、宣讲师资和宣讲路径进行提升、培优、扩延，着力提高宣讲能力。一是提升宣讲内容，助力宣讲团学生以实际行动传承中国精神。宣讲团聘请西南交通大学、西南民族大学、西华大学等高校马克思主义理论学科专家组建导师团，导师团老师围绕遵义会议精神与宣讲团学生开展理论培训、辅导点评、集体备课、座谈交流等活动，指导宣讲团学生编制遵义会议精神案例资源库1个，作为宣讲重要素材。二是培优宣讲师资，助力宣讲团学生同青年师生凝聚青春力量。宣讲团邀请共青团中央青年讲师团讲师、四川省委宣讲团成员、四川省青年思想政治宣讲团讲师、成都市委宣讲团成员、成都市教育系统宣讲团成员等围绕宣讲技巧、品牌营销等方面对宣讲团成员进行集中培训。同时，宣讲团组织开展校内宣讲比赛，通过比赛磨砺宣讲团成员宣讲水平；宣讲团指导老师还带领宣讲团成员通过考察交流等方式赴其他高校调研，学习借鉴其他高校先进经验，全方位提高宣讲者能力。三是延升宣讲路径，助力宣讲团学生展现青春形象。学校与成都市文翁实验学校、成都市郫都区红光和润幼儿园、成都市总工会成都工匠学院、四川鑫电电缆有限公司、成都好利来烘焙工业园、四川电子新工艺与新材料应用研究院、成都市邛崃市高何镇高兴村等合作，定期安排宣讲团成员以遵义会议精神为主要内容，采用公开演讲、知识竞赛、艺术表演等多种形式开展常态化宣讲。

目前，"青言青语"传党声宣讲团已开展多场宣讲活动。宣讲主题"重走长征路，青年勇担当"。2023年10月22日，宣讲团赴邛崃高兴村红军纪念馆开展宣讲。宣讲团成员何一佳同学从遵义会议背景出发，声情并茂地讲述了遵义会议的历史意义,深刻阐释了"坚定信念、坚持真理、独立自主、团结统一"的遵义会议精神内涵和时代价值。何一佳采用讲故事、谈感想、话体悟的方式让本次宣讲有情、有理、有力,为在场听众"端"上一道兼具理论高度、思想深度、人文温度的"精神大餐"。宣讲结束后,宣讲团成员带领宣讲对象重走长征路,"沉浸式"追寻红色记忆,感悟长征精神。

宣讲主题"共话爱党心,青年齐奋进"。2023 年 11 月 22 日,宣讲团与成都市"五老"代表霍晓光共讲遵义故事、共话遵义会议精神。霍晓光老人为宣讲团志愿者们讲述了遵义故事,以一个个传奇的红色故事为索引将宣讲团志愿者们带入那段峥嵘的历史岁月,勉励志愿者们要牢记习近平总书记的嘱托,讲好遵义故事,让遵义会议精神永放光芒。宣讲团志愿者们结合宣讲实践与霍晓光老人畅聊遵义会议精神学习心得,分享宣讲内容和计划。在交流对话中,老一辈言传身教、循循教导,新一代明确使命、不负嘱托,现场氛围其乐融融。

宣讲主题"寻迹先锋事,青年展作为"。2023 年 10 月 24 日,宣讲团赴四川鑫电电缆有限公司开展宣讲。宣讲团志愿者结合四川鑫电电缆有限公司企业发展历史、发展特色,将红色基因有机融入企业工匠文化,将遵义会议精神送到车间、送到一线企业职工身边,以更鲜活的宣讲方式、更暖心的宣讲内容,让企业职工听得懂、能领会、可落实,进一步增强企业发展信心,推动遵义会议精神在基层落地生根、开花结果。2023 年 12 月 27 日,宣讲团赴四川电子新工艺与新材料应用研究院开展宣讲。宣讲团详细解读了遵义会议的历史意义与现实价值,强调了科技创新对于国家发展和人民生活改善的重要作用,并以遵义会议精神的丰富内涵鼓励研究院科研技术人员积极投身科技创新,为中国式现代化建设事业贡献力量。2023 年 12 月 28 日,宣讲团赴成都好利来烘焙工业园开展宣讲。宣讲人邓诗洋以生动的语言、真挚的情感、翔实的史料故事,让青年员工了解和学习遵义会议精神,并将"坚定信念、实事求是、独立自主、民主团结"的精神品质应用于烘焙生产实践,力争生产出更高品质的烘焙产品。

宣讲主题"赓续党史情,青年写华章"。2023 年 11 月 15 日,宣讲团面向校内青年团员开展宣讲。宣讲团成员以生动形象的语言、丰富翔实的史料和感人至深的故事,向青年团员们讲清了遵义会议的历史背景、会议内容以及历史意义,讲明了"坚定信念、实事求是、独立自主、敢闯新路、民主团结"的遵义会议精神内涵，讲透了中国共产党坚定的理想信念、复兴中华的担当，临危不惧、处变不惊的定力，坚持真理、修正错误的勇气，顽强不屈、愈挫愈勇的斗志，独立自主、敢闯新路的气魄，尊重群众、崇尚民主的作风，团结一心、顾全大局的胸襟。2023 年 11 月 24 日，宣讲团赴成都市文翁实验学校开展宣讲。本次活动采取分类分层面对象化、分众化、互动化宣讲方式。针对初中一年级学生，宣讲团志愿者主要是通过讲述《邓萍血洒遵义城》《一把七星刀的故事》等革命小故事引导低年级学生了解长征历史，了解遵义故事；针对初中二年级学生，宣讲团志愿者主要通过遵义会议历史知识抢答等互动方式，引导学生加深对历史事件的认识；针对初中三年级学生，宣讲团志愿者则以理论宣讲形式，完整梳理遵义会议历史脉络，引导学生构建历史知识体系。2023 年 12 月 19 日，宣讲团赴学校"一站式"学生社区开展宣讲。宣讲团走进"一站式"学生社区八点会客厅，为在场师生们生动讲述了红军智取遵义城、成立遵义赤色工会等故事，以红军"小故事"讲清长征大道理。随后，宣讲团成员分别走进各楼栋宿舍，将遵义会议故事传入每一间寝室，以遵义会议精神感染学生、带动学生，以朋辈的力量引导其他学生从遵义会议故事的倾听者，转变为遵义会议精神的宣传者、践行者。2023 年 12 月 22 日，宣讲团赴成都市郫都区红光和润幼儿园开展宣讲，宣讲团同学采取"理论+实践"相结合的形式，通过演短剧、讲绘本、做贴画、唱红歌等方式，为小朋友们带来了一场生动活泼、意义深刻的爱国主义教育思政课。2024 年 1 月 2 日，宣讲团赴成都市总工会成都工匠学院开展宣讲。宣讲团成员紧紧围绕遵义会议精神的内涵和实践要求，结合机关单位工作实际，详细解读了遵义会议精神的历史背景、主要内容和重要意义。同时，宣讲团成员还重点介绍了遵义会议精神对于当前机关单位工作的启示和借鉴价值，以及如何在实际工作中践行遵义会议精神，推动各项工作取得实效。

此次系列宣讲活动，将重大主题宣讲和基层常态化宣讲有机结合，把"大道理"寓于"小故事"，有特色、接地气、冒热气，多家宣讲单位发来感谢信，有效激发了宣讲团成员的责任和担当，坚定了他们要在社会大课堂中增知识、长才干、学本领、踔厉奋发、勇毅前行，在全面建成社会主义现代化强国的新征程上唱响更为嘹亮激越的青春之歌，在全面推进中华民族伟大复兴的历史进程中书写更为绚丽夺目的青春篇章。

6 成都工贸职业技术学院工匠文化建设的具体实践

6.1 典型党建项目

6.1.1 学校"蓉匠先锋"党建品牌

学校党委以习近平新时代中国特色社会主义思想为指导，贯彻新时代党的组织路线，落实《成都基层党建高质量发展三年行动计划》，以"蓉匠先锋"党建工作品牌建设为抓手，推动基层党建高质量发展，全力培养新时代高技能人才，学校先后荣获全国教育系统先进集体、国家技能人才培育突出贡献奖等荣誉，获评全国党建工作样板支部培育创建单位、省级高校党建工作样板支部培育单位、省级高校"双带头人"教师党支部书记工作室培育单位等称号。

第一，聚焦时代特征，打造叫得响的党建品牌集群。培养高技能人才是时代的声音，是实践的呼唤，更是支撑中国制造、中国创造的重要力量。其一，围绕办学定位，打造党建核心品牌。学校聚焦成都建设公园城市示范区紧缺的高素质技术技能人才、能工巧匠、大国工匠，确立了培养新时代高素质技术技能产业工匠的办学定位，实施蓉匠双讲堂、蓉匠双主体、蓉匠双平台、蓉匠双导师四大举措，打造"蓉匠先锋"党建工作品牌。其二，围绕育人特色，构建党建品牌集群。学校依照工匠文化育人特色，构建了1个核心品牌和N个特色品牌的"1+N"党建工作品牌集群，"蓉匠先锋"核心品牌的示范带动效应已全面彰显，"匠心使者""职途筑梦""红'芯'育匠"等17个特色品牌全面形成，推动了党建和业务同向发力、双向提升。其三，围绕方法创新，推进支部工作法创建。学校根据品牌建设任务、教育教学中心工作，按照"一支部一工作法"思路，组织全校 38 个党支部全面开展支部工作法创建活动，评选出"铁字头工作法""三牛工作法"等 10 个优秀支部工作法；创新支部理论学习方法，整合"党员 e 家"、主题党日活动等资源，创建党员学习教育"学分银行"，以"学习存折"形式把党员线上线下学习情况、参加组织生活情况、受表彰表扬情况推送给每位党员。

第二，聚焦产教融合，丰富树得牢的党建品牌内涵。学校发挥党建引领作用，优化职业教育类型定位，深化产教融合、校企合作，增强职业教育适应性。其一，深化产教融合，对接产业园区共建教师支部。学校聚焦装备制造、航空发动机、集成电路、新型显示等产业，与 13 个产业园区党组织深度合作共建教师党支部，组织"结对子"联合开展主题党日等活动，选派"双带头人"、骨干教师到园区挂职，企业选派技术骨干到校兼任教师和教学督导，校企联合开展人才培养和技术攻关，实现人力资源双向提升。其二，深化校企合作，对接链主企业合建学生支部。学校聚焦紧缺工匠人才培养，推动企业职工党支部与学校学生党支部开展联建，实施现代产业导师特聘岗位计划，聘请捷普科技、中铁八局等企业 30 余名党员技术大咖、工匠人才担任学生党支部的"指导员"，参加学生支部活动，为学生讲授工匠文化历史与发展、工匠文化与技能成才课程和自己成才历程。其三，深化校地协同，对接属地组织联建示范基地。学校携手当地社区党组织，制定了《社区教育示范基地联建方案》，明确了示范基地建设的服务对象、服务内容、服务形式，与高新西区天骄西路社区联合开展以"国学大讲堂之有趣的汉字"为主题的文化公益讲座，覆盖社区人群近 2 万人；与属地派出所开展党建联建活动，不定期开展警校联席会，对校园安全工作进行梳理和研判；与辖区消防大队开展联合灭火技能训练、火灾救援演练等活动。

第三，聚焦示范引领，发挥过得硬的党建品牌效应。学校发挥党建品牌的辐射示范、引领发展作用，推动基层党组织全面过硬，推动学校高质量发展。其一，发挥品牌辐射作用，推动基层党组织全面进步。学校通过党建品牌建设，创新构建"责任、制度、队伍、考核"四大工作体系，压紧压实"党委—党总支—党支部—党员"的四级责任落实，先后获批全国党建工作样板支部 2 个、省级"双带头人"工作室 2 个、省级党建工作样板支部 1 个、省教育厅先进基层党组织 1 个，获蓉城先锋示范团队、示范基层党组织 2 个，立项基层党建创新项目 5 个，3 个基层党组织、8 名党员获市级部门党组织表彰。其二，发挥品牌赋能作用，促进人才培养质量全面提高。通过品牌建设，赋能主责主业，学校培养的学生获得"全国技术能手"称号 30 余人、获得"全国五一劳动奖章"荣誉 30 余人、获得"四川省技术能手"称号 200 余人。2019 年以来，由中共成都市委组织部、成都市人力资源和社会保障局和成都市总工会联合评选命名的 3 060 名"成都工匠"中，经我校培养培训的"成都工匠"达 230 余名，学校被誉为"培养成都工匠的摇篮"，企业广泛称赞学生培养质量。其三，发挥品牌引领作用，促进学校事业高质量发展。通过品牌建设，全面推进教学改革、师资建设、产教融合等领域改革创新，学校建成了世界技能大赛国家级集训基地、国家高技能人才培养示范基地、国家级智能制造生产性实训基地、全国技工院校一体化师资培训基地等平台，先后获得全国教育系统先进集体、全国职业教育先进单位、国家技能人才培育突出贡献奖、第八届黄炎培职业教育"优秀学校奖"、省"双高"培育学校和"五星"学校、四川省 2023 年职业院校"三全育人"典型学校、西部地区高职院校人才培养和服务贡献卓越 50 强荣誉称号，位列四川第五。人民网、中国网等主流媒体多次报道学校党建工作。

下一步，学校党委坚持以习近平新时代中国特色社会主义思想为指导，全面学习宣传贯彻党的二十大精神，贯彻落实好《成都基层党建高质量发展三年行动计划》《关于加强新时代高技能人才队伍建设的意见》，践行"为党育人、为国育才"的初心使命，引导基层党组织和广大党员在公园城市示范区建设实践中积极发挥战斗堡垒和先锋模范作用，培养更多产业紧缺的新时代高素质技术技能产业工匠。

6.1.2 教育部第三批全国党建工作样板支部培育创建单位

成都工贸职业技术学院马克思主义学院直属党支部坚持把政治建设放在首位，对标"七个有力"，全心打造"用匠心做思政，用思政育匠人"支部品牌，以高质量党建促进马克思主义学院立德树人工作开创新局面。2022 年 3 月，马克思主义学院直属党支部获批教育部第三批全国党建工作样板支部培育创建单位。

6.1.2.1 工作基础

马克思主义学院直属党支部在学校党委坚强领导下，深入贯彻落实习近平新时代中国特色社会主义思想，按照新时代党的建设总要求，以政治建设为统领，以"不忘初心、牢记使命"主题教育、四史学习教育、建党100周年等重大政治活动为契机，扎实对标"七个有力"，坚持问题导向，结合思政教育教学特点创新支部党建工作方式方法，全心打造"用匠心做思政，用思政育匠人"支部品牌，以高质量党建促进马克思主义学院立德树人工作开创新局面，近年来先后获得"四川省首批高校双带头人教师党支部工作室""四川省思政工作精品项目""成都市基层党建工作创新项目""学校先进基层党支部""学校样板党支部"以及"四川省脱贫攻坚先进个人""四川省教育系统优秀党务工作者"，四川省"高校辅导员年度人物"提名、"成都加快建设全面体现新发展理念的城市改革创新先进个人""成都市教育系统优秀党务工作者"等集体与个人荣誉称号，受到教育部、四川省委教育工委、成都市委教育工委、《中国青年报》以及同类院校马克思主义学院党支部同行的高度肯定，支部党员先锋模范和党组织战斗堡垒作用进一步提升。

在党建工作体制机制、组织机构、专职队伍情况方面。

一是实现党支部建设标准化、规范化，筑牢支部发展"堡垒根基"。马克思主义学院直属党支部始终坚持高标准、严要求，以《中国共产党支部工作条例（试行）》《中国共产党普通高等学校基层组织工作条例》为行动准则，在制度完善、活动规范、激励考核等方面推进支部规范化建设，建立起扎实的党建引领体系。第一，严格执行支部组织生活制度。马克思主义学院直属党支部始终把贯彻党的路线方针政策和学校党委决策作为党建工作的首要任务，严格执行"三会一课"、党政联席会、民主评议党员、党员联系服务群众等组织生活各项制度，健全党员日常管理机制、党务公开机制以及党员学习培训机制等；严格执行《新形势下党内政治生活的若干准则》，加强自查与督查。同时，马克思主义学院直属党支部根据自身实际具体情况制定、细化了一系列配套文件，编纂《马克思主义学院制度汇编》作为行为遵循，保障党支部规范化运行。第二，严抓支部活动。马克思主义学院直属党支部坚持把深入"不忘初心，牢记使命""党史学习教育"主题教育活动常态化；结合党建与思想政治教育教学活动内涵吻合的特点，积极推进党建活动项目化，建立起"党建+教学""党建+科研""党建+创新创业""党建+社会服务"等工作模式，有效破解党建业务"两张皮"问题，实现互融互促，有效提升党员党性修养、增强支部凝聚力、激发支部活力。第三，完善支部党建工作激励考核制度。马克思主义学院直属党支部注重党建工作的考核激励机制，建立每月1次的马克思主义学院"支委会+工会"联合检查评估支部各项工作落实情况的机制；建立《马克思主义学院党支部党员个人积分考核量化制度》，强化督促和考核，完善制度保障。

二是打造纵向贯通、横向融通的组织体制，架起支部党建"四梁八柱"。一方面，纵向贯通。"学校党委—马克思主义学院直属党支部—党小组—党员"，党建责任层层落实。马克思主义学院直属党支部为学校直属党支部之一，学校党委始终高度重视马克思主义学院直属党支部建设，学校党委书记以及党委专职副书记主管、联系马克思主义学院直属党支部的工作，每学期定期参加马克思主义学院直属党支部活动至少1次。同时，学校每年在《中共成都工贸职业技术学院委员会年度党建工作要点》中，均对马克思主义学院直属党支部的工作进行专门研究部署。马克思主义学院直属党支部依据教师教研室设置及工作岗位职责，划分为"思政课教研室党小组""行政服务教师党小组"2个党小组，支委成员划分在不同党小组中，每位党员参加支部和党小组活动。支部每年度均制定《马克思主义学院党建工作要点》，签订责任书，明确党支部书记"第一责任人职责"、其他班子成员"一岗双责"以及普通党员的责任体系，形成层层抓落实、人人抓党建的大格局。另一方面，横向融通。党支部结对共建，互促共赢共提升。马克思主义学院直属党支部坚持合作共赢的党建理念，依托发展契合点，与政、企、校等各种类型党支部开展合作，实现"六结对，凝合力、共提升"。第一，结对校内教师党支部，突出课程思政建设功能。马克思主义学院直属党支部联合财贸管理学院党支部，在支部合作中，依托财贸管理学院所建设的四川省首批高水平专业群（电子商务专业群），共同建设课程思政，提高专业群水平，实现党建业务的融合。第二，结对校内学生党支部，突出教风学风促进功能。在党委组织部、党委学生工作部等部门统筹下，马克思主义学院直属党支部结对1个学生党支部（轨道交通学院学生党支部），大手拉小手，促进学生成长成才。第三，结对校外马克思主义学院直属党支部，突出思政育人经验互补功能。马克思主义学院直属党支部与四川文化产业职业学院马克思主义学院直属党支部，开展校际支部合作，对方为第二批全国党建工作样板支部、四川省首批高校"双带头人"工作室等相关项目建设单位。第四，结对驻地机关党支部，突出党政凝心功能。马克思主义学院直属党支部与成都市直属机关工委组织处（党校）党支部合作，利用机关党建平台，为思政课党员老师提供跟班学习、社会调研、党课授课的机会，让思政课教师有机会真正了解党政机构运作状况及功能，提升四个意识。第五，结对驻地企业党支部，突出企业思政教育功能。马克思主义学院直属党支部与成都凌升精密机械制造有限公司党支部、成都传视科技有限公司党支部合作，助力企业党员员工思想政治教育，同时为思政课党员教师提供深入企业锻炼成长的机会。第六，结对驻地社区党支部，突出关爱青少年社会服务功能。马克思主义学院直属党支部与学校驻地——成都市郫都区红光镇双林村党支部合作，以村青少年综合素质发展为结对服务切入点，开展"雏鹰行动"。马克思主义学院直属党支部通过"六结对"整合发展资源，凝聚发展合力，实现共赢共提升。

三是搭建"头雁+群雁"党员人才梯队，打造支部队伍"雁阵格局"。一方面，支部书记头雁引领。支部书记张雪同志，男，博士，副教授，马克思主义学院负责人，入选成都市委组织部"双百计划"人才库，先后在成都理工大学、中共成都市直机关党校工作或挂职，担任成都市委宣传团成员、市教育工委宣讲团成员，兼任四川省高校教师党支部书记"双带头人"张雪同志工作室负责人，担任成都市中共党史学会理事、成都市大中小学党建与思政教育研究中心副主任、成都市哲学社会科学重点研究基地——成都市工匠文化研究中心主任、学校张雪名师工作室负责人、学校党课金牌讲师，荣获中共成都市委、市政府 2019 年度"成都加快建设全面体现新发展理念城市改革开放先进个人"等荣誉称号。近年来，张雪同志先后主持主研国家社科基金项目 2 项、主持和参与其他课题 10 余项；出版专著 2 部，参编教材 2 部；发表相关学术论文 30 余篇；主持或参与省级示范课程 3 门；获得四川省委教育工委思政工作案例奖 2 个。张雪同志深耕职教思政，至臻匠心育人，发挥支部头雁引领作用。另一方面，支部委员雁阵先锋。优秀的党务干部是事业长青的重要保障，马克思主义学院直属党支部支委成员 3 人，忠诚于党的立德树人、教书育人使命。支委成员分工负责，其中支部书记张雪作为党建工作第一责任人，主持支部党建全面工作，着力建设"服务型、学习型、创新型"领导班子；组织委员（兼纪检委员）刘静为副教授职称，党员先锋岗，先后被学校评为"校园服务育人十佳""优秀党务工作者""先进教务管理者"，担任"蓉耀青年"成都大学生新思想宣讲团指导老师，负责支部组织、纪检工作；宣传委员（兼统战委员）余潇潇先后被学校评为"优秀党务工作者""防疫工作先进个人"；获"成都市就业培训讲师大赛"教学技巧赛、微课竞赛2项"优胜奖"，分工负责支部宣传、统战工作。吕幸君老师、曾欢老师，作为青年骨干教师担任党小组组长。马克思主义学院直属党支部支委坚持民主集中制，"三重一大"等重要事项严格遵循"支委会""党政联席会"等决策程序，形成了信仰坚定、老中青结合、工作体制机制顺畅的工作局面，起到了打头阵、做示范的积极效果。此外，支部党员群雁竞飞。马克思主义学院直属党支部共有正式党员21人，支部党员平均年龄35岁，均具有马克思主义理论相应学科专业背景，硕士研究生及以上学历者占比高。针对支部党员年龄、职称结构等特点，马克思主义学院直属党支部出台《马克思主义学院支委会联系教研会制度》等文件，定期上党课，谈心谈话，帮扶党员教师成长成才。党员教师发展活力不断激发，对标习近平总书记在学思想政治理论课教师座谈会讲话中提到的"三为、六要、八统一"等要求，敢担当、能成事、不辱使命，勤学习、善创新、永争先锋。党员教师多人次被四川省委教育工委评为"优秀党务工作者"；被授予"四川省脱贫攻坚先进个人"荣誉称号，获第七届全省"高校辅导员年度人物"提名、多次获得学校"最美教师""优秀教师""优秀党员""防疫先进个人""优秀党务工作者"荣誉称号，体现了支部党员奋发有为的精神风貌。马克思主义学院直属党支部党员教师们牢牢把握育人方向，言传身教，引导广大青年学生技能成才、技能报国，提高了支部、学校乃至省市相关工作的知名度与美誉度，形成了群雁竞飞的良好发展格局。

马克思主义学院直属党支部近年出台的重要政策、重大安排、重点举措见表6-1。

表6-1 马克思主义学院直属党支部近年出台的重要政策、重大安排、重点举措

"七个有力"	出台的重要政策、重大安排、重点举措
教育党员方面	1. 推动党史学习教育融入思政课教学，激发师生技能报国之志； 2. 以支部与政府、产业园区企业、外校"六结对"为契机联合开展主题党日活动
管理党员方面	1. 先行先试，探索创新适合思政课支部党员的量化积分制管理制度； 2. 引导党员思政课教师上好"疫情防控思政大课"，淬炼使命担当

表6-1(续)

"七个有力"	出台的重要政策、重大安排、重点举措
监督党员方面	学习师者楷模张桂梅，筑牢支部教师师德师风和党风廉政建设
组织师生方面	1. 画好支部党员"同心圆"，凝聚学校学院发展"向心力"； 2. 做脱贫攻坚"主心骨"，激扬奋进助力百年伟业
宣传师生方面	1. 推进党员教育特色资源库——"四个故事"资源库建设与传播； 2. 孵化形成省级"工匠文化双讲堂"党建思政特色宣讲品牌
凝聚师生方面	以工匠精神为特色开展课程教学改革与科研创新
服务师生方面	发挥骨干党员教师特长，开展思政宣讲及心理咨询服务

在出台的重要政策、重大安排、重点举措方面。

一是教育党员有力。第一，推动党史学习教育融入思政课教学，激发师生技能报国之志。马克思主义学院直属党支部扎实开展党史学习教育，深入学习习近平总书记在中国共产党成立100周年庆祝大会上的重要讲话精神，制定《马克思主义学院党支部党史学习教育方案》，积极推动党史学习教育深度融入高职思政课教学，具体举措有党史内容融入思政课教案。百年党史的伟大成就，尤其是其中的红色工匠事迹、中国产业工人自立自强的故事等，为高职思政课教学提供了极为丰富的滋养。马克思主义学院直属党支部引导党员教师通过支部会、教研会的形式，将这些党史教育资源充分融入《习近平新时代中国特色社会主义思想概论》《毛泽东思想和中国特色社会主义理论体系概论》《思想道德与法治》等课程，帮助师生树牢技能成才、技能报国的理想，树牢师生技术自信自立自强。支部教师带领学生走进红色教育基地开展思政课实践教学。支部教师带领学生走进四川省革命伤残军人休养院、战旗村、毛主席来红光纪念馆等红色基地，增强学生爱国之情。马克思主义学院直属党支部与学校党委组织部合作，组织思政课党员讲师及党务工作干部、学生党员开展"党员教师讲党史"活动，为全校的党员党史教育提供教育视频近30个，打造一批"学校金牌党课教师"以及《入党申请书中的初心》《我们的心永远忠于党》等优秀微党课作品。2021年，成都市委宣讲团成员张雪宣讲党史学习教育10余次，支部党员教师孙建东的《一群人、一件事、一百年》党课获得四川省高校档案系统党课比赛优秀奖，成都工贸职业技术学院为获奖唯一高职院校，实现了党史学习教育与业务工作的深度融合。第二，以支部与政府、产业园区企业、外校"六结对"为契机，联合开展主题党日活动。马克思主义学院直属党支部建设以主题党日活动为载体，创新形式、注重内涵、强调实效，借助与"校内教师党支部、学生党支部，校外马克思主义学院直属党支部，驻地机关、产业园区企业、社区党支部"开展的"六结对"，结合业务工作，联合开展党日活动。马克思主义学院直属党支部近3年来开展的典型党日活动主题有："精准扶贫与电子商务直播体验"（与财贸管理学院党支部）、"参访四川革命伤残军人疗养院，学习感悟总书记回信精神"、"参观袁隆平杂交水稻科技园（成都），致敬国之栋梁"（与校内轨道交通学院学生党支部）、"国家样板支部书记工作经验谈"（与校外马克思主义学院直属党支部）、"参观中共成都历史展览馆，追寻红色足迹"、"祭扫烈士陵园"、"走进安公社区，学习全国优秀党务工作者"（与成都市直机关工委组织处党支部）、"暑期双林'雏鹰'参观校园、感悟大国工匠精神"（与双林社区党支部）、"与企业技能大师共话职业发展"、"学习航空报国精神，勇担教育强国使命"（与驻地企业党支部）以及"思政课教师教师节宣誓"、集体排演"绣红旗"思政节目等具有鲜明特色、接地气的党日活动，开阔支部教师视野。

二是管理党员有力。第一，先行先试，探索创新适合思政课支部党员的量化积分制管理制度。2018年，马克思主义学院直属党支部在学校党委领导下，调研了省内外重点高职院校马克思主义学院直属党支部，试点"思政课党员量化积分制管理"。在指标设计上，马克思主义学院直属党支部综合考虑"政治品德""业务工作""社会服务""作用发挥"等方面，设置"规定分数""自选分数""加分项目"三个类型，引导党员思政课教师不断成长进步。具体考核上，半年做一次积分统计，一年为一个积分周期。考核的结果与党员民主评议、评优评先等工作结合起来。目前，马克思主义学院直属党支部正结合着中央对思政课教师的要求调整完善。第二，引导党员思政课教师上好"疫情防控思政大课"，淬炼使命担当。马克思主义学院直属党支部积极投入到防疫工作中来，奋进担当，做出力所能及的贡献。首先，利用思政课途径对学生进行防疫宣传教育及意识形态的引导。尤其是新冠病毒感染疫情暴发初期，按照《马克思主义学院关于抗疫精神融入思政课教学的通知》工作要求，将防疫知识、抗疫精神融入线上教学，及时解答学生的疑问，帮助学生疏解恐惧、怀疑等心理，帮助学生树立科学精神、增强四个自信。其次，担当学校志愿者，维护学生就餐秩序。党员思政课教师勇于担当，担当志愿者，在学生食堂等重点区域，引导学生有序排队就餐。最后，讲好学校抗疫故事。2020年4月，疫情防控物资紧缺之际，学校收到成都市郫都区康惠净有限公司（主要生产口罩等医疗物资）的求助，急需（PLC）自动化生产设备维修技术支持。我校党委高度重视，即刻派李江玲技能大师团队奔赴前线，及时解决问题；2020年9月，学校毕业生龚睿获得全国抗疫先进个人。对于这些学校抗疫典型故事，马克思主义学院直属党支部党员思政课教师及时学习先进事迹，融入支部活动、课堂教学中，起到润物细无声的教育效果。

三是监督党员有力。首先，学习张桂梅精神，按照"三为、六要、八统一"要求筑牢思政课党员教师师德师风。按照习近平总书记在学校思政课教师座谈会上重要讲话精神，严格落实意识形态责任制，加大对重大问题的分析研判，落实学校教务处、质量办"签订师德师风责任书""师德师风考核制度""师德大讲堂"规定动作，同时深入学习"全国十大师德标兵"、"七一勋章"获得者、"感动中国人物"张桂梅校长精神，开展"思政课教师教师节宣誓"党日活动等特色动作，多措并举，筑牢师德师风防线。其次，认真开展廉政风险防控。马克思主义学院认真梳理出廉政风险点17个，按照"高、中、低"等档次进行区分，并制定具体的风险防控措施以及廉政风险防控流程图，经过马克思主义学院直属党支部会全体通过、集体监督。最后，认真开展党风廉政教育活动。马克思主义学院直属党支部骨干成员赴锦江监狱、简阳女子监狱等开展现场警示教育，按要求观看《叩问初心》《警钟》等警示教育片。吕幸君老师获得学校党风廉政演讲比赛优秀奖、吴章磊老师获得榜样力量 引领前行——成都市纪检监察系统"学先进、赶先进"演讲比赛一等奖。

四是组织师生有力。第一，画好支部党员"同心圆"，凝聚学校学院发展"向心力"。目前，学校处于跨越式发展的关键节点，马克思主义学院直属党支部积极引导思政课教师利用专业知识融入学校、学院发展的重大工作中来。首先，参与了《成都工贸职业技术学院"大思政"行动五年规划》顶层设计及年度工作。学校成立"大思政"工作领导小组，马克思主义学院直属党支部书记担任副组长，引导支部党员思政课教师参与了方案制定的全过程以及推进工作，获得学校第二次党代会的通过。其次，参与了《成都工贸职业技术学院职称管理办法》《成都工贸职业技术学院师德师风考核办法》等重要文件修订。职称是教师发展的"牛鼻子"，马克思主义学院直属党支部党员教师积极参与，对职称评定中教师师德师风考核、思政工作考核等方面提供了有价值的意见，得到吸纳。再次，参与了学校"成都工匠文化教育博览园"校园文化的设计。学校注重建设以工匠精神为主线的校园文化，打造成都工匠文化博览园，马克思主义学院直属党支部教师全程参与，提炼出了"无私奉献、精益求精、追求卓越"的校训，设计了"鲁班锁""新老四大发明""学校道路命名""法治长廊""厚德广场百年党史展"等校园景点。最后，参与了《马克思主义学院"十四五"发展规划》。马克思主义学院直属党支部教师凝心聚力，提出建设"工匠文化特色鲜明、校-园-企思政共同体"特色马克思主义学院目标。第二，做脱贫攻坚"主心骨"，激扬奋进助力百年伟业。首先，支部教师前往"脱贫攻坚"第一线。2018 年，学校征集去四川省贫困县——凉山州美姑县开展驻村扶贫工作，马克思主义学院直属党支部教师踊跃报名，袁野同志经考核赴美姑县洛俄依甘乡马洛村担任驻村第一书记及驻村工作队队长，助力精准扶贫工作，"像袁叔叔一样，长大后帮助很多人"，成为当地孩子们的愿望，袁野同志被评为"四川省脱贫攻坚先进个人"。其次，支部联建开展网络直播卖货，宣传贫困地区农产品。马克思主义学院直属党支部与财贸管理学院教师党支部联合，利用其电子商务专业优势，开展直播卖货，帮助贫困地区解决农产品销路的问题。再次，支部教师踊跃捐款捐物。马克思主义学院直属党支部教师踊跃捐款捐物，通过"以购代捐"等方式为贫困地区付出点滴之力。最后，支部教师为贫困家庭学生介绍工作机会。利用个人关系、亲戚关系等，积极解决我校贫困学生的就业问题。

五是宣传师生有力。第一，积极推进党员教育特色资源库——"四个故事"资源库建设与传播。马克思主义学院直属党支部在党员教育与思政课教学过程中，协同推进"中国故事、成都故事、工匠故事、学校故事"资源库建设，致力于讲好"四个故事"。其中，"中国故事""成都故事"主要依托现有的官方媒体资源；"工匠故事"主要为编纂《工匠精神理论与实践》系列教程、"成都工匠"人物事迹整理；"学校故事"主要为马克思主义学院直属党支部党员思政课教师与学校党委宣传部、与青年马克思主义学生社团一起搜集整理学校建校以来优秀的教师故事、毕业生故事、在校生故事，并通过视频参赛、展演以及成都工贸职业技术学院官方微信号、马克思主义学院微信公众号"厚德匠心"等途径进行传播。在这一过程中，共同孵化形成"三全育人"微型纪录片《前行》，思政微电影《纽扣》，大学生讲思政课作品《我们的心永远忠于党》、"我和我的祖国"快闪视频等师生党员教育作品，献礼建党100周年。第二，孵化形成省级"工匠文化双讲堂"党建思政特色宣讲品牌。为培养学生工匠精神和综合素养，贯彻落实习近平新时代中国特色社会主义思想，结合职业院校工作实际，马克思主义学院直属党支部与学校党委宣传部充分发挥宣讲机制的优势，创造性地成立了"工匠大讲堂"与"工匠小讲堂"两个平台。"工匠大讲堂"，原名"思政大讲堂"，是以学校、企业、行业、政府等领域各类导师为主体，对在校学生进行的主题宣讲平台。"工匠大讲堂"做到月月有主题、周周有讲座。2021年，"工匠大讲堂"开展"中国共产党的光辉历程""技能筑梦·成都工匠宣讲报告会""听涛园老兵俱乐部访谈""扶贫干部谈攻坚""可为与有为""学校发展突出贡献者杨霞面对面""寻四川文脉，赏天府文化""捷普公司文化宣讲"等17场主题宣讲。"工匠小讲堂"，是以在校优秀学生所组成的"蓉耀青年"大学生新思想宣讲团为宣讲主体而开设的宣讲平台，具有"朋辈宣讲和浸润教育"的特征。"工匠小讲堂"突出工匠精神内涵，实行一院一特色宣讲的特色，今年来分别组织开展"百年辉煌路 奋斗正当时"领航计划系列、"100句名言回顾党史100年活动"、"党在心中，奋勇当先"、"百年芳华，青春正好"、"科技引领未来，创新改变世界"、"百年大党风华正茂，蓉城青年奋勇担当"、"寻师访匠 悟道明德"等主题宣讲，形成《构建"四化"宣讲工作法，提升工匠文化育人实效性》思政工作法，现已成为四川省高校唯一的工匠文化主题宣讲"双讲堂"品牌，受到省委教育工委、市委教育工委以及同行的高度肯定。

六是凝聚师生有力。马克思主义学院直属党支部以工匠精神为特色开展课程教学改革与科研创新，围绕党建品牌，强调工匠精神与业务工作的结合，以习近平新时代中国特色社会主义思想引领教学科研中心工作。一方面，推动课程思政与思政课程同向同行，将工匠精神深度融入学校各门课程建设。马克思主义学院承担全校15 000多名学生的思政德育课教学工作，以学校张雪思政课名师工作室为引领，推进"工匠精神"为特色的中高职一体化思政课建设，孵化"工匠精神理论与实践"思政选修课；与教务处党支部共同实施"课程思政100工程"，学校"思想道德与法律基础""电子商务课程"等3门课程及教学团队1个获批四川省省级课程思政示范课程及示范团队，《四川省委教育工委、教育厅简报》专门进行经验分享。另一方面，开展工匠文化方面的系列研究。马克思主义学院直属党支部以四川省首家、成都市哲学社会科学重点研究基地——成都市工匠文化研究中心为抓手，利用好校级黄大年科研团队——"大思政格局下培养学生工匠精神"，积极申请各级各类党建思政科研项目，开展科研创新工作。目前，马克思主义学院直属党支部正在孵化形成特色鲜明的马克思主义学院教科研体系，比学赶超的良好发展氛围不断酝酿。

七是服务师生有力。马克思主义学院直属党支部发挥骨干党员教师特长，开展思政宣讲及心理咨询，以四川省省级高校"双带头人"工作室、学校张雪思政课名师工作室为引领，组织支部骨干党员教师发挥特长，服务师生。一方面，打造学生宣讲团。张雪、张南、孙建东等支部党员教师入选"蓉耀青年"成都大学生新思想宣讲团。该宣讲团是全国首个由城市牵头，联动属地高校，聚合优秀青年学生的宣讲团，宣讲覆盖面不断扩大。另一方面，依托中共成都市委宣传部指导打造的虚拟书院——"纸鸢书院"（成都工贸职业技术学院分院），组织学生开展读书活动，读经典，读原著，传递青年正能量，实现文化润心。此外，深入二级学院开展宣讲教育及心理咨询辅导等。马克思主义学院直属党支部思政课教师通过新思想教师宣讲团、入党积极分子培训班、担任辅导员、担任思政导师等方式，深入二级学院，为各学院学生进行思政宣讲及心理咨询辅导，每学期达40多次，起到了良好的育人效果。

在取得的进展成效、工作经验、标志性成果等方面。

第一，建设成效与标志性成果。其一，支部党建业务两促进双丰收。近年来，马克思主义学院直属党支部夯实党建基础，营造了党建优势转化为发展优势的生动场景，以"开拓者"姿态统领各项工作向前发展，主要体现在以下三个方面。首先，助力学校党委、行政取得重大荣誉。学校先后获得全国教育系统先进集体、全国职业教育先进单位、第十届国家技能人才培育突出贡献奖、四川省脱贫攻坚"五个一"驻村帮扶先进集体、四川省文明校园、四川省依法治校示范学校、四川省"五四红旗团委"，马克思主义学院直属党支部为重要成员单位。其次，支部整体荣誉"芝麻开花节节高"。2018年以来，马克思主义学院直属党支部获得"四川省首批高校双带头人教师党支部工作室""四川省思政工作精品项目""成都市基层党建工作创新项目""学校先进基层党支部""学校样板党支部"等荣誉；主持的《弘扬工匠精神　创新思政实践》被《中国青年报》评为"高职院校思想政治工作创新示范案例"（2020 年）；主持的《构建"双讲堂"工匠文化宣讲体系，筑牢高素质技术技能人才思想根基》思政工作案例入选四川省第二批高校思政工作案例推荐教育部（2021 年）；与学校党委组织部联合申报"夯实职业院校教师党支部党建基础，探索双带头人双促进、双提高培育机制"，获得成都市基层党建工作创新项目（2020 年）；与学校团委共同成功申报四川省名团工作室（2020 年），与学校党委组织部合作获教育部关心下一代工作委员会"读懂中国"活动优秀组织奖（2021 年）、与党委宣传部合作获得共青团中央、阅文集团"线上党史知识竞赛"国家级优秀奖；"三全育人"微型纪录片《前行》入围教育部高校原创文化精品展；教学方面，支部教师主持或合作（课程思政指导为主）获得学校张雪思政课名师工作室 1 个，市级教学成果奖二等奖 1 项、学校教学成果奖一等奖 1 项，省级教学示范团队 1 个，省级课程思政示范课程 3 门（2019—2020 年），四川省首批高水平专业群（电子商务专业群）、国家级教学比赛一等奖 1 项、二等奖 1 项，四川省高职教师教学能力大赛省级一等奖获奖 6 项，其他奖项 20 余次（2018—2021 年）。科研方面，支部成功获批成都市首批哲社重点基地——成都市工匠文化研究中心，获批学校黄大年科研团队 1 个，参与获得成都市环境健康与健康研究基地 1 个。最后，支部党员教师个人荣誉"多点开花"。支部多名教师获得"学校突出贡献者""优秀共产党员""最美教师"等荣誉称号。近年来，校级及以上党建、业务荣誉获得者达到支部党员人数的 90% 以上，其中涌现出来的先进典型有：支部书记张雪同志获得中共成都市委、市政府首批"成都加快建设全面体现新发展理念的城市改革开放先进个人"荣誉，完成四川省高职首个国家社会科学基金项目"跨区域绿色治理府际合作中国家权力纵向嵌入机制研究"；支部教师获得全国技工院校教学能力大赛二等奖、四川省第七届"导航名师"大学生创新创业指导课程教学大赛二等奖；支部青年教师孙建东获"学校党课金牌讲师""大学生蓉耀青年指导教师"，省级教学比赛二等奖 2 次、省厅级课题 5 项，入选中央团课库课件 1 门，获得 2021 年四川省高校档案系统党课比赛优秀奖；支部党员教师陈平获得 2019 年"学校发展突出贡献者"；支部教师张艳华、张南、刘艳娜等教师入选"成都市社科联社科雏鹰计划"推荐名单；支部教师吕幸君老师获得学校党风廉政演讲比赛优秀奖，吴章磊老师获得"榜样

力量 引领前行——成都市纪检监察系统'学先进、赶先进'演讲比赛"一等奖；支部教师张艳、谢梅等获得教育部习近平新时代中国特色社会主义思想大学习领航计划"思政微电影"（《纽扣》）四川省高职一等奖。

近年来，马克思主义学院直属党支部主持或参与获得的重要荣誉（截至 2021 年 12 月底）见表 6-2。

表 6-2　近年来，马克思主义学院直属党支部主持
或参与获得的重要荣誉（截至 2021 年 12 月底）

序号	重要荣誉	级别
1	全国教育系统先进集体	国家级
2	全国职业教育先进单位	国家级
3	第十届国家技能人才培育突出贡献奖	国家级
4	教育部关心下一代工作委员会"读懂中国"活动优秀组织奖	国家级
5	全国"高职院校思想政治工作创新示范案例"（2020 年）	国家级
6	共青团中央、阅文集团"线上党史知识竞赛"国家级优秀奖	国家级
7	四川省高职首个国家社会科学基金政治学项目"跨区域绿色治理府际合作中国家权力纵向嵌入机制研究"	国家级
8	教育部习近平新时代中国特色社会主义思想大学习领航计划"大学生讲思政课公开课"项目四川省高职院校唯一特等奖、"思政微电影"项目四川省高职一等奖	省级
9	四川省脱贫攻坚"五个一"驻村帮扶先进集体	省级
10	四川省依法治校示范学校	省级
11	获批省级教学示范团队	省级
12	省级课程思政示范课程 3 门（2019—2020 年）	省级
13	四川省首批高水平专业群（电子商务专业群）	省级
14	四川省高职教师教学能力大赛省级一等奖获奖 6 项	省级
15	四川省首批高校双带头人教师党支部工作室——成都工贸职业技术学院马克思主义学院党支部张雪同志工作室	省级
16	四川省第二批高校思政工作案例推荐教育部	省级
17	四川省文明校园	省级

表6-2（续）

序号	重要荣誉	级别
18	四川省"五四红旗团委"	省级
19	四川省委教育工委"优秀党务工作者"	省级
20	"四川省脱贫攻坚先进个人"荣誉称号	省级
21	第七届四川省"高校辅导员年度人物"提名	省级
22	"成都市教育系统优秀党务工作者"荣誉称号	省级
23	"电子商务"专业获批省双高专业	省级
24	2021年四川省高校档案系统党课比赛优秀奖	省级
25	第七届"导航名师"大学生创新创业指导课程教学大赛	省级
26	成都加快建设全面体现新发展理念的城市改革开放先进个人	市级
27	学校教学成果奖获市级二等奖	市级
28	成都市首批哲社重点基地——成都市工匠文化研究中心	市级
29	成都市基层党建工作创新项目	市级
30	成都市社科联社科雏鹰计划	市级
31	榜样力量 引领前行——成都市纪检监察系统"学先进、赶先进"演讲比赛一等奖	市级
32	成都市环境与健康研究基地	市级
33	学校先进基层党支部	校级
34	学校样板党支部	校级
35	获批校级名师工作室"张雪思政课名师工作室"	校级
36	获批学校黄大年科研团队	校级

其二，支部特色育人模式成绩突出。马克思主义学院直属党支部全体思政课教师强化工匠精神引领，助力学校育人质量全面提升，"综合素质高、德艺双馨"成为学生名片。2021年在党史学习教育过程中，直属党支部思政课教师指导学生获评教育部习近平新时代中国特色社会主义思想大学习领航计划"大学生讲思政课公开课"项目四川省高职院校唯一特等奖并推送国赛，指导学生获得共青团四川省委、中共四川省委组织部等单位

联合主办的红色专项活动省级二等奖 2 项（体悟红色文化，感受党的红色精神伟力调研、巴中市通江县红色文化资源调研）等荣誉。近三年，马克思主义学院直属党支部教师通过结对学生支部、指导学生青马社团、担任辅导员等方式，指导学生获得四川省大学生综合素质 A 级证书获奖 61 人，四川省优秀毕业生 63 人，其中优秀毕业生许成根实现四川省在全国"焊接技术"赛项金奖零的突破，被授予"强国青年"称号，事迹在学习强国展播；优秀毕业生龚睿因新冠病毒感染疫情期间的突出表现，荣获"全国抗疫先进个人"。

其三，支部社会影响力逐步显现。近年来，中国青年报、高职高专网、教育导报、华西都市网、四川职教网、四川教育网等媒体纷纷对马克思主义学院直属党支部教育教学相关工作进行报道，报道作品有《奉献为本，匠心育人》《特殊的青春思政课，不变的初心与使命》等。成都职业技术学院、德宏职业学院等省内外高职院校前来马克思主义学院直属党支部交流，同时马克思主义学院直属党支部也到中共成都市直机关党校、广东省职业技术教育师资培养培训基地、四川锅炉高级技工学校等单位积极开展对外交流，社会影响力不断增强。

第二，建设启示。马克思主义学院直属党支部围绕"用匠心做思政，用思政育匠人"，推进支部标准化与品牌化建设，把支部建设得更加坚强有力，总结出一套可推广可复制的高校基层党建工作经验。其一，必须始终围绕中心、主动融入大局。这是高校基层党建工作必须始终坚持的首要原则。马克思主义学院直属党支部在建设过程中立足"两个一百年"奋斗目标、立足中国制造、乡村振兴、成渝双城经济圈、成都职教高地建设的征程等背景及为区域经济社会发展提供高素质技术技能型人才的使命，结合学校实际进行顶层设计。实践表明，支部党建只有紧跟学校人才培养总体部署开展教育、紧随形势任务组织活动，紧贴教育业务工作提供服务，立足单位性质、发展阶段与人才培养目标，才能找准定位、明确方向。其二，必须推进资源整合、实现优势互补。这既是统筹兼顾的根本方法在高校基层党建工作中的具体体现，也是基层党组织长期党建工作实践中探索出的新途径新方法。只有坚持开放融通理念，主动整合高校基层党建工作各方面的资源和力量，才能有效激发基层党组织工作活力。马克思主义学院直属党支部是全校立德树人的桥头堡，更应该整合全校思政资源、三全育人。其三，必须拓展党建载体、加强工作结合。党建工作是一切工作的引领，只有使基层党建与学校改革发展大局紧密结合，使学校基层党建工作与部门业务建设密切结合，才能有效解决"两张皮"的问题。其四，必须落实党建责任，提高党员素质。实践表明，只有坚持支部书记带头抓党建、各有关方面齐抓共管的党建工作领导体制，才能确保高校基层党建工作规范有序、运转顺畅；只有把加强党员教师的教育培养作为关键环节来抓，才能使高校基层党建工作体现价值、有所作为。

6.1.2.2 建设思路

深入学习贯彻习近平新时代中国特色社会主义思想，全面落实新时代高校党的建设总要求，牢固坚持党对一切工作的领导。在成都工贸职业技术学院党委的正确领导下，马克思主义学院直属党支部按照"全国党建工作样板支部"总要求，以"十四五"建设等重要节点为契机，结合"不忘初心、牢记使命"、党史学习教育等政治活动，围绕"用匠心做思政，用思政育匠人"支部品牌建设长期目标，在现有建设基础上对标"七个有力"标准改革跃升、系统协同推进、重点难点突破、特色优势凸显、实时评价反馈、总结经验推广，实现党建业务有机融合，构建起支部"齿轮式"耦合联动党建工作模式[①]，以党建齿轮强力牵动发展引擎，为马克思主义学院发展、思政育人工作提供坚强保障。

6.1.2.3 建设目标

依据党中央关于高校党的建设、思想政治工作、思想政治理论课建设等方面的建设要求，马克思主义学院直属党支部主动对接和服务"中国制造""乡村振兴""成渝地区双城经济圈建设""成都加快建设全面体现新发展理念的公园城市示范区建设"等国家及区域重大战略需求，坚持以党的政治建设为统领，以提升组织力为重点，以提升支部教师素养进而促升人才培养质量为宗旨，严格对标样板支部建设 7 个一级指标体系、10 个二

---

① "齿轮式"耦合联动党建工作模式寓意：一个基层党支部犹如一个齿轮，齿轮间有机合作才能成为高效运转的整体。成都工贸职业技术学院是一所以第二产业专业为主的高职院校，齿轮是学校工匠精神育人的经典标识符。在此背景下，成都工贸职业技术学院马克思主义学院直属党支部结合支部品牌目标，选取"齿轮"形状作为党建模式符号，奠定学校发展的重要一环。

耦合是指两个或两个以上的体系或两种运动形式之间通过各种交互作用而彼此影响，从而联合起来产生增力，协同完成特定任务的现象。耦合机制催生的现象普遍存在于大千世界中。人类社会中因社会分工和个体差异，不同个体之间通过协作、竞争和激励等耦合方式，呈现所特有的群体智能，体现"整体大于部分总和"的涌现性特点。在数字经济时代，数据已与土地、劳动力、资本、技术等并列为一种新的生产要素。因此，要加强顶层设计，主动打破制约各个关联要素有机耦合式样计算过程中可能存在的藩篱，加强集成式、融合式创新，形成综合生态系统。

级指标和 28 个三级指标，打造马克思主义学院直属党支部"齿轮"党建工作模式，实现"七个跃升"：拓展"体验式、微通道"理论学习形式，联合打造"成都工匠文化博览园"，实现教育党员跃升；学习全国省市"两优一先"榜样争做先锋，依托大数据技术助力支部思政课教师精准化个性化成长，实现管理党员跃升；强化师风师德，推进党风廉政建设，组建"党建观察员"，实现监督党员跃升；推动支部重大工作项目制，接力奋战乡村振兴，实现组织师生跃升；深入"四个故事"党员教育特色资源库建设，深化支部组织生活联建共建载体和力度，实现宣传师生跃升；争创国家级工匠文化党员教育线上线下特色课程群，积极参与推进成渝地区双城经济圈思政课协作，利用重点社科基地发布党建课题，实现凝聚师生跃升；加强学校学生技能大赛国家集训队思政教育与心理辅导，实现服务师生跃升。通过努力，马克思主义学院直属党支部建设成为全国党建工作样板支部，形成可复制可推广的经验。

6.1.2.4 建设重点任务

习近平总书记指出，"要以提升组织力为重点，突出政治功能，健全基层组织，优化组织设置，理顺隶属关系，创新活动方式，扩大基层党的组织覆盖和工作覆盖。""七个有力"犹如一个齿轮的七个有机组成部分，对标其重点任务，马克思主义学院直属党支部在以下建设领域进行重点突破与跃升。

一是"教育党员"方面的跃升。习近平总书记十分重视党员的党性教育，在不同场合中多次予以强调，党性教育是共产党人修身养性的必修课。在党员教育过程中，要根据时代的发展、实际情况积极创新，坚持线上线下相结合，以学习效果为导向，实现党员教育的入脑入心。任务 1：拓展"体验式、微通道"理论学习形式，提高支部党员学习质量，进一步改进现有的思想政治理论学习方式，采取线上线下途径相结合的形式，组织党员开展沉浸式、互动式主题教育。①拓展利用体验式党员学习形式。马克思主义学院直属党支部与全国首个"学习强国"主题街区街道办党支部、教育部思政工作精品项目（锦城大学劳动教育基地）、四川大学马克思主义学院"8 秒正能量"项目策划组等合作学习，利用参观、考察、基层社会实践、跟岗锻炼、排练、观看红色剧本、进行虚拟角色扮演等方式，把宏大叙事和身边生动具体的人、物结合起来，知行合一，通过"交往"与"对话"为学习赋能，完成至少 2 个党建思政微电影。②优化思政工作的"微通道"。马克思主义学院直属党支部把握新媒体时代高校党建思政工作规律，在四川省思政工作精品项目——"飞说微语"公众号负责人指导下，提档升级马克思主义学院党支部"厚德匠心"公众号运营，通过转发、原创等方式，传播与思政课党员教师切身利益相关的信息，增强时代感和吸引力，每周至少发布2~3条信息。任务2：联合打造"成都工匠文化博览园"，建立成渝地区及其他地区共享的党建新阵地。目前，学校党委正积极与成都市总工会联合打造"成都工匠文化博览园"党员教育实践基地，该基地包括"一馆、两中心、七场景、八业态"，集工匠文化研究、工匠文化普及、工匠文化体验、工匠文化传承于一体，面向学生、产业工人和游客开放，力争成为成渝地区及其他省市共享的党员现场教育特色实践基地。马克思主义学院直属党支部是本项工程的主要牵头单位之一，方案设计过程中邀请了四川省委党史研究室、四川省委党校、成都市委组织部、成都市委党史研究室、成都市委党校等机构的专家学者给予指导。作为总方案的一部分，马克思主义学院直属党支部计划建设1个新的样板支部展陈室，在文化氛围上，突出中国共产党元素、成都元素、工匠文化元素以及学校故事元素，尤其是收集整理"成都工人运动史"资料，设置专门文化墙进行历史过程的展览。

二是"管理党员"方面的跃升。习近平总书记强调要坚持以人民为中心的发展思想，在高校就是要充分尊重教师主体地位。按照习近平总书记提出的"四有好老师"标准和"三为、六要、八统一"思政课教师要求，马克思主义学院直属党支部始终依靠教师、服务教师、发展教师，切实帮助教师解决好工作和生活中的实际问题，积极为教师的成长搭建平台，提升支部思政课教师成长感、获得感、幸福感。任务1：学习其他省市"两优一先"经验，争做职教战线先锋党员。在学校"工匠双讲堂"宣讲平台中，马克思主义学院直属党支部每年邀请其他省市"两优一先"工作者以及四川省、成都市本土爱国主义教育基地相关同志（如四川省革命伤残军人疗养院）进行主题宣讲，营造"争做先锋党员"的浓厚氛围；同时，注重挖掘本支部优秀党员事迹，根据《马克思主义学院直属党支部党员量化积分制管理制度》，评定出年度"党员先锋岗"，动态调整。另外，马克思主义学院直属党支部还特别注重收集教师教育教学过程中产生的有价值的教案、教学笔记、教具、照片资料、视频资料等，展览陈列，编纂《马克思主义学院直属党支部党员先锋岗风采集》，延续支部开拓进取精神。任务2:"智慧+暖心",依托大数据技术助力支部思政课教师精准化个性化成长。还特别注重收集完善《马克思主义学院直属党支部党员量化积分制管理制度》,并正式出台。在此框架之下,还特别注重收集结合教师发展改进工作,借助教职工诊改网络平台,运用大数据平台技术,为党员思政课教师成长发展画像,使党员积分管理制度实现信息化,助力实施党员教师精准指导、个性化成长,提升个人发展内生动力,实现党员教师职业发展的"一人一策"。马克思主义学院直属党支部为党员教师提供省市机关跟班学习的机会,鼓励和选派教师参加全国职业院校技能大赛教学能力比赛、思政课"精彩一课"等教学科研竞赛,以具体项目带动教师进步,让教师个性化成长。

三是"监督党员"方面的跃升。强化党内监督是马克思主义政党的一贯要求,是我党的优良传统和政治优势。新形势下马克思主义学院直属党支部按照要求强化党内监督,着力突出监督重点,确保监督取得实效,保障支部健康发展。任务1:精准运用"四种形态",推进党风廉政建设。马克思主义学院直属党支部精准运用党内监督执纪"四种形态",坚持党政联席会、重大事项请示报告制度等组织制度,履行党风廉政建设职责,认真贯彻落实中央八项规定精神,自觉践行"做合格党员"的相关要求。马克思主义学院直属党支部持续做好马克思主义学院党风廉政风险评估工作,防患于未然,以案例教育、现场参观教育的形式为主,加强支部党员廉洁从教教育,每年党风廉政实践教育不少于1次。任务2:强化师德师风建设,争做教书育人的"大先生"。马克思主义学院直属党支部持续学习张桂梅精神,定期开展教师学术道德教育、教师职业道德教育,每学期不少于2次,严守政治纪律底线,加强讲课、讲座等意识形态管理,采取实践反思、师德典型案例评析、情景教学等丰富多样的师德教育形式,树典型、立榜样,充分发挥师德师风建设的正向引领和负面警示作用。马克思主义学院直属党支部善于发现和总结师德建设中出现的热点和难点问题,不定期召开师德建设案例研讨会,注重教师思想研判。马克思主义学院直属党支部还落实《学校师德考核办法》,建立教师匿名交叉评议机制,设立师德投诉举报平台,接受教师、学生和社会等的投诉举报,对师德问题做到有诉必查、有查必果、有果必复,对师德失范行为零容忍,及时纠正并防范不良现象的发生。任务3:聘请支部党建"观察员",完善支部发展智库建设。为了推动支部发展,马克思主义学院直属党支部邀请党建专家学者、"两优一先"党务工作者，组织宣传部门政府官员以及学生骨干党员等，组建马克思主义学院直属党支部党建"观察员"，每年至少组织 1 次马克思主义学院直属党支部党建工作研讨会，帮助诊断支部发展中的特色亮点、可推广可复制的经验以及存在的问题，助力支部健康发展、品牌塑造。

四是"组织师生"方面的跃升。通过强力动员，马克思主义学院直属党支部最大限度地把教师组织团结起来，引领带动教师投入到中心工作中去，精进团结，使教师才能的共同发挥达到"1+1>2"的效用，真正为支部建设、为学校学院建设添砖加瓦。任务 1：引导教师投入学校学院中心工作，推动支部重大工作项目制。为持续性地引导教师在学校学院思想政治工作、校园工匠文化建设等重大工作以及党支部重大项目建设中的参与度，马克思主义学院直属党支部根据学校"十四五"规划、"年度工作要点"、"样板支部建设要点"，设置、发布"马克思主义学院直属党支部年度党建工作理论与实践项目"，引导支部教师积极认领、参与，将个人的发展与支部的总体发展结合起来。同时，为保障权责利对等，马克思主义学院直属党支部还将支部教师的牵头或参与行为与"党员积分制管理办法"结合起来，体现在目标考核中，实现教师行为的可持续性、不断培养支部教师"向心力"。任务 2：接力奋战乡村振兴，再接再厉再立新功。马克思主义学院直属党支部第一时间响应习近平总书记关于全党践行初心使命争取更大光荣的号召。2021 年 7 月，我校新派 2 名干部（刘利、高世闯）定点帮扶甘孜州炉霍县，吹响了四川高校乡村振兴定点帮扶的任务。马克思主义学院直属党支部及时挖掘驻村干部乡村振兴故事，将乡村振兴的成绩通过"工匠文化双讲堂"、思政课、青马社团等途径传递给在校师生和社会，积极弘扬乡村振兴新能量。

五是"宣传师生"方面的跃升。"举旗帜、聚民心、育新人、兴文化、展形象"系统完整地阐释了新形势下宣传思想工作的使命任务，也是新时代全党的重大任务。马克思主义学院直属党支部利用各种途径加强对支部教师的宣传工作，帮助支部教师开放成长、凝心聚力。任务 1：持续深化"四个故事"党员教育特色资源库建设，进一步扩大"工匠文化双讲堂"社会影响力，助力新时代产业高质量发展。一方面，持续推进"四个故事"党员教育资源库建设。编纂《学校德育故事》校本教材，挖掘、开发学校德育资源。另一方面，进一步扩大省级"工匠文化双讲堂"社会影响力。马克思主义学院直属党支部制定了科学合理的"双讲堂"年度宣讲计划,研制"双讲堂"讲课效果考核评价表,建立"工匠大讲堂"师资库,每年进行"工匠小讲堂"师资集中培训2次,打破学校封闭的壁垒,深化校企协同育人,进一步推进"双讲堂"宣讲进产业园区、进企业、进社区,每学期2~3次。马克思主义学院直属党支部将"双讲堂"逐步孵化为更具影响力的、弘扬四川工匠文化风采、助力四川高质量发展的社会公益性宣讲权威平台。任务2:深入省市产业功能园区,深化支部组织生活联建共建载体和力度,形成多元化、全过程、开放型合作格局。马克思主义学院直属党支部坚持开放思维,与全国首批、第二批样板党支部加强沟通与交流,前往1~2所学校的样板支部开展学习参观;在联建共建支部的经验和注重实效基础上,充分挖掘整合地区党建思政资源,进一步扩大合作支部的类型和数量,尤其是深入马克思主义学院直属党支部产业功能园区,加强人员和信息双向输送,双向施力,形成"马克思主义学院直属党支部向社会开放,以社会支撑马克思主义学院直属党支部工作发展"的良好支部发展生态体系。

六是"凝聚师生"方面的跃升。凝聚力是战斗力的基础,是增强战斗力的保障。马克思主义学院直属党支部将习近平新时代中国特色社会主义思想有机融入支部教师教学科研过程,强调学校学院及支部特色,突出"大国工匠精神"的引领。任务1:争创国家级工匠文化党员教育线上线下特色课程群,积极参与推进成渝地区双城经济圈思政课协作,利用重点社科基地发布党建课题。一方面,孵化国家级及以上工匠文化党员教育线上线下课程群。马克思主义学院直属党支部发挥四川省省级高校教师党支部书记"双带头人"工作室和学校张雪思政课名师工作室的头雁引领作用,出版宣讲教材《工匠精神理论与实践教程》;建设"工匠精神理论与践行"宣讲线上线下共享课程,争创省级及以上示范课程及教学团队。另一方面,利用重点社科基地发布党建课题。马克思主义学院直属党支部充分利用成都市哲学社会科学重点研究基地——成都市工匠文化研究中心,每年发布党建、工匠文化相关课题20个以上,整合社会研究力量;出更多的科研精品,同时引导支部教师申报其他各级各类党建思政课题,每年3个以上。

七是"服务师生"方面的跃升。马克思主义学院直属党支部常态化了解支部教师困难诉求、倾听意见建议。按照习近平总书记"情怀要深"的要求，支部思政课教师关注学生的成长成才，系好学生人生的"第一颗扣子"。任务1：加强学校学生技能大赛国家集训队思政教育与心理辅导。在持续做好学生技能集训队成员的强根铸魂、思想引领工作之外，马克思主义学院直属党支部尤其做好入选四川省级集训营和第46届世界技能大赛国家集训队队员的思想教育和心理引导与建设，通过集中宣讲和一对一的个性辅导等方式，每期集中宣讲至少1次，及时解决学生备赛、比赛过程中的心理问题，激发队员的斗志、为国争光。

6.1.2.5　建设进度安排

马克思主义学院直属党支部采用分阶段方式推进，从启动、建设及中期评估、改进及建设巩固、验收四个阶段有效推进支部建设，各个阶段均制定相应的年度工作目标和工作计划。

第一阶段（启动，2022年1月）：成立国家样板支部建设指导小组和领导小组，按照党建工作样板支部的总体思路和建设方案，在马克思主义学院直属党支部建设和中心工作的基础上，梳理现有的党建工作机制和工作体系，调研1~2个首批、第二批全国党建工作样板支部培育创建单位，汲取其先进经验、进一步完善和优化创建方案，明确责任清单，确定工作路径，并上会通过。

第二阶段（建设及中期评估，2022年2—12月）：以习近平新时代中国特色社会主义思想为指导，强化以党建工作为核心的政治意识，进行马克思主义学院直属党支部的具体创建工作，将党的全面领导贯彻学院发展的始终，并按照"双创"建设要求进行中期评估。

第三阶段（改进及建设巩固，2023年1—10月）：根据教育部思政工作司中期考核评估反馈的相关意见，进一步改进和完善马克思主义学院直属党支部在标杆支部建设中的不足，巩固建设成效。对照验收标准体系，完成各项工作，形成高质量的党建工作体系、优秀基层党建工作案例或工作法、高校思政工作品牌或育人载体、有较大影响力的宣传平台、高水平研究论文专著、可推广复制的经验。

第四阶段（验收，2023年11—12月）：根据要求查漏补缺，提交验收材料，迎接验收。

马克思主义学院直属党支部年度工作目标、工作计划与举措见表6-3。

表 6-3　马克思主义学院直属党支部年度工作目标、工作计划与举措

时间段	阶段	工作目标	项目具体事项
2022 年 1 月	启动阶段	成立领导小组、细化工作方案、统一思想、凝心聚力	1. 支部党建"双创"工作规划（2022 年）； 2. 编纂《新时代高校基层党建方面的理论、政策与经验》资料 1 本，测试题 1 套
2022 年 2—12 月	建设及中期评估阶段	全面创建全国党建样板支部，接受中期评估	1. 完善出台《马克思主义学院直属党支部党员量化积分管理制度》； 2. 在教职工诊改网络平台进行诊改数据填报及分析； 3. 完成思政微电影 1 部； 4. 运营"厚德匠心"公众号，每周推送 2~3 条信息； 5. 推进成都市工匠文化博览园党建教育实践基地建设； 6. "工匠双讲堂"，其中："两优一先"讲座每学期不少于 7 场，乡村振兴每学期 1~2 场； 7. 党员先锋岗评选； 8. 党风廉政教育不少于 1 次，师德师风教育每学期不少于 2 次； 9. 发布 2022 年马克思主义学院直属党支部党建工作理论与实践项目； 10. 持续推进"四个故事"党员教育资源库建设； 11. 制订《工匠文化年度宣讲计划》1 份、讲课效果考核评价表 1 份，师资培训 2 次，外出宣讲 4~6 次； 12. 出版教材《工匠精神理论与实践》； 13. 社科基地发布及立项党建课题 20 个以上； 14. 学校学生技能大赛国家集训队思政教育与心理辅导，每期至少 1 次； 15. 马克思主义学院直属党支部党建工作诊改 1 次； 16. 扩大合作支部的类型和数量，每年增加 1~2 个； 17. 新闻宣传每学期 2~3 个，信息报送 1 则，会议推广 2 次

表6-3（续）

时间段	阶段	工作目标	项目具体事项
2023年1—10月	改进及建设巩固阶段	根据中期评估，形成本阶段工作实施方案并建设巩固，总结提炼成果，宣传推广等	1. 支部党建"双创"工作规划（2023年）； 2. 在教职工诊改网络平台进行诊改数据填报及分析； 3. 完成思政微电影1部； 4. 运营"厚德匠心"公众号，每周推送2~3条信息； 5. 建立"红色匠心"文化主题的党员活动新阵地，推进成都市工匠文化博览园党建教育实践基地； 6. "工匠双讲堂"，其中："两优一先"讲座每学期不少于7场，乡村振兴每学期1~2场； 7. 党员先锋岗评选编纂《马院党员先锋岗风采集》； 8. 党风廉政教育不少于1次，师德师风教育每学期不少于2次； 9. 发布2022年马克思主义学院直属党支部党建工作理论与实践项目； 10. 持续推进"四个故事"党员教育资源库建设，编纂《学校德育故事》校本教材； 11. 《工匠文化年度宣讲计划》1份、讲课效果考核评价表1份，师资培训2次，外出宣讲4~6次； 12. 出版《工匠精神理论与实践》教材、线上线下课程1门； 13. 社科基地发布及立项党建课题20个以上； 14. 学校学生技能大赛国家集训队思政教育与心理辅导，每期至少1次； 15. 马克思主义学院直属党支部党建工作诊改1次； 16. 扩大合作支部的类型和数量，每年增加1~2个； 17. 新闻宣传每学期2~3个、信息报送1个、会议推广2次、支部宣传视频1个； 18. 支部工作法、思政工作法、典型案例1~2个

表6-3（续）

时间段	阶段	工作目标	项目具体事项
2023年11—12月	验收阶段	系统总结，迎接验收	1. 全面系统做好两年创建工作总结，整理验收材料； 2. 迎接验收； 3. 对于创建中好的工作经验和做法，长期推进

6.2　典型育人项目

成都工贸职业技术学院认真贯彻落实习近平文化思想，以习近平总书记对职业教育工作重要指示批示为重要遵循，结合职业院校特色，大力弘扬工匠精神、传承工匠文化，构建"工匠文化大讲堂+工匠文化小讲堂"工匠文化宣讲体系，项目获批省级高校思想政治工作精品项目。

6.2.1　项目已实施情况

文化是一个民族的"根"和"魂"，高校承担着文化传承与创新的崇高使命。培育和弘扬工匠精神、践行社会主义核心价值观是新时代赋予高职院校的神圣职责。成都工贸职业技术学院始终坚持社会主义办学方向，认真贯彻落实全国省市教育大会、高校思想政治工作会议等相关会议精神以及《新时代爱国主义教育实施纲要》《关于加强和改进新形势下高校思想政治工作的意见》等重要文件，深入推进"文化育人"战略。成都工贸职业技术学院形成了"工匠大讲堂+工匠小讲堂"（以下简称"双讲堂"）工匠文化宣讲这一具有鲜明高职特色的文化育人工作品牌项目，帮助新时代学子树立正确的人生观、价值观和世界观，激励其技能成才、技能报国，构筑个人与学校、国家同频共振的精神家园。

在育人传统方面，成都工贸职业技术学院凝练"工匠精神"理念，奠定工匠文化宣讲的精神源泉。一是充分运用工匠文化育人禀赋，创新发展。成都工贸职业技术学院坚持"德能并重、工学一体、品质就业、助推产业"的办学思路，紧紧围绕四川及成都产业结构开设专业，坚持立德树人、产教融合，努力建设一所办学特色鲜明、社会满意度高、中西部领先的现代高等职业院校。成都工贸职业技术学院工匠文化育人成果丰硕：

①先后荣获全国教育系统先进集体、全国职业教育先进单位、第十届国家技能人才培育突出贡献奖、四川省脱贫攻坚"五个一"驻村帮扶先进集体、四川省文明校园、四川省依法治校示范学校等荣誉称号。②现已建成世界技能大赛国家级数控铣竞赛项目集训基地、国家高技能人才培养示范基地、四川省省级优质职教师资培养培训基地,与市总工会等建设"成都工匠学院",助推四川职教高地的形成。③先后获得《中国青年报》"全国高职院校思政工作案例"("弘扬工匠精神 创新思政实践",全国仅10家)、教育部关心下一代工作委员会"读懂中国"活动优秀组织奖、教育部习近平新时代中国特色社会主义思想大学习领航计划2021年全国高校大学生讲思政课公开课四川省高职院校唯一特等奖("我们的心永远忠于党")、四川省唯一的工匠精神哲学社会科学研究基地——成都市工匠文化研究中心等标志性思政工作成绩。成都工贸职业技术学院在丰富的工匠文化禀赋和育人传统基础上,创新谋划、迭代发展,实现了工匠文化育人的"高起点、高水准"。二是加强顶层设计,提炼"工匠精神"核心文化理念。在工匠精神的内涵认知上,成都工贸职业技术学院坚持立德树人,立足丰厚的文化育人资源禀赋,紧扣"技术能手到能工巧匠到新时代大国工匠"的高素质技术技能人才培养目标,形成了"无私奉献、精益求精、追求卓越"的观点与认知体系。其中,"无私奉献",是指工匠精神的社会属性,坚持高职院校办学的社会主义方向,以"红色"做底色,讲求个人对社会的贡献度;"精益求精、追求卓越",是指工匠精神的专业属性,代表着对技术的专注与超越,引领着专业领域水准。工匠精神的社会属性与专业属性交互,才能浸润培育出具备"红色匠心"的技术技能型人才。以此为基点,成都工贸职业技术学院构建了高职特色鲜明的工匠文化育人模式,"双讲堂"工匠文化宣讲体系便是其中的典型载体,实现对工匠文化的传播、弘扬。

在载体平台方面,成都工贸职业技术学院创新开设"双讲堂",奠定宣讲体系基础。宣讲是具有中国特色的组织沟通技术。宣讲机制在增强话语权、营造仪式感和塑造认同感三个方面发挥着无法替代的作用。为培养学生的工匠精神和综合素养,成都工贸职业技术学院充分发挥宣讲机制的优势,创造性地成立了"工匠大讲堂"与"工匠小讲堂"两个平台。"工匠大讲堂"原名"思政大讲堂",是以学校、企业、行业、政府等领域各类导师为主体,对在校学生进行主题宣讲的平台,具有自上而下的"传授"式色彩；"工匠小讲堂"，是以在校优秀学生所组成的"蓉耀青年"大学生新思想宣讲团为宣讲主体而开设的宣讲平台，具有"朋辈宣讲和浸润教育"的特征。"双讲堂"之间各有侧重点，实现优势互补。

在体制机制方面，围绕"红色匠心"，构建工匠文化宣讲体制机制。成都工贸职业技术学院围绕"红色匠心"的文化育人目标，结合高职学生特点，强化新时代工匠理想信念、职业素养和创新创业能力的培养，在体制上，打破学校封闭壁垒，形成了校内、校外协同育人格局；在文化育人运行机制上，强化政校行企联动、产教融合，实现红色产业文化进教育、红色工贸文化进校园、红色工匠文化进讲堂；在保障体系上，加强组织、制度、激励保障，落实机构、队伍、经费，建立了学校文化育人长效机制。成都工贸职业技术学院成立"双讲堂"工匠文化宣讲领导小组，由学校主要领导任组长，全面领导全校"双讲堂"工匠文化宣讲工作，统筹协调文化育人中的重大问题和重要工作；文化育人相关职能部门（党政办、宣传部、教务处、学生处、招就处、马克思主义学院等）负责人任副组长，同时，邀请成都工匠学院、新都高新技术产业园区、5719厂、四川荣军博物馆、陈毅纪念馆等机构的主要负责人担任副组长，彻底打破学校封闭的壁垒，形成了校内、校外协同育人的格局。另外，各二级学院分别成立了7个"双讲堂"工匠文化宣讲工作小组：智能制造"双讲堂"、电气自动化"双讲堂"、物联网"双讲堂"、汽车"双讲堂"、轨道交通"双讲堂"、铁道工程"双讲堂"和现代服务"双讲堂"的工匠文化宣讲工作小组，切实加强了组织保障。成都工贸职业技术学院先后制定了《大思政行动计划》《宣传工作要点》《"双讲堂"工匠文化宣讲实施方案》《思政责任清单》以及与文化育人相适应的《师德师风考核管理办法》《学生综合素质考核管理办法》等管理制度，切实加强了制度保障。成都工贸职业技术学院设立有工匠文化育人研究成果奖、学生省部级各类竞赛获奖奖励，切实加强了激励保障。以上措施有效调动了全体教职工参与文化育人改革的积极性和主动性。

在已开展的重点工作方面，"双讲堂"工匠文化宣讲体系架构形成。一方面，凝练"工匠精神"理念，奠定了"双讲堂"工匠文化宣讲的精神源泉。另一方面，"校院"两层级形成了"双讲堂"立体化宣讲平台体系；校内外协同，畅通了"双讲堂"运行机制。目前，"双讲堂"工匠文化宣讲体系已架构形成，正有条不紊地发挥作用。围绕着"1+4"宣讲主题，

"双讲堂"工匠文化宣讲体系所进行的重要工作具体如下："工匠大讲堂"做到月月有主题、周周有讲座。2021年上半年，开展"中国共产党的光辉历程""以史鉴今、资政育人""知史爱党 知史爱国""技能筑梦·成都工匠宣讲报告会""领悟总书记回信精神，学习四川退役伤残军人革命精神""听涛园老兵俱乐部访谈""第一书记的攻坚日志""可为与有为""学校发展突出贡献者杨霞面对面""寻四川文脉，赏天府文化""捷普公司文化宣讲"等17场主题宣讲。"工匠小讲堂"突出工匠精神内涵、一院一特色宣讲。学校和7个二级学院分别组织开展"百年辉煌路 奋斗正当时"领航计划系列、"100句名言回顾党史100年活动"、"党在心中，奋勇当先"、"百年芳华，青春正好"、"科技引领未来，创新改变世界"、"中国青年，由我们定义"、"百年大党风华正茂，蓉城青年奋勇担当"、"寻师访匠 悟道明德"等主题宣讲，以及讲师团成员赴凉山彝族奴隶社会博物馆参观、"大学生讲思政课"、"我心中的思政课"等视频展播宣传活动。

6.2.2 项目特色

一是品牌特色，打造省内高校唯一的工匠文化主题宣讲"双讲堂"品牌。成都工贸职业技术学院基于立德树人根本任务，逐步形成了具有鲜明高职特色的文化育人工作品牌项目："双讲堂"工匠文化宣讲。学校构建了"工匠大讲堂""工匠小讲堂"工匠文化宣讲体系，充分发挥宣讲这一中国特色思政教育资源优势，充分调动起政行企校及学生骨干等各类资源和各方力量，有效整合校内外工匠文化宣讲资源，强力打造"双讲堂"品牌，帮助新时代工贸职院学子树立正确的人生观、价值观和世界观，激励其技能成才、技能报国，构筑"个人梦、工贸梦、中国梦"同频共振的工贸精神家园。

二是实践特色，弘扬工匠精神、创新思政实践。"双讲堂"坚持问题导向，以实践载体涵养工匠精神，实施层层宣讲、精准宣讲、差异宣讲，把与工匠文化相关的人物、故事等做成宣讲案例，实现"双讲堂"同频共振、同向发力，有效破解当前宣讲中存在的大学生对理论知识掌握不扎实、对政策理解分析不透彻、宣讲内容与受众情况不契合、宣讲形式单一、宣讲碎片化等问题。通过不断实践，学生变"要我学"为"我要学"，"双讲堂"变为大学生讲述工匠文化、引领青年成长成才的重要平台，学生成为社会主义核心价值观的模范践行者，逐步树立起技能成才、技能报国的人生理想，宣讲教师在这一过程中也实现了自我成长、实现了教书育人的价值，有效推动了工匠精神传承传播。

三是育人特色，实现工匠文化育人、技术技能育人的创新耦合。"双讲坛"围绕"红色匠心"文化育人目标，实践中充分发挥"传授"以及"朋辈浸润"两种宣讲思政教育方式，构建起文化宣讲育人动力体系。尤其是"朋辈浸润"工匠文化宣讲，坚持因势利导，推动青年学生政治进步和成熟，增强青年学生服务意识和社会责任感；坚持知行合一，提升青年学生群体理论联系实践的能力，提升青年学生综合协调和沟通表达能力，提升青年学生思想政治工作能力；坚持又红又专，实现与知识学习、技能培训的有机统一。

四是成果特色，构建"校、院"两级工匠文化立体化宣讲平台体系。为保证工匠文化宣讲的全覆盖、精准化，"双讲堂"具有学校、院系两层次。在学校党委、行政领导下，校级"双讲堂"由宣传部、马克思主义学院等部门牵头负责，面向全校学生进行统一共性宣讲；院级"双讲堂"由各个二级学院分别负责：智能制造"双讲堂"、电气自动化"双讲堂"、物联网"双讲堂"、汽车"双讲堂"、轨道交通"双讲堂"、铁道工程"双讲堂"和现代服务"双讲堂"，面向学生开展针对性特色宣讲，形成"一院一特色"工匠文化宣讲的生动局面。学校工匠文化立体化宣讲平台体系见图6-1。

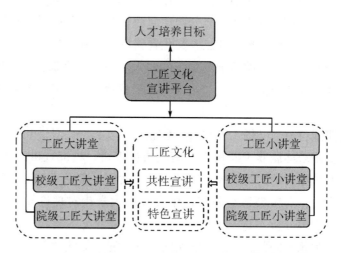

图6-1　学校工匠文化立体化宣讲平台体系

五是创新特色，四维联动、创新工匠文化"双讲堂"运行机制。工匠文化"双讲堂"在具体运行实施过程中,把"谁来讲""讲什么""怎么讲""怎么讲得更好"有机统一、四维联动,进行了积极的探索。

其一,"谁来讲",宣讲师资协同机制。第一,"工匠大讲堂"师资多元。"工匠大讲堂"主要发挥"传授"的作用,师资囊括了"五老"、政府官员、专家学者、校内外职教名师、学校院系领导、大国工匠、杰出校友、社会楷模、卓越企业家等,权威性较强,受众接受度较高。第二,"工匠小讲堂"师资少而精。"工匠小讲堂"发挥朋辈思政教育作用,遵循"少而精"的师资构成原则。在师资标准上,将"政治素养高、竞赛成绩高、宣讲水平高"(简称"三高"标准)作为选择的必备条件,缺一不可。在师资选拔和培养程序上,通常要"过三关":第一关,思政课选才。利用思政课全覆盖、思政实践活动和各级各类竞赛等优势,由思政课教师与所在班辅导员按照"三高"标准精选出部分学生骨干。第二关,青马学生社团育才。鼓励学生骨干加入学校青年马克思主义协会,由思政课教师担任指导老师,主要以定期课外实践的方式,开展实践体验,开阔学生骨干视野。第三关,"蓉耀青年"宣讲团展才。前两关表现优异的同学,进入"蓉耀青年"宣讲团,由指导老师对宣讲团成员的宣讲内容进行全方位指导,通过"工匠小讲堂"完成宣讲任务。通过"三关",实现学生宣讲师资队伍对工匠文化的认知、认同和践行,有效发挥学生榜样的引领功能。在师资补充方面,除了通常的"过三关",也可以通过邀请学生党员、获奖学生、自荐审核等方式实现队伍的多元化和代表性。

其二,"讲什么",宣讲内容协同机制。围绕"红色匠心"工匠文化育人目标,协同"双讲堂"宣讲内容,确定了"1+4"的宣讲主题。1——统一宣讲主题,即党史思政类宣讲,主要包括四史教育、中央省市各种思政政策类宣讲。4——特色宣讲主题,包含"工匠文化历史与发展""工匠文化与行业企业""工匠文化与职业道德法律""工匠文化与技能成才"等。宣讲内容在选定主题下结合讲师的专业背景以及宣讲对象的需求做定制化调整。为了宣讲内容备课需求,"双讲堂"正着手共建共享"中国故事、成都故事、工匠故事、学校故事"案例库。

其三,"怎么讲",宣讲方式协同机制。第一,宣讲理念的协同。"双讲堂"坚持问题导向的精准宣讲原则。问题是宣讲"有的放矢"的靶子。学校每年通过干部调研的方式,归纳梳理学生所关注的工匠文化相关问题。针对具体问题,一对一、面对面,持续发力、精准定向,搭配"理论套餐"。同时，"双讲堂"坚持"大讲堂、大视野；小讲堂、小切口"的差异宣讲原则。为防止"双讲堂"宣讲雷同，"双讲堂"宣讲侧重点有所不同。"工匠大讲堂"主要是发挥专家队伍的视野优势，专注政策解读、理论阐释等宏大叙事；"工匠小讲堂"则立足学生社会阅历少、理论基础弱以及正处于个人成长成才关键期而对身边事物较为敏感等特点，强调选择学生身边所关注的人和事等小切口进行宣讲。"双讲堂"错位宣讲，实现宏大叙事与微观关怀的有机统一。第二，宣讲形式的协同。"双讲堂"不断创新宣讲形式，包含主题讲座、座谈会、研讨会、宣讲比赛、线上形式等，已经衍生出"工匠大讲堂——书记（校长）面对面""工匠大讲堂——先进青年公开课"等"双讲堂"子品牌。第三，宣讲进度的协同。对于重要宣讲内容，"双讲堂"往往同步进行，以期取得宣传扩大效应。

其四，"怎么讲得更好"，宣讲管理保障协同机制。为保证宣讲效果持续优化，学校在"双讲堂"管理体系和空间环境打造等方面进一步协同优化。第一，管理体系协同。在组织与领导机制方面，"双讲堂"工匠文化宣讲作为学校思想政治教育的重要载体，被纳为学校党委"思想政治责任"和纳入学校党代会所通过的"五大行动计划"——大思政行动计划；同时每年年初学校党委要出台思政责任清单、宣传工作要点，为工匠文化"双讲堂"提供政策依据。第二，调研与反馈机制协同。学校党委、行政部门每学期至少专项调研工匠文化育人工作1次，同时对学校中层及以上干部实行学校调研工作计划，每人每年1个调研题目，其中"工匠文化育人"历年都是调研的重要选题。此外，学校严格实行信息月报制度，收集师生对于思想政治工作（含"双讲堂"工匠文化）育人的相关意见和建议并专题研究、部署，为"问题导向"的"双讲堂"体制机制提供了实证基础。第三，实施与监督机制协同。牵头部门会对宣讲全过程进行跟踪反馈，帮助讲师提高讲课质量；党委宣传部、团委、马克思主义学院等相关部门会定期召开工作联席会，商讨工匠文化"双讲堂"运行中的重要问题；学校党政办公室目标督办科则会定期对相关工作进行督察督办，保障工作质量。第四，评价与保障机制协同。在学校目标考核方案中，学校设置包含工匠文化"双讲堂"开展情况在内的思政考核指标，占分30分；教师参与"双讲堂"相关的讲授、社团指导教师等的情况，被纳入教师评优评先、职称评定、绩效考核等考量；学生参与"工匠小讲堂"的情况则被纳入思政政治理论课考核以及学生综合评价考核中。第五，在空间环境保障协同。学校大力打造以工匠文化为鲜明特色的校园物质文化体系，建成学校工匠精神展览厅、"鲁班广场"、"鲁班锁"形象雕塑、"新老四大发明"地面浮雕等标志性项目，有100人、200人、600人等多种类的宣讲报告厅，为工匠文化"双讲堂"顺利开展营造了良好的环境氛围和空间保障。"双讲堂"四维联动运行机制见表6-4。

表6-4 "双讲堂"四维联动运行机制

四维联动	工匠大讲堂	工匠小讲堂
"谁来讲"（宣讲师资）	1. 师资来源：邀请方式； 2. 成员构成："五老"、政府官员、专家学者、校内外职教名师、学校院系领导、大国工匠、杰出校友、社会楷模、卓越企业家等	1. 构成原则：少而精原则； 2. 师资要求："三高"； 3. 师资来源："过三关" + 邀请+自荐审核
"讲什么"（宣讲内容）	1. 校级："1+4"宣讲主题； 2. 院级：结合学院专业群特色，一院一特色	1. 校级：结合学生特点，围绕"1+4"宣讲主题； 2. 院级：结合学生特点，学院专业群特色，一院一特色
"怎么讲"（宣讲方式）	1. 宣讲理念：精准宣讲、差异宣讲； 2. 宣讲形式创新； 3. 宣讲进度协同	1. 宣讲理念：精准宣讲、差异宣讲； 2. 宣讲形式创新； 3. 宣讲进度协同
"怎么讲得更好"（宣讲管理保障）	1. 管理体系协同：组织与领导、调研与反馈、实施与监督、评价与保障； 2. 空间环境保障	1. 管理体系协同：组织与领导、调研与反馈、实施与监督、评价与保障； 2. 空间环境保障

6.2.3 项目育人实效

一是实现宣讲对象全覆盖，学生工匠精神培养满意度测评指数不断提高。"双讲堂"工匠文化宣讲体系的实施，实现了宣讲对象100%全覆盖，促使学生培养质量和满意度全面提升，有效发挥了思想政治教育的实效性。一方面，学生工匠精神培养满意度提升。近年来，学生工匠精神培养满意度由90.2%提高到94.3%，同行评价由91.4%提高到96.3%，社会满意度更是由91.7%提升到96.5%，培养质量上升一个新台阶。"职业道德高、职业技能强"成为成都工贸职业技术学院学生的品牌，多名学生获得四川省学生综合素质A级证书，仅2020年便有12人获证。另一方面，学生竞技竞赛成绩显著。学生集训队，共获得国家级一等奖27个，二等奖

61 个，三等奖 65 个，连续 4 届成功入选世界技能大赛国家集训队；4 人获得"全国技能能手"等荣誉称号，技能竞赛综合成绩排名全省第一。第 20 届全国青年岗位能手技能大赛中，成都工贸职业技术学院 3 名青年荣获"全国青年岗位能手"称号，排名四川高校第一。在 2019 年度、2020 年度"成都工匠"评选中，通过成都工贸职业技术学院培养培训的成都工匠有 118 名，占总人数约 12%。此外，红色匠心彰显。仅 2021 年，宣讲团学生获得共青团中央、阅文集团线上党史知识竞赛优秀奖，四川省红色专项活动"体悟红色文化，感受党的红色精神伟力调研"省级二等奖，四川省红色专项活动"巴中市通江县红色文化资源调研"省级二等奖等。可以说，"双讲堂"工匠文化宣讲体系已成为成都工贸职业技术学院文化育人的"扩音器"和青年视野的"传声筒"。

二是实现宣讲主体总动员与能力再提升，宣讲主体队伍快速成长。一方面，从"工匠大讲堂"中的教师主体来看，实现了教育教学水平的迅速提升。近年来校内宣讲教师获得 1 个四川省级高校双带头人工作室、四川省名团工作室，1 个高校基层党建工作案例（提名），3 个全国职业院校技能大赛教学能力大赛（高职）2021 年省级一等奖，完成四川省高职院校唯一的 1 项国家社科基金项目、3 门省级示范课程、1 个省级课程思政示范团队、2 个省级教育体制机制改革项目，获批四川省唯一的工匠精神哲学社会科学研究基地——成都市工匠文化研究中心，校企共同开发校本教材 40 余本，获得各级各类教研成果 494 项，等等。另外，校内宣讲团教师还获得四川省省级及以上优秀教师、五一劳动奖章、劳动模范等称号。另一方面，从"工匠小讲堂"中的学生骨干主体来看，综合素养也是迅速提升。2021 年，"双讲堂"教师学生共同参与的教育部"全国高校大学生讲思政课公开课展示活动"，成都工贸职业技术学院获得四川省高校高职组唯一的特等奖，推送国赛；教育部关心下一代工作委员会"读懂中国"活动优秀组织奖。"双讲堂"相关的多个学生社团获得国家、省、市社团竞赛奖项，其中国家级团体一等奖 2 个、二等奖 1 个，省级团体一等奖 1 个，二等奖 1 个，市级团体三等奖 1 个。

三是可复制、极具推广价值的"双讲堂"工匠文化宣讲经验引起较大反响。近年来，学校在全国职业院校劳动教育大会、四川省技师学院联盟思政工作者培训会等会议上，做经验分享。全国总工会领导，四川省委原常委、成都市委原书记范锐平，四川省教育厅原厅长李江等对"双讲堂"

在内的成都工贸职业技术学院工匠文化育人工作予以肯定。"双讲堂"工匠文化宣讲体系助力成都工贸职业技术学院先后获得全国教育系统先进集体、全国职业教育先进单位、第十届国家技能人才培育突出贡献奖、四川省脱贫攻坚"五个一"驻村帮扶先进集体、四川省文明校园、四川省依法治校示范学校等荣誉。成都工贸职业技术学院涵盖"双讲堂"在内的工匠文化育人模式和成绩吸引了浙江工业职业技术学院、云南德宏职业学院、西藏林芝市职业技术学校、四川工程职业技术学院、四川城市职业学院、成都农业科技职业学院、广州市工贸技师学院、杭州技师学院、深圳技师学院等省内外百余所高职、技工院校前来交流学习。

四是工匠文化育人改革实践的引领示范作用引发社会广泛关注。人民网、中国青年报、中国高职高专网、教育导报、华西都市网、四川职教网、四川教育网、四川广播电视台科教频道等媒体纷纷对成都工贸职业技术学院"双讲堂"在内的工匠文化育人改革实践进行报道。2020年，成都工贸职业技术学院《弘扬工匠精神 创新思政实践》更是被《中国青年报》评为"2020年高职院校思想政治工作创新示范案例"。2021年，四川教育发布进一步做了"成都工贸职院打造工匠'双讲堂'促进文化育人"的专题报道。

6.2.4 项目推广价值

一是育人理念建构可借鉴，全新解读工匠精神，提出"红色匠心"理念。本项目对工匠精神的解读超越了目前学术界的常规解读，不仅关注工匠精神的工具属性，而且强调其社会属性，强调工匠精神培育的社会主义方向性，在此基础上提出"红色匠心"的工匠文化育人目标。同时，在育人基础上，本项目并未从零起步，而是尊重文化发展规律，充分借鉴原有文化育人等元素，充分承袭原有"讲堂"文化育人的形式，在此基础上扩延提升，实现高起点、快发展。因此，本项目关注工匠精神的育人政治性，注重原有文化育人禀赋，这点是可资借鉴的。

二是育人动力模式可推广，工匠文化育人主体多元化、他育自育有机结合。本项目工匠文化育人动力模式超越原有教师为主体的传授式教育，补充进具有朋辈浸润特征的学生骨干，他育自育相结合，实现教育主体的多元化、育人动力的多元化。而且在具体实施过程中，本项目考虑了两种主体、两种动力的适用范围，提出工匠文化宣讲理念、宣讲形式、宣讲进度三个方面的具体协同，使育人动力效能得到最大化实现，也是可推广可复制的。

三是育人管理体系可示范，系统精准，动态更新。"双讲堂"工匠文化育人宣讲体系的有序开展，离不开顶层设计，以系统完整的组织与领导、调研与反馈、实施与监督、评价与保障体系作为支撑，而且坚持过程管理与结果管理相结合、定性管理与定量管理相结合、相对稳定与动态更新相结合，可以为同类型高职院校文化育人提供借鉴和参考。

6.2.5 项目建设目标

本项目围绕立德树人根本任务，厚植新时代工匠文化，为培养区域经济社会发展所需要的高素质技术技能人才提供思想指引，逐步孵化为弘扬四川工匠文化风采，助力四川高质量发展的社会公益性宣讲权威平台。本项目力争实现以下预期目标：一是在工作体系构建方面，"双讲堂"管理工作体系完善。制定更为科学合理的"'双讲堂'年度宣讲计划"，适应各年级学生特点，纳入"形势与政策课"人才培养体系；研制"双讲堂"讲课效果考核评价表；对"工匠小讲堂"（蓉耀青年新思想宣讲团）每年度评定"金牌讲师"等次。二是在体制机制创新方面，"双讲堂"校内外协同宣讲育人体制机制完善。完善校内外协同育人宣讲师资队伍，建立"工匠大讲堂"师资库；每年进行"工匠小讲堂"师资集中培训2次；每年度获得国家级、省级各类讲课比赛类奖项3次以上。三是在平台载体拓展方面，"双讲堂"宣讲空间环境优美。建成学校"成都工匠文化教育博览园"；为"双讲堂"配备专门的集中研讨室、宣讲成果陈列室1个。四是在重难点突破方面，"双讲堂"宣讲教材创新、宣讲路径扩延。出版宣讲教材《工匠精神理论与实践教程》（全国高职高专第一本工匠精神主题教材）。打破学校封闭的壁垒，深化校企协同育人，进一步推进"双讲堂"宣讲进产业园区、进企业、进社区，每学期2~3次。五是在育人品牌创建方面，"双讲堂"文化育人品牌提升。每年度发布工匠文化、思政宣讲、"双讲堂"育人等方面的科研课题至少10项以上；在省级及以上相关会议介绍"双讲堂"经验2次以上；刊发"双讲堂"工匠文化育人省级以上新闻稿3篇以上；积极申请各级各类教学成果奖、思政工作案例奖。六是在成果转化推广方面，"双讲堂"宣讲线下对外开放、线上开设课程共享。线下，每次校级"双讲堂"，对企业、其他高校及社会各界开放；同时，建设"工匠精神理论与践行"宣讲在线共享课程1门。

6.2.6 项目推进规划

本项目坚持以习近平新时代中国特色社会主义思想为指导，坚持和加强党对学校的全面领导，紧紧围绕立德树人根本任务，把社会主义核心价值观融入办学治校、教书育人全过程，深入推进我校思想政治工作质量提升工程有效实施。在学校工匠文化育人模式下，充分发挥"双讲堂"工匠文化宣讲体系的育人功能，整合育人要素，完善机制体制，优化评价机制，强化实施保障。通过系统设计、分步实施、重点突破，探索具有可示范、可推广、可持续意义的先进经验和典型做法，形成"一校一品""一院一特色"的生动局面，从而提升"双讲堂"工匠文化宣讲育人实效。

在整体规划方面，分层推进。一是成立校级领导小组。在学校党委、行政领导下，成立校级"双讲堂"工匠文化宣讲体系建设领导小组，学校党委书记、校长负有第一责任，具体由分管意识形态与思政宣传工作的副书记担任组长，党委宣传部、马克思主义学院等部门负责人担任领导小组成员，制定推进责任清单。二是调研完善顶层设计。深入调研全国宣讲类标杆院校项目——清华大学"博士讲师团"、电子科技大学"成电故事"等，总结这些院校文化宣讲育人的广度、深度、可持续性、有效度等并总结经验，结合高职院校特色考量这些经验的适用性，持续完善我校"双讲堂"工匠文化育人计划。三是文化育人创新实践过程。根据学校"双讲堂"工匠文化育人计划，进行创新实践。

在推进计划方面，一是制订计划，分三年制订具体工作计划。具体工作计划见表6-5。二是阶段评估、后期验收。通过试行一段时间后，进行阶段性总结评估3次，暂定每年12月份前进行阶段性评估，检验机制和内容设计的可行性和有效性。三是经验总结与推广。提炼项目经验，进行常态化宣传推广。

表 6-5　"双讲堂"工匠文化宣传体系提升进度表

工作内容	第一年	第二年	第三年
"双讲堂"管理体系	1. "双讲堂"年度宣讲计划； 2. 研制"双讲堂"讲课效果考核测评表	1. 实施计划，纳入形势与政策课人才培养体系； 2. 实施测评，拟定"金牌讲师"评定方案	1. 实施计划并完善； 2. 实施测评并完善； 3. 评定"金牌讲师"
"双讲堂"宣讲师资	1. 完善"工匠大讲堂"师资库； 2. 开展"工匠小讲堂"师资培训； 3. 参加各类讲课比赛获奖	1. 完善"工匠大讲堂"师资库； 2. 开展"工匠小讲堂"师资培训； 3. 参加各类讲课比赛获奖	1. 完善"工匠大讲堂"师资库； 2. 开展"工匠小讲堂"师资培训； 3. 参加各类讲课比赛并获奖
"双讲堂"宣讲内容	编写《工匠精神理论与实践教程》；	1. 出版《工匠精神理论与实践教程》； 2. 建立"工匠精神理论与践行"线上宣讲课程	编写《寻匠悟道：走近四川工匠》案例教辅（暂定）
"双讲堂"宣讲路径	"工匠小讲堂"宣讲进社区、进企业	"工匠小讲堂"宣讲进社区、进企业	"工匠小讲堂"宣讲进社区、进企业
"双讲堂"宣讲空间环境	推进"成都工匠文化教育博览园"项目建设	推进"成都工匠文化教育博览园"项目建设	推进"成都工匠文化教育博览园"项目建设
"双讲堂"育人品牌	1. 在省级及以上相关会议介绍"双讲堂"经验1次以上； 2. 刊发"双讲堂"工匠文化育人省级以上新闻稿1篇以上	1. "双讲堂"育人等方面的科研课题至少10项； 2. 在省级及以上相关会议介绍"双讲堂"经验2次以上； 3. 刊发"双讲堂"工匠文化育人省级以上媒体新闻稿3篇以上； 4. 积极申请各级各类思政工作奖项	1. "双讲堂"育人等方面的科研课题立项至少10项以上； 2. 在省级及以上相关会议介绍"双讲堂"经验2次以上； 3. 刊发"双讲堂"工匠文化育人省级以上媒体新闻稿3篇以上； 4. 积极申请各级各类思政工作奖项

6.2.7　项目建设重点举措

为实现"双讲堂"工匠文化宣讲育人项目的预期目标，探索可推广可复制的思政工作经验，助推四川高等职业教育高质量发展，本项目主要措施和创新举措主要有。

一是"双讲堂"工匠文化宣讲管理体系优化工程。目前学校"双讲堂"工匠文化宣讲管理体系相对成熟，但在以下方面可以进一步优化：第一，制定更为科学的"'双讲堂'年度宣讲计划"。邀请职教思政界专家，研究高职一、二、三年级不同的思想政治状况、不同的思政育人目标以及不同的宣讲需求，有的放矢地制订"宣讲计划"，使"宣讲计划"与思政理论课、学生工作合力成为学生思政修养的重要而且科学的载体。第二，研制"'双讲堂'宣讲效果考核测评表"。针对"双讲堂"，分别制定一套考核测评表，测评表坚持定量和定性相结合，给予受众更多的意见发表权。宣讲后，及时向"双讲堂"讲课教师反馈宣讲效果，促进其改进宣讲内容和方式，实现宣讲主体与宣讲对象的有效联动。第三，对"工匠小讲堂"（蓉耀青年新思想宣讲团）评定"金牌讲师"等次。为激励学生骨干讲师的宣讲积极性，对表现优异的同学授予"金牌讲师"荣誉称号，用于评优评先等方面。评定标准要征求指导老师、宣讲学生以及受众学生等各方面的意见，达成共识。

二是"双讲堂"工匠文化宣讲师资提质培优工程。第一，扩容"工匠大讲堂"师资库。在现有师资库基础上，积极邀请省级及以上党支部工作室负责人、党委组织及宣传系统的金牌讲师、各行各业基层实务先进工作者等加入，扩充宣讲团成员的代表性。同时，为了保障宣讲效果，从中遴选出"宣讲效果较好、又有长期宣讲合作意向"的成员作为"工匠大讲堂"常备师资。第二，集中培训"工匠小讲堂"学生骨干。每年定期至少2次对蓉耀青年新思想宣讲团成员进行集中培训，培训内容包括党的创新理论、宣讲技巧、品牌营销等，其他院校经验交流，社会实践考察，以此全方位提高宣讲者能力。第三，以赛促宣，提高宣讲质量。一方面，参加校外高级别比赛。鼓励"工匠大讲堂"校内教师以及"工匠小讲堂"成员参加各类讲课比赛、演讲比赛，包含高职高专教师教学能力大赛、思政课精彩一课、辅导员能力大赛、教育部"大学生讲思政课"比赛等。另一方面，组织校内宣讲比赛。利用国庆节、五一劳动节等重要时间节点，组织"思政小讲堂"成员进行专题宣讲比赛，通过比赛磨砺学生宣讲水平。

三是"双讲堂"工匠文化宣讲内容内涵提升工程。第一，出版工匠文化宣讲教材——《工匠精神理论与实践教程》。目前，学术界尚无针对高职高专的工匠文化主题通识教材，借助"双讲堂"工匠文化宣传传统积淀，邀请相关专家，编辑出版《工匠精神理论与实践教程》。该教程分为理论篇："工匠精神的内涵与本质""工匠精神的理论基础与思想借鉴""工匠精神的历史与发展""工匠精神的时代价值与培育路径"；实践篇："工匠精神与职业法律保障""工匠精神与职业道德规范""工匠精神与职业安全健康""工匠精神与青年成长成才"。第二，编写《寻匠悟道：走近四川工匠》案例教辅（暂定）。组织"双讲堂"部分教师和学生骨干深入行业企业，采访各行各业四川工匠，整理其背后的故事，挖掘工匠故事背后的工匠精神。第三，建立"工匠精神理论与践行"线上宣讲课程。组织校内外宣讲讲师，录制以"工匠精神理论与践行"（暂定名）为主题的线上课程，以与《工匠精神理论与实践教程》《寻匠悟道：走近四川工匠》（暂定）等教材教辅资料相配套，线上线下结合，扩展宣讲空间。

四是"双讲堂"工匠文化宣讲路径扩延工程。第一，"工匠小讲堂"宣讲进社区。与学校驻地——成都市郫都区双林社区合作，定期安排"工匠小讲堂"学生骨干讲师走入社区进行多种形式的主题宣讲。宣讲事实上也是对学生骨干讲师的一次锻炼、提升，提升其社会服务的视野、能力与水平。第二，"工匠小讲堂"宣讲进产业功能区及企业。立足高职院校产教融合的办学特色和优势，进入成都市产业功能园区及企业中调研、宣讲，体验真实生产情境，并根据宣讲反馈，完善宣讲内容，反哺校内宣讲活动。

五是"双讲堂"工匠文化宣讲空间美化工程。第一，全面推进成都工匠文化博览园建设项目建设，为"双讲堂"宣讲提供良好的环境。推动高职教育、社会培训、研学体验、职业场景全方位融合，形成学校教育与文商旅教体研等社会开放式教育相互融合的格局，利用 2 年时间全面推进成都工匠文化教育博览园建设项目。深入挖掘工业文明、工匠精神内涵，挖掘老校区社会教育功能，围绕成都工业文明传承、工匠精神展示、工业文化互动体验等体现内容；以"铸匠魂、承匠艺、传匠心"为主题，以"过去、现在、未来"为主线，立足学校工匠精神，分析校园整理环境，对景观、标志进行重新规划，将价值系统重塑，提升工匠文化城市影响力；结合校区实际情况，按照"一馆、两中心、七场景、八业态"对工匠博览园进行全面规划，以研学、旅游、参观、孵化、活动等五个方位为基础，打造沉浸式研学体验方式，插入文旅智慧云管理平台手段，形成开放式工匠博览园区架构。第二，配备专门的"双讲堂"集中研讨室、宣讲成果陈列室，助力"双讲堂"团队精神文化建设。为"双讲堂"育人工作者和

"工匠小讲堂"学生骨干讲师提供专门的集中备课研讨室、宣讲成果陈列室，助力"双讲堂"宣讲团奋斗精神的形成、传承，构建宣讲团精神文化。

六是"双讲堂"工匠文化育人品牌提升工程。第一，借助科研平台优势，发布工匠文化类育人课题，以研促宣。利用学校所负责的成都市哲学社会科学重点研究基地——成都工匠文化研究中心，每年定期发布工匠文化、思政宣讲、"双讲堂"育人等方面的科研课题至少 10 项以上，总结"双讲堂"育人经验，汲取工匠文化育人最新成果，以研促宣提高宣讲水平。第二，积极宣传推广"双讲堂"工匠文化育人品牌。不断总结"双讲堂"工匠文化宣讲育人典型经验，通过省级及以上会议积极介绍建设经验，每年在省级以上媒体刊发"双讲堂"工匠文化育人新闻稿 3 篇以上；积极申请各级各类教学成果奖、思政工作案例奖。

6.3 典型研究项目

6.3.1 成都市工匠文化研究中心简介

成都市工匠文化研究中心（以下简称"研究中心"）是成都工贸职业技术学院获批的第一个市级哲学社会科学研究基地，也是四川省高职院校第一个工匠文化主题哲学社会科学研究基地。研究中心致力于传承与弘扬工匠精神，以研究与创新工匠文化、教育与推广工匠文明为己任，力求广泛整合工匠文化资源，构建一个有效服务于国家、四川文化建设战略和成都地方社会发展需要的开放性、综合性智库平台。研究中心是成都市首个专业性工匠文化研究智库。研究中心自 2018 年 5 月成立以来，始终在平台建设、科学研究、人才培养、学术交流、决策咨询服务等方面坚持标准化与特色化并重，着力推动中心发展。

一是平台建设两手抓两手硬。一手抓科研平台。研究中心成立后扎实推进建章立制工作，先后出台了《成都市工匠文化研究中心管理办法（试行）》《成都市工匠文化研究中心科研项目管理办法》《成都市工匠文化研究中心经费管理办法》《成都市工匠文化研究中心学术委员会章程》《成都市工匠文化研究中心学术道德规范》等一系列发展规划文件，对人员、项目、成果、经费和科研档案进行严格管理，紧抓意识形态安全与学术道德。一手抓宣传平台。研究中心建立了网站主页、官方微信公众号"厚德匠心"（微信号：houdejiangxin），定期发布研究中心信息，展示研究中心成果，努力打造研究中心品牌传播与资源共享数字化平台。

二是科学研究稳健推进。研究中心成立后充分发挥以文叙事、以文辅政、以文鼎新的作用，近年来组织研究人员重点围绕党委政府决策部署、工匠文化研究的重点难点问题开展相关研究，支持研究人员的科研成果转化。

其一，课题发布及立项情况。研究中心充分发挥高校等机构的研究优势，近五年收到来自宁夏医科大学、成都理工大学、成都中医药大学、四川师范大学、西华大学、成都工业学院、西南交通大学希望学院、吉利学院、四川建筑职业技术学院、川南幼儿师范高等专科学校、四川文化产业职业学院、四川交通职业技术学院、四川水利职业技术学院、成都纺织高等专科学校、成都航空职业技术学院、成都工业职业技术学院、四川国际标榜职业学院、四川西南航空职业学院等省内外本科、高职院校课题申报298项，立项152项。

其二，学术文章及专著出版情况。研究中心发表论文以省级及以上公开出版物为主，近年来发表论文近100篇。研究团队合力出版了国内第一部致力于为高校师生、企业员工等提供可供参考使用的工匠精神主题教材《工匠精神理论与实践教程》，助力高素质技术技能型人才的养成。研究中心还参与出版了《四川省职业技能竞赛转化成果选编（2021年度）》，学校首本以工匠精神为主线融入课程思政元素的职技融通数字教材《市场调查实务》。

其三，决策咨询及成果转化情况。研究中心积极参与调研报告撰写工作，撰写的报告先后三次获得批示。一是参与撰写的《关于落实产业功能区及园区与校院企地深度融合发展工作的报告》获时任四川省委常委、成都市委书记范锐平批示："请田蓉、筱柳、俊杰同志认真总结推广技师学院的经验。市属高校改革发展要专题研究一次。"二是参与撰写的《关于学院技能竞赛工作情况的报告》获时任成都市委常委、市委统战部部长、市总工会主席吴凯批示："市技师学院大力开展技能竞赛，弘扬工匠精神，积极推进校地、校园、校企合作，做法很好，成效很好，请市科技局、市总工会关注并支持。"三是参与撰写的学校专题调研报告《大力培育新时代高素质技术技能人才，助力成都产业高质量发展》，获得成都市委组织部副部长、成都市人社局党组书记、局长王道明肯定性批示："成都市技师学院围绕服务成都建圈强链等重点产业领域，深入开展专题调研，持续推进产教融合、校企合作，为成都培养了大批急需紧缺高素质技能人才，成效明显。将《调研报告》印发，全市技工院校学习借鉴。"2022年以来，研究中心向市社科联报送社科成果要报6篇，凸显了研究中心注重实效的应用导向，有力地推动中心研究成果服务党委政府决策，服务地方经济社会发展，助力技能成都建设。

其四，课题（评奖）申报立项情况。研究中心鼓励、支持专兼职研究人员积极申报各类科研课题和奖项，尤其是成都市哲学社会科学规划项目和成果奖。近年来，研究中心有2项成都市哲学社会科学规划项目获得立项，其他厅局级以上项目近30项，3人次入选成都社科"雏鹰计划"。研究中心负责人获成都市第十五次哲学社会科学优秀成果二等奖荣誉1项，其他各级各类成果获奖40余项。

三是人才培养机制稳定。研究中心着力加强人才培养，现有专兼职研究人员25人，形成了较为浓厚的学术氛围与成果转化效应。近年来，专兼职人员为基础，研究中心成功申报获批四川省职业竞赛研究中心校内分中心5个、校级教授工作室2个、博士工作室2个、高水平科研创新团队4个。研究中心以此形成了"四位一体"人才培养机制，以四川省职业竞赛研究中心校内分中心为基础，由教授工作室带队，面向研究中心内部进行专业培训与科研帮带，满足日常科研业务需求。研究中心以博士工作室、高水平科研团队作为科研实践主体，通过调动校内外资源，完成实践与理论相结合的内外交互性补充学习，积极转化科研成果。

四是学术交流成效初显。研究中心积极参与市社科联组织的活动，如市社科规划项目申报，市哲学社会科学优秀成果评奖申请，参与"金沙讲坛"相关活动。研究中心重视学术活动的开展，先后举办了"弘扬工匠精神 助力公园城市建设"学术研讨会和全市技工院校思政课教师能力素养提升培训，组织开展了工匠文化研学活动，联合成都工匠学院举办了成都市"以匠育工""育匠为师"系列活动，联合校企合作单位领克汽车成都工厂举办了工匠文化进校园专场活动，联合亚洲焊接联合会等机构举办了第十一届亚洲焊接技术及应用论坛2022智能焊接技术及焊接教育与培训研讨会。研究中心人员先后赴党政机关、企事业单位、社区宣讲党的二十大精神和省市党代会精神，配合学校相关部门与成都市总工会，合作筹建成都工匠学院，发挥基地教师理论素养优势，担任相关培训项目的主讲教师，开展工匠精神专题培训。在学校承担的成都市百万职工技能大赛等项目上，研究中心人员作为大赛分项目的带班带训老师，积极践行中心发展服务地方的理念。

6.3.2　成都市工匠文化研究中心近三年工作开展情况

近三年来，研究中心按照成都市社科联工作安排，扎实推进科学研究、决策咨询等相关工作，取得了一定成绩。但在工作开展上，研究中心还存在不足。一方面，从事工匠精神研究方面的专家学者较少，力量较为薄弱，刊发工匠精神方面的文章也有限，影响了工匠精神研究成果的深度。另一方面，成果转化还有所欠缺，科研产出还有待进一步提升，标志性或代表性研究成果有待进一步提升，立项成果的产出效率也有待进一步提升，开放创新意识不足，工作创新举措不多，资源有效整合力度不大，未能较快地提升研究中心的社会影响力。

6.3.2.1　成都市工匠文化研究中心 2021 年工作开展情况

研究中心扎实开展科研立项工作，辐射效应开始显现。一是进一步凝练了研究方向，通过发布课题方式使得社会效应尽可能扩大，积极服务成都加快建设全面体现新发展理念城市目标。研究中心面向各高等学校、科研院所发布课题 1 次，共收到了来自西南大学、四川师范大学、西华大学、成都大学、电子科技大学成都学院、四川电影电视学院、成都东软学院、承德应用技术职业学院、四川建筑职业技术学院、雅安职业技术学院、成都纺织高等专科学校、成都航空职业技术学院、成都工业职业技术学院等高校课题申请近 80 项，经专家评审，最终立项 31 项，其中重点项目 3 项、一般项目 16 项、自筹项目 12 项，发表在《中共四川省委党校学报》、*International Journal of Education and Economics*、《佳木斯职业学院学报》《当代教育实践与教学研究》《中国物流与采购》等刊物上。二是研究中心研究人员围绕"工匠精神"等主题申报并成功立项 2021 年成都市社科规划项目 2 项、2021 年度四川省教育科研课题 2 项、成都市哲学社会科学重点研究基地（成都大中小学思想政治工作研究基地）2021 年度项目 2 项、2020 年度成都市教育科研课题 3 项，参与出版《立德树人视阈下高校德育工作与思想教育创新》（延边大学出版社）专著，另有教材《工匠精神理论与实践教程》已于 2022 年上半年正式出版。研究中心负责人张雪负责的学校黄大年科研团队——大思政格局下工匠精神培育研究创新团队通过学校验收，主持的校级名师工作室通过学校中期验收。

研究中心切实加强文化建设，提升宣传力度。一是学校高度重视社科基地建设，在学校校史陈列厅中重要位置陈列"成都市工匠文化研究中心"铭牌，同时学校将原行政楼一楼财务大厅改造为"成都市工匠文化研究中心"专题区域展示，主要包括工匠精神、工匠文化历史内涵到发展沿革，国内外著名的工匠人物等。二是建立了基地门户网站，设立中心概况、新闻动态、课题管理、人才培养、理论前沿、资料数据等栏目，定期发布科研动态，推送学术前沿动态，为工匠文化研究和学术交流提供窗口。中心积极加强对外宣传，研究中心工作人员作为四川省职业院校唯一代表参加四川省档案红色宣展活动表现优秀（获得比赛最高奖项）。研究中心参与报送的《弘扬工匠精神 推动高质量发展》被网易等主流媒体报道。研究中心参与组织的"'成都工匠'进课堂"活动被四川发布、川观新闻、教育导报网、四川教育发布、高职高专网宣传报道。研究中心撰写报送的高校思想政治工作精品项目（文化育人）《构建"双讲堂"工匠文化宣讲体系，筑牢高素质技术技能人才思想根基》获批省级立项并推荐至教育部参评。

研究中心拓宽工作维度，增强社会服务能力。研究中心工作人员作为指导教师联合市委宣传部"荣耀青年"大学生新思想宣讲团开展了2期主题宣讲，围绕"东部新区发展新机遇""成渝地区双城经济圈"等主题，注重对师生进行锤炼专业技能、践行劳模精神的浸润。研究中心配合学校相关部门与成都市总工会合作筹建成都工匠学院。研究中心工作人员发挥基地教师理论素养优势，担任相关培训项目的主讲教师，为企业开展工匠精神专题培训。在学校承担的成都市百万职工技能大赛等项目上，研究中心工作人员作为大赛分项目的带班带训老师，积极践行发展服务地方的理念。研究中心工作人员牵头编写学校《工匠精神融入学院人才培养全过程指导手册》，大力推进学校工匠文化的形成，体现了研究中心的服务功能。

6.3.2.2　成都市工匠文化研究中心2022年工作开展情况

研究中心充分发挥学校国家省市技能大师的引领作用，利用研究中心专兼职人员学科背景多元的优势，通过内外结合的方式，充分发挥高技能人才在带徒传艺、技能攻关、技艺传承、技能推广等方面的重要作用，积极培养学生工匠精神，逐步形成具有国际竞争力和区域带动力的现代产业工匠人才培养体系。

一是深入推进平台建设工作，不断提升宣传力度。学校高度重视社科基地平台建设工作，将社科基地文化建设纳入学校正在推进的成都工匠文化教育博览园建设项目，力图打造出一个集文化博览、互动体验、文化展示、技能展培于一体的城市工匠文化精神高地。研究中心建立了"厚德匠心"微信公众号，充分运用移动互联网平台，定期发布研究中心信息，以便更好地宣传推动工匠文化研究工作，不断提升研究中心的知名度和影响力。研究中心组织撰写的《用匠心做思政 用思政育匠人》工作案例被中国高职高专网、四川职教发布、四川职教网、四川省教育厅等主流媒体报道，四川电视台科教频道专题报道研究中心工作案例。

二是扎实开展科学研究工作，辐射效应开始显现。研究中心进一步凝练了研究方向，通过发布课题的方式使社会效应尽可能扩大，积极服务成都加快建设全面体现新发展理念城市目标。研究中心面向各高等学校、科研院所发布课题 1 次，共收到了来自宁夏医科大学、成都中医药大学、西华大学、成都工业学院、西南交通大学希望学院、吉利学院、川南幼儿师范高等专科学校、四川文化产业职业学院、四川交通职业技术学院、四川水利职业技术学院、成都纺织高等专科学校、成都航空职业技术学院、成都工业职业技术学院、四川国际标榜职业学院、四川西南航空职业学院等高校课题申请 90 项，经专家评审，最终立项 28 项，其中重点项目 1 项、一般项目 3 项、自筹项目 24 项。研究中心研究人员在省级以上刊物上发表论文多篇，其中在中文核心期刊《党政研究》《中国健康心理学杂志》发表论文 2 篇，在《当代职业教育》《当代县域经济》《四川省干部函授学院学报》《中国社会科学报》《科技中国》《医学教育管理》《高校辅导员》《农业工程与装备》等刊物上发表论文多篇。二是研究中心研究人员围绕"工匠精神"主题研究成果丰硕。研究中心先后申报并成功立项省部级课题 1 项，厅局级课题多项。研究人员出版教材《工匠精神理论与实践教程》、专著《多元文化视角下大学生德育教育的创新发展研究》，参与出版《四川省职业技能竞赛转化成果选编（2021 年度）》，获批成都市职业技能培训线上课程资源项目《工匠精神理论与实践》。研究中心负责人张雪获成都市第十五次哲学社会科学优秀成果二等奖，主持的校级名师工作室通过学校验收。

成都市工匠文化研究中心 2022 年度获批立项课题名单见表 6-6。

表 6-6　成都市工匠文化研究中心 2022 年度获批立项课题名单

序号	项目名称	负责人	项目级别	立项时间
1	工匠精神视域下高职院校构建全维度一体化育人体系研究	唐锦源	省部级	2022.06
2	协同育人视域下中国特色学徒制学业评价模式的构建和研究	万丽萍	厅局级	2022.03
3	职业院校"家校企社"四位一体协同创新推进劳动教育模式实证研究——以成都工贸职业技术学院为例	何涛	厅局级	2022.04
4	双高建设背景下的高职智能制造专业群有效落实劳动教育培养路径研究	袁宇新	厅局级	2022.06
5	"职-技"融通背景下的特色劳动教育课程体系研究	何涛	厅局级	2022.06
6	基于世界技能大赛背景下的工匠型人才培养模式的研究——以机电一体化赛项为例	杨丽	厅局级	2022.06
7	伟大建党精神引领公安院校大学生志气、骨气、底气培育研究	孙建东	厅局级	2022.06
8	以诊改为途径的职业院校育人质量评价机制研究	况敬晶	厅局级	2022.07
9	新媒体驱动下汉语言文字传播现状调研与策略研究	任丹丹	厅局级	2022.07
10	工匠精神视角下职业院校学生心智模式的改善	何涛	厅局级	2022.09
11	中高职衔接一体化人才培养模式研究	王士星	厅局级	2022.11

　　三是加强人才培养，推进团队建设。2022 年，研究中心着力加强人才培养，以科研创新团队建设、师资队伍建设和校企合作为抓手，推动团队建设提质增效。其一，科研创新团队建设。研究中心以专兼职人员为基础，成功申报获批四川省职业竞赛研究中心技能竞赛理论研究分中心，该分中心围绕工匠精神融入技能竞赛展开研究，立足职业教育与"工匠精神"的内在联系，在职业教育教学工作目标中植入"工匠精神"基因，将工匠精神培育作为学生技能提升的载体和途径。其二，师资队伍建设——"大师工程"。研究中心结合学校深化产教融合、发挥合作园区及企业的资源优势，总结目前学校 7 个大师工作室的培养经验，通过企业顶岗、校内轮岗、技能比武等途径，形成中青年技能大师培养模式，培养一批能够改

进企业产品工艺、解决生产技术难题、具有绝技、绝艺的技术技能大师。其三，注重通过校企双方合作，资源共享，共同促进队伍建设。研究中心与成都熊谷加世电器有限公司、捷普科技（成都）有限公司、四川匠八方科技有限公司、解放军5719工厂等开展深度合作，校企双方共同建设人才资源库，校企可互挂人才培养基地牌子。通过以上举措，研究中心共有3名研究人员在本年度入选了成都市社科优秀青年人才"雏鹰计划"。

四是增强学术交流与社会服务，拓宽工作维度。研究中心先后举办了"弘扬工匠精神 助力公园城市建设"学术研讨会和全市技工院校思政课教师能力素养提升培训，组织开展了工匠文化研学活动，联合成都工匠学院举办了成都市"以匠育工""育匠为师"系列活动、联合校企合作单位领克汽车成都工厂举办了工匠文化进校园专场活动，联合亚洲焊接联合会等机构举办了第十一届亚洲焊接技术及应用论坛2022智能焊接技术及焊接教育与培训研讨会。研究中心研究人员先后赴党政机关、企事业单位、社区宣讲党的二十大精神和省市党代会精神，配合学校相关部门与成都市总工会合作筹建成都工匠学院，发挥基地教师理论素养优势，担任相关培训项目的主讲教师，开展工匠精神专题培训。在学校承担的成都市百万职工技能大赛等项目上，研究中心研究人员作为大赛分项目的带班带训老师，积极践行着中心发展服务地方的理念。

五是推进智库建设，服务决策咨询。研究中心参与撰写了学校专题调研报告《大力培育新时代高素质技术技能人才，助力成都产业高质量发展》，报告获得成都市委组织部副部长、成都市人社局党组书记、局长王道明肯定性批示："成都市技师学院围绕服务成都建圈强链等重点产业领域，深入开展专题调研，持续推进产教融合、校企合作，为成都培养了大批急需紧缺高素质技能人才，成效明显。将《调研报告》印发，全市技工院校学习借鉴。"

6.3.2.3 成都市工匠文化研究中心2023年工作开展情况

一是在发展活力方面稳步推进。其一，研究中心扎实开展科学研究工作，辐射效应不断显现。研究中心持续凝练研究方向，通过发布课题方式使得社会效应尽可能扩大，积极服务成都加快建设全面体现新发展理念城市目标。研究中心面向各高等学校、科研院所发布课题2次，先后收到来中共四川省委省直机关党校、成都中医药大学、西华大学、四川旅游学院、成都工业学院、泸州职业技术学院、川南幼儿师范高等专科学校、四川文化产业职业学院、四川交通职业技术学院、四川水利职业技术学院、成都纺织高等专科学校、成都航空职业技术学院、成都工业职业技术学院、四川国际标榜职业学院等单位课题申请 50 项，经专家评审，最终立项后期资助项目 1 项、自筹项目 27 项。其二，在学术交流方面强化协同联动。研究中心先后与成都市人社局、成都公交集团、西门子（中国）有限公司、四川省计算机学会高职高专分会、四川省职业技能竞赛研究中心等单位组织召开了成都市人力资源和社会保障局座谈会、成都公交新能源汽车产业学院成立大会暨学术研讨会、2023 年产业"数字化"发展背景下的人才培养合作发展论坛、四川省计算机学会高职高专分会 2023 年学术交流会、2023 年"工匠文化主题优秀论文"征文活动暨学术研讨会，四川省人社厅、四川省内中高职院校等单位和多家校企合作单位积极参与，推动职业教育事业高质量发展。研究中心研究人员参与了学校国际交流与对外合作相关工作，参与撰写的报告《打造成都工匠的摇篮，培养具有全球竞争力的大国工匠——弘扬中国工匠精神的成都实践》在 EducationPlus2023 第七届中国（长沙）国际职业教育大会暨产教融合博览会被评为典型案例，学校荣获"职业教育对外交流与合作典型院校"称号，并签约成为"中国工匠大师非遗传承基地及海外技能大师工作坊发起单位"，获"全球工匠联盟（亚太区）常务理事单位"授牌。其三，积极参与市社科联相关科研活动。研究中心组织研究人员先后参加了"以大运会为契机高质量建设世界赛事名城"研讨会、"以科技创新助推成都现代产业体系建设"研讨会、"学习贯彻习近平总书记来川视察重要指示精神"专题研讨会、"加快建设现代化成都都市圈"专题研讨会。此外，研究中心还围绕"成都职业院校制造业人才培养创新模式""新产品线上定价策略对成都地区餐馆销售业绩的影响"主题，积极申报了成都市哲学社会科学规划项目一般项目 2 项。

二是在影响传播力方面持续提升。其一，在课题立项方面。研究中心研究人员围绕"工匠文化"主题研究成果丰硕，先后申报并成功立项省部级课题 4 项，厅局级课题多项。其二，在学术成果方面。研究中心研究人员在省级及以上刊物上发表论多篇，其中在中文核心期刊《中国职业技术教育》发表论文 2 篇，在《职教通讯》《四川民族学院学报》等刊物上发表论文多篇。另外，研究人员围绕"工匠精神与职业教育""劳动教育""厨政管理"主题，在国家级、省级出版社公开出版专著 5 部。

成都市工匠文化研究中心 2023 年度获批立项课题名单见表 6-7。

表 6-7　成都市工匠文化研究中心 2023 年度获批立项课题名单

序号	项目名称	负责人	项目级别	立项时间
1	"技能成都"视域下的高职院校"工匠文化"培育路径研究——以成都工匠文化博览园为例	王涛	省部级	2023.04
2	新时代职业院校职业培训工作中加强思想政治教育的研究与实践	孙建东	省部级	2023.04
3	"职技融通"背景下电子专业创新型产业工匠育人路径探索	田青青	省部级	2023.04
4	基于新时代铁路工匠培育视域下的创新创业教育课程、课堂、教材体系专创融合路径研究	蒋丹	省部级	2023.04
5	企业新型学徒制培育新时代工匠人才新苗的路径研究	张议	厅局级	2023.05

三是在成果转化力方面有待优化。2023 年度，研究中心积极推进智库建设，服务决策咨询，先后围绕"西南球市""罚款经济""大学生就业"主题，报送《社科成果要报》3 篇（《借助西南球市火爆带动西南地区足球产业的振兴并防范其中风险》《罚款经济对民营企业的发展影响分析及对策建议》《完善促进创业政策 精准助力大学生创业》）。研究中心研究人员参与撰写的报告《构筑"342"工作体系，助力教师个人特色发展》获评 2022 年职业院校教学诊断与改进典型案例，和学校党委宣传统战部一起完成的川渝工业文化教育实践基地案例入选 2023 年全国优秀工业遗产保护利用示范案例。研究中心组织撰写的《以工匠文化为特色 构建"校园企思政共同体"共育新时代工匠人才后备军》工作案例被中国高职高专网、四川职教发布、四川职教网等主流媒体报道。研究中心研究人员的论文获评四川省 2023 年职业教育优秀论文评选一等奖 1 项、二等奖 2 项、三等奖 2 项，2022 年成都社科青年人才"雏鹰计划"优秀论文三等奖 1 项，成都市 2023 年职业教育与继续教育（成人教育）优秀论文二等奖 3 项、三等奖 5 项。

6.3.3　成都市工匠文化研究中心下一步工作打算

在工作目标上，研究中心将坚持教、学、研、产相结合的指导思想，积极开展工匠文化相关问题的研究，宣传、弘扬、发展工匠精神，努力建成省内一流、国内知名的工匠精神研究中心、人才培养中心、政策咨询中心、文化交流中心、工匠社会培训中心，努力落实省委"一干多支、五区协同"和"四向拓展、全域开放"战略部署，积极参与和服务"一带一路"建设，推动成渝地区双城经济圈建设，为"中国制造2025"规划贡献力量。在目前的工作基础上，研究中心将进一步深化天府工匠文化研究，及时有效地转化研究成果，使研究中心成为成都市社科联（院）的有力帮手，成为成都社科产出的重要增长极和动力源，提升服务地方的能力。

在重点及措施方面。其一，以课题发布为抓手，进一步扩大科研辐射广度和深度。研究中心应围绕成渝地区双城经济圈建设、公园城市建设、职业教育发展等重大战略机遇和背景，结合工匠精神业务领域，认真研究编制2024年课题申报指南，组织申报，提升中心课题数量和质量，通过委托课题等形式，规划1~2个工匠文化主题重点课题项目。其二，以文会友，交流研讨，提升万籁俱寂中心影响力。研究中心应继续加强建设，争取举办1~2期工匠文化研讨会，邀请川渝地区专家学者、企业管理者、大国工匠等人士参与，交流指导，共谋发展，扩大自身影响力。其三，加强与成都市工匠学院的共建共享。研究中心应利用好成都市工匠研究中心和成都工匠学院两个平台，实现"科研+训育""科研+人才培养""科研+项目孵化"，助力成都产业发展和高技能人才队伍建设，提升服务成都贡献度。成都市工匠文化研究中心重点工作任务分解表见表6-8。

表6-8　成都市工匠文化研究中心重点工作任务分解表

序号	重点工作	具体举措	牵头人
1	学术研究	1. 发布年度课题； 2. 发布委托课题	孙建东
2	人才培养	1. 加强与校企单位的合作，共建生产性实训基地、技术研发中心、产业人才培养培训基地、"双师型"教师培养培训基地等； 2. 与成都工匠学院合作，研究制定相关职业标准	周全
3	决策咨询	1. 推动研究成果转化，形成相应决策咨询报告	张雪

表6-8（续）

序号	重点工作	具体举措	牵头人
4	文化传播与交流	1. 举办1~2期工匠文化研讨会，邀请川渝地区专家学者、企业管理者、大国工匠等人士参与，交流指导，共谋发展； 2. 定期更新"厚德匠心"微信公众号和网站； 3. 向各级各类宣传平台报送相关信息	王丽
5	社会服务	1. 加强与成都工匠学院合作，积极开展各类培训； 2. 深入校企合作单位，开展工匠精神主题宣讲	李萌

6.3.4 成都市工匠文化研究中心年度项目申报和立项情况

研究中心自成立以来至2023年12月底，共开展课题申报工作6次，其中，年度项目申报5次，国家社科基金后期资助项目申报1次，共立项课题153项，涉及年度项目立项和国家社科基金后期资助项目立项。年度项目申报中，共立项重点课题5项、一般课题45项、自筹课题102项，国家社科基金后期资助项目1项。年度项目按申报时间进行划分，2018—2019年立项重点课题1项、一般课题11、自筹课题15项；2020年立项一般课题15项、自筹课题26项；2021年立项重点课题3项、一般课题16项、自筹课题10项；2022年立项重点课题1项、一般课题3项、自筹课题24项；2023年立项自筹课题27项。国家社科基金后期资助项目仅2023年组织申报1次，共立项课题1项。

研究中心获得立项的重点课题涉及工匠精神的历史嬗变与培育路径、构建现代化产业体系背景下成都工匠培育路径研究、习近平劳动观视域下大学生工匠精神培育研究、双高专业群建设背景下职业院校学生工匠文化教育实践研究、工匠精神视阈下"双师型"教师标准及培养路径研究等。研究中心获得立项的一般课题、自筹课题选题涉及高职院校工匠文化引领学生成长体系构建研究、高职校企合作中教师参与企业实践现状及模式研究、工匠精神与技术变革的历史互动研究、校企合作模式下学生工匠精神培养路径的研究、新时代我国工匠精神的培育机制及路径研究、当代天府工匠研究、工匠精神融入企业文化建设研究、工匠精神有效融入高职院校特色专业建设的机制及路径研究、工匠精神的内涵特征研究、工匠文化的内涵与价值研究、工匠精神与校企合作及产教融合的关系研究、工匠精神对高职院校职业技能竞赛的指导和引领推动作用研究、敬业观视角下的高职学生工匠精神涵育研究、思想政治理论课教师工匠精神的价值意蕴与培育路径研究、"全国教师育人楷模"职业教育教师的工匠精神研究、工匠精神在高职院校劳动教育中的涵育研究、新时代工匠精神与劳动教育融合的路径研究、工匠精神融入高职思想政治教育的针对性策略研究、工匠精神融入中高职思政课一体化建设的路径研究、蜀文化视域下职业院校学生创新创业与工匠精神耦合研究、工匠精神视域下职业教育与区域经济协同发展路径研究等。研究中心获得立项的国家社科基金立项后期资助课题涉及工匠精神赋能职业教育技能人才培养研究。从立项院校来看，既包含省内外国家首批"双一流"建设高校，"211 工程"建设高校和"985 工程优势学科创新平台"建设高校，也包含省内国家"双高"院校。

6.4　典型教学项目

6.4.1　"工匠精神理论与实践"课程整体情况

"工匠精神理论与实践"是成都工贸职业技术学院面向全校学生开设的一门公共选修课，该课程共计 16 学时，1 学分。该课程分理论篇和实践篇。其中，理论篇包括工匠精神的内涵与本质、工匠精神的理论基础与思想借鉴、工匠精神的历史与发展、工匠精神的时代价值与培育路径；实践篇包括工匠精神与职业法律保障、工匠精神与职业道德规范、工匠精神与职业健康安全管理、工匠精神与青年成长成才，全书共计 8 章。该课程选用成都工贸职业技术学院马克思主义学院教师团队编写的教材《工匠精神理论与实践教程》（经济日报出版社，2022 年 1 月第 1 版）。

6.4.2　"工匠精神理论与实践"课程各章教学主要内容

第一章工匠精神的内涵与本质。本章主要介绍工匠的内涵与本质，探寻"工匠"一词的来源，在此基础上从技能、职业、精神、道德和价值五个维度深入分析工匠精神的基本内涵，进而以"制、质、智"为重点，从国家、企业和个人三个层面探求工匠精神的本质。

第二章工匠精神的理论基础与思想借鉴。本章主要从马克思主义理论基础（马克思主义劳动观、实践观和自由全面发展观）、中国共产党领导人关于工匠精神的重要论述和中华优秀传统文化中的工匠精神（情操论、敬业论、信仰论）三个方面解读工匠精神的理论基础与思想借鉴。

第三章工匠精神的历史与发展。本章主要介绍我国工匠精神的历史与发展。本章基于时间维度，对工匠精神的历史沿革进行考证，同时以德国、日本、瑞士、意大利等国家为例，分析世界工业强国的工匠精神。

第四章工匠精神的时代价值与培育路径。本章主要介绍工匠精神的时代价值与培育路径。本章从坚定文化自信的重要源泉、中国制造的"助推器"、企业竞争发展的品牌支撑、促进个人成长的精神力量四个方面，分析工匠精神的时代价值。本章在分析工匠精神培育面临的挑战的基础上，从营造良好的社会氛围、梳理科学的培育机制、提供有力的制度支撑三个方面探索工匠精神的有效培育路径。

第五章工匠精神与职业法律保障。本章主要介绍工匠精神培育中相关职业法律的主要内容，主要有劳动法和知识产权法。本章从劳动法概述、职业培训、劳动合同三个方面分析劳动法律对工匠精神培育的保障作用，从知识产权的概念、知识产权的法律特征、知识产权法的概念、专利法四个方面分析知识产权对工匠精神培育的支撑。

第六章工匠精神与职业道德规范。本章主要介绍工匠精神与职业道德规范的紧密联系，以及职业道德核心思想、职业道德行为规范和职业道德修养的相关内容。本章具体阐述职业道德的核心思想、指导原则、行为规范，以此从理论学习和实践锻炼两个维度探索提升职业道德修养的具体路径。

第七章 工匠精神与职业健康安全管理。本章主要介绍职业健康安全管理体系与模式、安全生产与安全文化建设、职业健康与职业病防治。本章在介绍职业健康安全管理体系产生背景、内容与特点、作用与意义的基础上，深入分析企业安全生产标准化及其发展历程，结合职业健康与职业病防治相关内容，全方位解读职业健康安全管理的实际效用。

第八章 工匠精神与青年成长成才。本章主要介绍工匠精神与青年成长成才的关系。本章从工匠精神与青年就业观、青年创新创业、青年社会责任三个维度分析工匠精神与青年成才成长。本章以工匠精神引领青年树立崇高的职业理想，指导青年进行职业定向，助推青年迈向职业成功，进而引导青年勇担社会责任，探索工匠精神与青年成长成才的现实路径。

6.4.3 "工匠精神理论与实践"课程各章教学设计

本部分主要围绕工匠精神的内涵与本质、工匠精神的理论基础与思想借鉴、工匠精神的历史与发展、工匠精神的时代价值与培育路径、工匠精神与职业法律保障、工匠精神与职业道德规范、工匠精神与职业健康安全管理、工匠精神与青年成长成才等章节进行教学设计，主要包括教学分析、教学策略、教学环境及资源准备、教学实施等方面。

6.4.3.1 "工匠精神的内涵与本质"教学设计

本次课的授课形式为理论+实践，授课地点为学校智慧教室，授课学时2课时。

第一，教学分析。一是教材分析。教材选用《工匠精神理论与实践教程》（经济日报出版社，2022年1月第1版）。二是教学内容。本讲关联教材第一章的内容，教学内容主要包括：①工匠精神的内涵；②工匠精神的本质。通过学习，使学生能够掌握工匠精神的基本内涵，理解工匠精神的本质，为认同和践行工匠精神奠定认知基础。三是学情分析。在知识基础方面，学生课前测试正确率为81%，说明学生对工匠精神的内涵和本质缺乏深入认知，存在"未深知"的特点。在认知能力方面，通过问卷调查发现，79%的学生停留在"是什么"的知识记忆，缺乏"为什么"的深度思考和"怎么做"的行动自觉，63.4%的学生表示无法独自总结、归纳工匠精神的内涵和本质，只有38%的学生在情感上高度认可工匠精神的内涵和本质，真信有欠缺，存在"知难信"的特点。在学习特点方面，通过问卷调查发现，学生思维活跃，乐于分享，67.82%的学生喜欢新奇、有挑战性的任务，82.64%的学生能熟练应用短视频等新媒体技术，93.1%的学生喜欢体验VR等新手段。在专业特性方面，通过与专业教师、企业导师、辅导员等访谈了解到，59.23%的学生不能正确认识工匠精神与个人所学专业就业岗位的关联性，没有形成运用工匠精神分析解决自己遇到的问题的习惯，真用有短板。只有36.21%的学生表示今后会从事与本专业相关工作，存在"信难行"的特点。因此，教师在授课时需要引导学生结合工匠精神视角，提升职业意志力，技能成才，技能报国。四是教学目标。其一，知识目标。理解工匠精神的内涵；理解工匠精神的本质。其二，能力目标。能够透过社会现象看本质、追根溯源，提高自身研究相关问题的能力；能够发挥工匠精神的引领作用，以专业技能提高服务社会的能力。其三，素质目标。努力提升专业技能，强化责任担当，积极服务经济社会发展，为国家发展提供技能支撑；树立以技成才、以技报国的职业理想，增强职业自信和荣誉感，将自身的发展与国家的发展紧密联系起来。五是教学重难点。教学重点是工匠精神的内涵；教学难点是工匠精神的本质。

第二，教学策略。在教学理念方面，坚持以学生为主体，以教师为主导，引导学生德技并修、知行合一。在教学组织与方法方面，主要采用案例教学法、自主学习法、任务驱动法等。选取典型案例——匠心案例，帮助学生理解教学内容；通过实践课堂，引导学生结合实际对教学内容进行课后延伸。在信息化教学平台使用方面，主要使用蓝墨云班课进行教学辅助。

第三，教学环境及资源准备。在教学环境方面，主要依托学校智慧教室、各专业产教融合实训基地等。在教学资源方面，一是成都职业培训网络线上课程"工匠精神理论与实践教程"，二是成都职业培训网络线上课程"职业道德与职业指导"，三是珠三角工匠精神展示馆（http://vr.southcn.com/vtour/tour.html）。此外，还有其他相关资料也可供教学参考。如各类工匠精神主题专著或教材，《工匠精神》（刘建军主编，中共党史出版社 2020 年版）、《工匠精神》（人力资源和社会保障部教材办公室组织编写，中国劳动社会保障出版社 2019 年版）、《文化记忆视阈下老字号工匠精神传承研究》（王焯著，知识产权出版社 2023 年版）、《职业教育工匠精神的传承与创新》（郭纪斌著，湘潭大学出版社 2022 年版）、《高质量发展背景下的工匠精神：成效、机制与启示》（赵晨著，北京邮电大学出版社 2021 年版）、《工匠精神 国家战略行动路线图》（付守永著，北京大学出版社 2018 年版）、《新时代 新工匠：工匠精神职工读本》（大国工匠与劳动模范研究所编著，中国工人出版社 2018 年版）、《工匠精神 传承与创新》（吴顺主编，中共党史出版社 2018 年版）。

第四，教学实施。一是点题入题。我们从几张照片说起，第一张照片是鲁班（中国建筑鼻祖、木匠鼻祖），第二张照片是李春（隋代造桥匠师），第三张照片是蔡伦（"蔡侯纸"发明者），第四张照片是毕昇（活字印刷术发明者），第五张照片是墨子（墨家学派创始人），第六张照片是张衡（中国东汉时期天文学家），第七张照片是马钧（魏晋时期发明家），第八张照片是黄道婆（宋末元初著名的棉纺织家、技术改革家）。从他们身上，我们能看到一种什么精神？其实，他们就是我国历史上著名的工匠……纵观我国历史上的工匠群体，他们在当时有限的社会条件下，创造了一系列令人惊艳的作品。他们或许不懂什么叫"工匠精神"，但他们就是"工匠精神"。我们本次课首要探究"工匠精神的内涵与本质"。

二是主题解析。主要通过分享匠心案例的方式进行解析。本章选用的案例是《两千多年前的投巧之慧》，此案例来源自光明网（2020-08-21，https://m.gmw.cn/baijia/2020-08/21/34107231.html），案例具体内容如下：

最近，一位中国的老木匠阿木爷爷在网络走红，他在视频中展现了自己精湛的木工手艺，不用钉子和胶水，而是用传统的榫卯技艺徒手打造了将军案、苹果锁、拱桥、运动的小猪佩奇等物件，获得了国内外无数网友的称赞，被网友们称为"当代鲁班"。

说到鲁班，相信在中国，几乎每个人都知道他。鲁班是我国历史上的能工巧匠，在农业工具、木工工具、土木建筑等方面有着丰富的发明创造，是工匠们的祖师爷、建筑业的鼻祖。

鲁班的发明创造十分丰富，而且有些发明创造带有传奇色彩，所以有些人认为鲁班只是传说中的人物，但在《墨子》《孟子》《吕氏春秋》等先秦古籍中，就有关于鲁班的记载。这些记载虽然有的是只言片语，有的稍显碎片化，有的带有明显的传奇色彩，但却证明了鲁班是真实存在的人物。从这些古籍中，我们可以知道，鲁班大约生活在春秋末期到战国初期，他姓公输，名般，所以被称为公输般、公输子，又因为古时候"般"和"班"同音，可以通用，加上他是鲁国人，所以人们也常称他为鲁班。汉代的赵岐在给《孟子·离娄》中的"公输子"作注时，就写道"公输子，鲁班，鲁之巧人也"。也有人认为鲁班和公输般并不是同一个人，比如晋人葛洪在《抱朴子·辨问篇》中说："班（鲁班）、输（公输般）、倕（黄帝时巧人）、狄（墨翟）机械之圣也。"就把鲁班、公输般看作是两个人。

《墨子》是最早记载鲁班事迹的古籍，根据《墨子·公输》的记载，大约在公元前450年，楚国请鲁班制造了云梯，准备用来攻打宋国。墨子知道之后，从鲁国出发，走了十日十夜，来到宋国，制止了这一行为。墨子先是和鲁班讲道理，告诉他帮助楚国攻打宋国会导致很多百姓伤亡，像鲁班这样一个崇尚道义的人不应该做出这样不仁义的事情。鲁班被说服之后，为了让楚王放弃攻打宋国，墨子又和鲁班进行了一场攻城和守城的演习。鲁班所有的巧妙的攻城战术都被墨子完美地化解了，而且墨子告诉楚王，即使自己被杀，自己的学生也已经拿着他的守城器械，在宋国等着楚国进攻了。

在这场和墨子的较量中，鲁班处于下风。但经过这件事情，墨子反对为战争制造武器，主张制造实用生产工具的思想影响了鲁班，于是他就把自己的巧思投入其中，发明创造了多种实用的农业工具和木工工具。所以，见于记载和传说中的鲁班的发明创造十分丰富，但鲁班创造的兵器却相对较少，除了《墨子·公输》中提到的云梯，还有就是《墨子·鲁问》中提到的钩强。

农业工具方面，《世本》记载鲁班制作了石磨，明代罗颀所著的专门介绍我国古代先民发明创造的著作《物原》说他发明了砻（去掉稻壳的工具，形状像磨，多用木料制成）、磨、碾子，《古史考》记载鲁班制作了铲。

木工工具方面，《物原》记载鲁班制作了隐括（矫正木材邪曲的器具），曲尺、墨斗、锯子也被认为是鲁班发明的，其中曲尺还被称为"鲁班尺"。

除了发明工具，在土木建筑领域的发明传说中，鲁班对榫卯的运用也非常有影响力，相传鲁班为了测试儿子是否聪明，以六根木条为材料，用榫卯技术制作了一件可拆可拼的玩具，被人称为"鲁班锁"。《古今图书集成》则记载了襄陵县有座木桥，名为飞虹桥，不见斧凿痕迹，应该也是用榫卯技术制作而成，人称"鲁班桥"。到了明代，我国唯一一部民间建筑营造的典籍，被命名为《鲁班经》，在木匠、工匠中广为流传，一直流传到清代。

此外，鲁班还制作过一些仿生机械。《墨子·鲁问》就说鲁班制作过一只木鸟，不仅能够乘风飞上天空，而且能够长时间不降落。此外，鲁班还在木车马上设计出机关，使他们能够行走自如。

鲁班不仅善于巧思，而且善于观察周围的事物，并将从这些事物中得到的启发运用在发明创造上。相传他发明锯子，是得益于他爬山的时候，手掌被一棵草划破，仔细观察之后，他发现这棵草的叶子两边有小齿，于是他就模仿这棵草的叶子制作了伐木用的锯子。此外，相传鲁班制作木鸟，也是从天空中飞翔的鸟儿身上得到了启发。

除了自身的聪慧和善于观察与发现，鲁班的母亲也对他的发明创造有过帮助。相传鲁班在做木工活时，每次用墨斗放线的时候，都需要母亲帮忙拉住线的一端。为了能独立操作，鲁班反复进行探索、试验，终于找到了解决办法——在线头上拴一个小弯钩，放线的时候可以用这个小弯钩钩住木头的一端，代替用手拉线。后世木工为了纪念这个创造，就把小弯钩叫作"班母"。

妻子也为鲁班的创造发明提供过启发。根据《玉屑》的记载，鲁班的妻子也是个能工巧匠，她发明了伞。相传鲁班在刨木料的时候，需要妻子帮忙扶住木料，后来他就制作了一个卡口，刨木料时用它来顶住木头，这样就不用妻子帮忙了。为了纪念鲁班的妻子，工匠们就把这个卡口称为"班妻"。

鲁班对建筑的质量也颇为重视。在古代，上梁（指安装建筑物屋顶最高一根中梁）是建房中的一个重要环节，传说很多人都请鲁班来上梁，鲁班每次都十分注重细节，严格把关，保证梁与梁之间严丝合缝，浑然一体。

两千多年以来，人们一直传颂着鲁班发明创造的故事，鲁班的奇思妙想与高超技艺不断被神化，成为一个智慧大师、能工巧匠的形象被世人敬仰。在今天，他对我们的社会依然有着极大的影响，由中国建筑业联合会颁发的建筑质量最高奖被称作"鲁班奖"（全称为"建筑工程鲁班奖"），这个奖是中国建设工程质量的最高荣誉。鲁班善于观察，不断探索、实验，精益求精的精神依然值得我们学习、借鉴。

三是问题与解答。第一个问题是"工匠精神的内涵是什么？"针对此问题，可以从以下方面讨论延伸，工匠精神是对工匠的深化、发展和延续，属于职业精神范畴，体现了职业道德、职业能力和职业品质，是一种职业价值观的彰显。工匠精神的内涵可以从技能、职业、精神、道德和价值几个维度展开，分别体现为"技艺精湛，专注执着""精益求精，无私奉献""严谨敬业，持之以恒""尊师重教，无私奉献""技道合一，创新求索"。第二个问题是"工匠精神的本质是什么？"针对此问题，可以从以下方面讨论延伸，工匠精神的本质可以集中体现为"制、质、智"。"制"是指"制造"，就是从宏观上的国家层面推进"中国制造"，实现"制造大国"向"制造强国"的转变；"质"是指"质量"，就是从中观上的企业层面对产品质量的追求，以深耕细作提升产品质量；"智"是指"智力"，就是从微观上的个人层面充分发挥个人的智力，用"智造"成就工匠精神。

四是课堂总结。本章主要论述了工匠精神的内涵与本质。一是对工匠精神的内涵进行探究。从语义的角度，对"工"和"匠"分别阐析。从技能维度来看，工匠精神体现为"技艺精湛，专注执着"；从职业维度来看，工匠精神体现为"精益求精，无私奉献"；从精神维度来看，工匠精神体现为"严谨敬业，持之以恒"；从道德维度来看，工匠精神体现为"尊师重教，无私奉献"；从价值维度来看，工匠精神体现为"技道合一，创新求索"。二是对工匠精神的本质进行剖析。围绕"制""质""智"，从国家层面、企业层面和个人层面，将工匠精神的本质分别概括为"制造大国"向"制造强国"的转变，以深耕细作提升产品质量，用"智造"成就工匠精神。在论述中，还列举了鲜活的案例或故事，如工匠鼻祖鲁班故事、凉茶始祖王老吉案例、给国产大飞机装翅膀的"大国工匠"胡双钱案例，以此更生动地对理论内容进行注解。

五是问题与思考。这一部分主要是通过实践课堂展开。阅读案例《以身许国 叩开地球之门——追记海归战略科学家黄大年》（教材 P13~17，来源：共产党员网，https://biaozhang. 12371. cn/2017/05/18/ARTI1495059557973901. shtml）。结合给出的材料，谈谈你对"工匠精神"的认识。

六是推荐阅读。相关资料如下：①《科学理解工匠精神的丰富内涵与生成逻辑》，2023 - 11 - 06，https://reader. gmw. cn/2023 - 11/06/content_36946380. htm。②《工业和信息化事业发展：迈向"制造强国""网络强国"》，《光明日报》，2022 年 9 月 20 日 05 版。③《给国产大飞机装翅膀的"大国工匠"胡双钱》，2016 - 04 - 30，http://www. xinhuanet. com/politics/2016-04/30/c_1118778896. htm。

七是教学板书设计。具体如下：

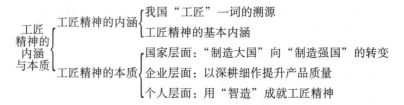

6.4.3.2 "工匠精神的理论基础与思想借鉴"教学设计

本次课的授课形式为理论+实践,授课地点为学校智慧教室,授课学时2课时。

第一,教学分析。一是教材分析。教材选用《工匠精神理论与实践教程》(经济日报出版社,2022年1月第1版)。二是教学内容。本讲关联教材第二章的内容。教学内容主要包括:①马克思主义理论基础;②中国共产党领导人关于工匠精神的重要论述;③中华优秀传统文化中的工匠精神。通过学习,使学生能够系统掌握工匠精神的精髓,学会透过现象看工匠精神相关问题的本质。三是学情分析。在知识基础方面,本专题学生课前测试正确率为79.3%,学生对工匠精神的理论基础和思想借鉴缺乏深入认知,存在"未深知"的特点。在认知能力方面,通过问卷调查发现,79%的学生停留在"是什么"的知识记忆,缺乏"为什么"的深度思考和"怎么做"的行动自觉,62.3%的学生表示无法独自总结归纳工匠精神的理论基础和思想借鉴,只有49.4%的学生在情感上高度认可工匠精神的理论基础和思想借鉴,真信有欠缺,存在"知难信"的特点。在学习特点方面,通过问卷调查发现,学生思维活跃,乐于分享,67.82%的学生喜欢新奇、有挑战性的任务,82.64%的学生能熟练应用短视频等新媒体技术,93.1%的学生喜欢体验VR等新手段。在专业特性方面,通过与专业教师、企业导师、辅导员等访谈了解到,59.23%的学生不能正确认识工匠精神与个人所学专业就业岗位的关联性,没有形成运用工匠精神分析解决自己遇到的问题的习惯,真用有短板。只有36.21%的学生表示今后会从事与本专业相关的工作,存在"信难行"的特点。因此,教师在授课时需引导学生结合工匠精神视角,提升职业意志力,技能成才,技能报国。四是教学目标。其一,知识目标。理解工匠精神的理论基础;理解工匠精神的思想借鉴。其二,能力目标。能够透过社会现象看本质、追根溯源,提高自身研究相关问题的能力;能够发挥工匠精神的引领作用,以专业技能提高服务社会的能力。其三,素质目标。努力提升专业技能,强化责任担当,积极服务经济社会发展,为国家发展提供技能支撑;树立以技成才、以技报国的职业理想,增强职业自信和荣誉感,将自身的发展与国家的发展紧密联系起来。五是教学重难点。教学重点是工匠精神的思想借鉴;教学难点是工匠精神的理论基础。

第二,教学策略。在教学理念方面,坚持以学生为主体、以教师为主导，引导学生德技并修、知行合一。在教学组织与方法方面，主要采用案例教学法、自主学习法、任务驱动法等。选取典型案例——匠心案例，帮助学生理解教学内容；通过实践课堂，引导学生结合实际对教学内容进行课后延伸。在信息化教学平台使用方面，主要使用蓝墨云班课进行教学辅助。

第三，教学环境及资源准备。在教学环境方面，主要依托学校智慧教室、各专业产教融合实训基地等。在教学资源方面，一是成都职业培训网络线上课程"工匠精神理论与实践教程"，二是成都职业培训网络线上课程"职业道德与职业指导"，三是珠三角工匠精神展示馆（http://vr.southcn.com/vtour/tour.html）。此外，还有其他相关资料也可供教学参考。如各类工匠精神主题专著或教材，《工匠精神》（刘建军主编，中共党史出版社 2020 年版）、《工匠精神》（人力资源和社会保障部教材办公室组织编写，中国劳动社会保障出版社 2019 年版）、《文化记忆视阈下老字号工匠精神传承研究》（王焯著，知识产权出版社 2023 年版）、《职业教育工匠精神的传承与创新》（郭纪斌著，湘潭大学出版社 2022 年版）、《高质量发展背景下的工匠精神：成效、机制与启示》（赵晨著，北京邮电大学出版社 2021 年版）、《工匠精神 国家战略行动路线图》（付守永著，北京大学出版社 2018 年版）、《新时代 新工匠：工匠精神职工读本》（大国工匠与劳动模范研究所编著，中国工人出版社 2018 年版）、《工匠精神 传承与创新》（吴顺主编，中共党史出版社 2018 年版）。

第四，教学实施。一是点题入题。工匠精神作为一种价值观，显然不可能是凭空产生的，它的产生与发展和劳动有着密切的联系。我们常说，"知其然，还要知其所以然"。那么，工匠精神来源于哪？其理论基础与思想借鉴是什么？这是我们需要探究的问题。

二是主题解析。主要通过分享匠心案例的方式进行解析。本章选用的案例是《如切如磋 如琢如磨——中华工匠精神品格》，此案例来自《光明日报》（2023 年 4 月 26 日 11 版），案例具体内容如下：

一部中华工匠史就是一部中华工匠的精神史诗。中华工匠不仅创造了辉煌的物质文明，也给世界留下了宝贵的精神品格。

其一，根于工正，持中守正。

"巫史同工"是史前工匠文化的重要特征。史前匠人以虔诚的宗教信仰谱写了一部巫史文明，他们敬畏自然与神灵，用制器尚象的朴素理念为人类早期的器物生产提供造物原则，通过泥土和火焰的碰撞烧制了史前陶器，并创造了史前石器、玉器、漆器等史前巫史文化标识。他们用朴素的线条与符号，对自然、物象与宇宙进行原始表达，记录下人类"童年"时代的梦幻与精彩，形成了中华工匠的初始精神品格。

古人很早就用"正"来为工匠官职命名，如车正、陶正、木正等，显示出中华工匠精神的本源属性。"正"为王室官职，乃规范、标准之意，其内涵及行为指向坚守正义、守正为公、守正为民。古公亶父不仅勤于营建匠事，胸怀"周原"，还礼让豳地；车正奚仲心系人民疾苦而苦思发明运输车辆，解决治水材料的搬运问题；"科圣"墨子始终站在服务人民的立场，勇于探索工匠造物实践……早期中华匠人心系百姓，持中守正，以工匠精神铸成了早期中华匠人的守正精神品格。

其二，立于司空，以民为本。

西周时期，出现了掌邦土、居四民、时地利的工官"司空"。汉魏时期，中央和地方郡均设有少府、尚方、大司农等工官。至隋文帝时期，汉代"三公九卿制"被"三省六部制"所取代，工官体系的"少府"亦被"工部"取代。司空、少府与工部是中央集权制度和官僚体制的产物，司空制度、少府制度与工部制度为中华工匠精神的形成和发展提供了制度前提，也促进生成了中华匠人的民本精神品格。

周代六官体系中，工官中的冬官乃为司空。"司空"的概念语义场包含了"冬藏"与"闲空"的双重含义。所谓"司"，即管理之义，表达了工官对国家事务的承担与掌管；所谓"司空"，含有"闲藏""空无"之义，工官的信条与宗旨是藏富于民，反映出工官以民为本的精神品格。周代工匠在司空制度体系下逐渐形成属于时代的工匠精神，即民本精神。

汉代，政府改司空为少府，以统管国家物资调配、器物生产以及山川田赋等。少府概念沿袭了司空的精神追求，它不仅有较强的中央集权性质或政府权力的语义内涵，还体现在国家对工官的政治立场以及民本态度。在文化鼎新发展的汉代，工匠"争芳斗艳"，如将作大匠萧何、弃官专髹漆艺的隐士申屠蟠、革新造纸技术的尚方令蔡伦、长安"机关达人"丁缓、"学者型"水工徐商、地动仪发明者张衡等。这些汉匠勇于创造、敢于创新，他们在中国文明史乃至世界文明史上都光彩夺目。汉代开创了汉代工匠文化的新定向，诞生了几乎后世所有的工匠行业、部门与手艺品类，演绎出较为齐备的工匠文化体系性结构、要素和内容，也孕育出具有民本特色的汉代工匠精神品格。

其三，臻于工部，自强创新。

隋唐时期，以工部制度为前提，以劳动人民的创造为依托，产生了与时代相适应的中华工匠精神。唐代的文化气象建立在辉煌的物质文明基础之上，唐三彩、唐金银器、唐刀、唐镜等折射出唐代工匠精神的神采与光芒，唐物的定名及其意指也蕴含丰富的时代体征与社会信息。唐代诗人皮日休笔下的"库路真"漆器显示了中国南北民族工匠文化的交融态势；史料上记载的东南亚市场上的"唐货"是唐代与海外工匠进行文化交流的历史见证；唐代和亲政策中的陪嫁工匠以及蜀地工匠被大量掠入南诏的历史事件也反映出唐代工匠的国内流动；李皋发明"车轮船"体现了唐代交通运输工具的革新；雕漆与金银平脱的创新发展显示出唐代工匠技术的进步；唐代的工匠已经开始用诗文、书法装饰器物，进而形成了工匠派绘画新风格；"端午节制镜""上梁祭祀鲁班"等反映出唐代工匠的文化习俗与日常精神；"物勒工名"的流行以城市"行"的出现显示唐代工匠行业制度逐渐成熟。显然，唐代工匠的创新精神品格使得工匠文化走向历史新高，标定唐代工匠精神的新方向。在国家统一和文化大融合中，唐代工匠在诸多领域展现了超越、尚大、创新、开放等精神，彰显出唐代国家制度对工匠精神品格的涵养与推动。

宋代，中华工匠开创了转型时代的新精神品格与风尚。活字印刷、航海罗盘、火药等得到发明或应用，"中国科学史的坐标"——《梦溪笔谈》面世，还涌现出成千上万的中华名匠，共同锤炼出独特的宋代工匠精神品格。宋代工匠在精雕细琢、极简主义和职业敬畏等方面表现出工匠精神品格的新气象。当然，他们也没有丢掉传统工匠一如既往的创新精神。譬如活字印刷术发明者毕昇，在宋刻雕版一片繁华中窥见"死板"的缺陷，开始进行"活板"试验，最后改进了雕版印刷工艺，展现了宋代工匠精益求精的创新精神。总体来看，宋代工匠精神已然朝向理性精神和美学精神迈进，这无疑是中华工匠精神品格走向成熟的显著标志。

其四，卓绝典范，至善求真。

明清时期，在工部制度的推动下，中华工匠精神出现了垂范后世的品格典范——人文精神和科学精神。

伴随明代社会发展以及国家对工匠制度的不断调整，工匠群体的处境也在不断变化与调适。明早期的工匠制度主要是承袭元代，工匠群体以世袭匠户为主，处境极其困苦；明中期国家对工匠制度有所调整，工匠群体以轮班匠、住坐匠和军匠为主，工匠处境略有改善；明晚期的工匠制度较为松散，工匠群体中文人或知识分子突起，这类工匠的处境较为宽松。明代工匠精神的人文传统具有历史进步性，能够主动适应日常化和人文化社会的发展需要，诞生了漆工黄大成、木工蒯祥、玉工陆子冈、瓷工童宾、军匠杨埙、雕工鲍天成等一大批具有人文精神追求的出色工匠，他们的创造及其作品展示出明代工匠精神至善的人文化美学倾向。或者说，在明代，大量文人参与工匠造物活动，由此铸就了具有世界影响的明式工匠精神的人文品格，形成了中华工匠精神的人文精神典范。

至明清之际，顾炎武、王夫之、魏源等一大批思想家大力提倡致用实学，崇尚求真的科学精神。在此背景下，清代的工匠也在造物中与时俱进，顺应时代发展，不断淬炼出求真务实的科学精神，出现了样式房雷金玉、督陶官唐英、罗盘匠吴鲁衡、针神沈寿、巧匠徐寿、发明家黄履庄、巨匠邹伯奇等一大批中华名匠，他们秉持家国情怀，在创新实践中不断追求人文精神与科学精神，共同铸就了中华工匠的科学精神品格。

有多少独具匠心的中华瑰宝，就有多少不可磨灭的精神传承。中华工匠精神根于工正、立于司空、臻于工部，在制器尚象中发轫中华工匠的守正精神，在制度涵养中铸造民本精神内核，在人文情怀与崇尚科学中冶炼出至善求真的精神典范。中华工匠是中华民族精神的承载者、实现者、体现者，他们的精神品格是中华民族精神品格的重要体现。

三是问题与解答。第一个问题是"工匠精神的理论基础与思想借鉴的首要来源是什么？"针对此问题，可以从以下方面讨论延伸：工匠精神的理论基础的首要来源就是马克思主义理论基础，主要体现在马克思主义的劳动观、马克思主义的实践观和马克思主义的自由全面发展观三个部分，这里的马克思主义主要指狭义的马克思主义，即马克思和恩格斯创立的基本理论、基本观点和学说的体系。比如"劳动创造人类自身""劳动推进人类社会历史进步""全社会都应该尊重劳动""实践是生活的本质""实践是人类特有的对象性感性活动""人的劳动能力的充分发展""人的社会关系的全面发展""人的个性的自由发展"等观点。第二个问题是"如何理解中华优秀传统文化中的工匠精神？"针对此问题，可以从以下方面讨论延伸：中国自古以来就有"勤于劳动""尊重劳动"的传统美德和社会风尚，中华优秀传统文化中的劳动美德就是工匠精神的理论源泉。中华民族自古就倡导尊师重道、德艺兼修、爱国利民，所折射的道德情操、职业操守、价值信念，筑牢了工匠精神的价值观之基，涵养了工匠精神的特征特质，指导了古代工匠的具体实践，为工匠精神的弘扬提供了重要的理论溯源。

四是课堂总结。本章主要论述了工匠精神的理论基础与思想借鉴。从马克思主义的劳动观、马克思主义的实践观和马克思主义的自由全面发展观三个方面总结了工匠精神的马克思主义理论基础。系统梳理了以毛泽东、邓小平、江泽民、胡锦涛和习近平为代表的中国共产党领导人关于工匠精神的重要论述。同时，本章深入挖掘了中华优秀传统文化中的工匠精神，将其概括为"情操论：倡导尊师重道的道德情操""敬业论：遵从德艺兼修的职业操守""信仰论：崇尚爱国利民的价值信念"，从道德情操、职业操守和价值信念三个方面升华了中华优秀传统文化中工匠精神的理论意蕴。

五是问题与思考。这一部分主要是通过实践课堂展开。阅读案例《中国需要"工匠精神"》（教材 P38~40，来源：《中国青年报》，2016 年 3 月 28 日 02 版）。请根据给出的材料，结合工匠精神的理论基础和思想借鉴，思考为什么中国需要"工匠精神"？

六是推荐阅读。相关资料如下：①《大力弘扬工匠精神》，2023-11-17，https：//dangjian. gmw. cn/2023－11/17/content_36972944. htm。②《弘扬"工匠精神"，走好新时代"赶考路"》，2022－09－22，https：//difang. gmw.cn/js/2022－09/22/content_36040567. htm。③《如切如磋，如琢如磨——工匠精神述评》，2021－09－30，https：//news. gmw. cn/2021－09/30/content_35203565. htm。

七是教学板书设计。具体如下：

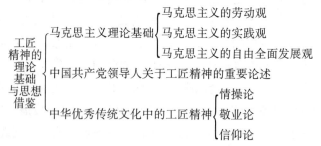

6.4.3.3 "工匠精神的历史与发展"教学设计

本次课的授课形式为理论+实践，授课地点为学校智慧教室，授课学时 2 课时。

第一，教学分析。一是教材分析。教材选用《工匠精神理论与实践教程》（经济日报出版社，2022年1月第1版）。二是教学内容。本讲关联教材第三章的内容。教学内容主要包括：①我国工匠精神的历史沿革；②世界工业强国的工匠精神。通过学习，使学生能够深入理解工匠精神的历史禀赋，同时了解世界工业强国工匠精神的内涵。三是学情分析。在知识基础方面，本专题学生课前测试正确率为83.4%，学生对工匠精神的历史和发展缺乏深入认知，存在"未深知"的特点。在认知能力方面，通过问卷调查发现，79%的学生停留在"是什么"的知识记忆，缺乏"为什么"的深度思考和"怎么做"的行动自觉，69.2%的学生表示无法独自总结归纳工匠精神的历史和发展，只有49.4%的学生在情感上高度认可工匠精神的历史和发展，真信有欠缺，存在"知难信"的特点。在学习特点方面，通过问卷调查发现，学生思维活跃，乐于分享，67.82%的学生喜欢新奇、有挑战性的任务，82.64%的学生能熟练应用短视频等新媒体技术，93.1%的学生喜欢体验VR等新手段。在专业特性方面，通过与专业教师、企业导师、辅导员等访谈了解到，59.23%的学生不能正确认识工匠精神与个人所学专业就业岗位的关联性，没有形成运用工匠精神分析解决自己遇到的问题的习惯，真用有短板，只有36.21%的学生表示今后会从事与本专业相关工作，存在"信难行"的特点。因此，教师在授课时需引导学生结合工匠精神视角，提升职业意志力，技能成才，技能报国。四是教学目标。其一，知识目标。理解工匠精神的历史；理解工匠精神的发展。其二，能力目标。能够透过社会现象看本质、追根溯源，提高自身研究相关问题的能力；能够发挥工匠精神引领作用，以专业技能提高服务社会的能力。其三，素质目标。努力提升专业技能，强化责任担当，积极服务经济社会发展，为国家发展提供技能支撑；树立以技成才、以技报国的职业理想，增强职业自信和荣誉感，将自身的发展与国家的发展紧密联系起来。五是教学重难点。教学重点是工匠精神的历史；教学难点是工匠精神的发展。

第二，教学策略。在教学理念方面，坚持以学生为主体、以教师为主导，引导学生德技并修、知行合一。在教学组织与方法方面，主要采用案例教学法、自主学习法、任务驱动法等。选取典型案例——匠心案例，帮助学生理解教学内容；通过实践课堂，引导学生结合实际对教学内容进行课后延伸。在信息化教学平台使用方面，主要使用蓝墨云班课进行教学辅助。

第三，教学环境及资源准备。在教学环境方面，主要依托学校智慧教室、各专业产教融合实训基地等。在教学资源方面，一是成都职业培训网络线上课程"工匠精神理论与实践教程"，二是成都职业培训网络线上课程"职业道德与职业指导"，三是珠三角工匠精神展示馆（http://vr.southcn.com/vtour/tour.html）。此外，还有其他相关资料也可供教学参考。如各类工匠精神主题专著或教材，《工匠精神》（刘建军主编，中共党史出版社2020年版）、《工匠精神》（人力资源和社会保障部教材办公室组织编写，中国劳动社会保障出版社2019年版）、《文化记忆视阈下老字号工匠精神传承研究》（王焯著，知识产权出版社2023年版）、《职业教育工匠精神的传承与创新》（郭纪斌著，湘潭大学出版社2022年版）、《高质量发展背景下的工匠精神：成效、机制与启示》（赵晨著，北京邮电大学出版社2021年版）、《工匠精神国家战略行动路线图》（付守永著，北京大学出版社2018年版）、《新时代 新工匠：工匠精神职工读本》（大国工匠与劳动模范研究所编著，中国工人出版社2018年版）、《工匠精神 传承与创新》（吴顺主编，中共党史出版社2018年版）。

第四，教学实施。一是点题入题。有这样一本书，透过它，我们可以读先贤故事，识工匠精神，见中国形象。中国酿酒业的最高奖项为什么是"仪狄奖"？我国历史上因发明而封侯的人是谁？中国的汽车行业之祖是谁？这些问题，都可以在《典籍里的中国工匠》一书中找到答案。这就告诉我们，要善于挖掘工匠精神的历史与发展。这是我们本次课探究的主题。

二是主题解析。主要通过分享匠心案例的方式进行解析。本章选用的案例是《中国制造需要怎样的"工匠精神"》，此案例来源新华网（2016 - 07 - 29，http://www. xinhuanet. com//politics/2016 - 07/29/c _ 129188639. htm？from = timeline&isappinstalled = 0），案例具体内容如下：

"匠者"一词最早见于《庄子》，最初指木匠。如今，工业化早已取代了当初手工匠者的生产方式，那么，在中国制造转型升级的过程中，需要怎样的工匠精神？现代企业又该如何弘扬工匠精神呢？

中新网媒体采访团走进天津"康师傅"，在一包方便面、一瓶水的诞生过程中，解读一家食品业巨头是如何通过对细节和品质的追求来践行现代"工匠精神"。

工匠精神首先表现在对于产品质量精益求精。中国自古就有追求"精确"的传统，有"差之毫厘，谬以千里"的说法。随着生产和生活节奏的日益加快，人们对很多事情不再追求细节完美，但在企业生产中，这种精益求精的"笨"精神，依然是现代工匠应有的精神。

正如康师傅去年上市的新品"爱鲜大餐"中的三块肉片，虽然只是配料之一，但康师傅为了让消费者拥有从口感到营养的良好体验，硬是投资3亿元建造了全国第一、世界最大的专业冷冻干燥工厂来确保肉片的品质。而"爱鲜大餐"这款产品本身，革新了面体和加工工艺、升级了口味和吃法并发明了新包装，在多项技术上都获得了突破性创新，更是历经8年的研发才得以问世。

这种精益求精的态度还体现在，康师傅首创了圆形面饼，并且在面饼上做出一个凹槽，从而在运输过程中，有效规避包装破损。康师傅还首创折叠叉子，可以更好地确保料包不被叉子的齿尖划到，确保食品安全。为了解决面桶烫手的问题，康师傅率先采用了中空隔热环保面桶。

不论是用小小酱包承载的舌尖文化、中国独有的折叠叉的便利，还是由方变圆的面饼形状革新、环保中空隔热纸桶的人性化设计，背后都凝聚着科学和技术的结晶，更是工匠精神精益求精的真实再现。

对于产品质量的专注与坚持，亦是工匠精神的内涵所在。对于食品加工企业来说，更是如此。

康师傅在2016年5月成功加入了国际瓶装水协会（IBWA），74家加工厂现场水准均达到IBWA标准。IBWA官方对康师傅每个工厂执行90项审查，审查范围包括：工厂设备及环境、制造流程、管控机制、原水和成品品质之现场及书面审查。

据了解，康师傅旗下全部工厂（新建、在建厂除外）都已取得ISO9001质量管理体系认证和ISO22000食品安全管理体系认证，并对原料、生产、产品进行严格把控，各种原料如生产用油及最终产品每年受检350万次，食品安全中心具备对1 500多项风险危害物的检测能力，可针对各种潜在食品安全风险主动监测，以确保产品安全可控。

此外，康师傅还斥巨资引进了国际先进的QTOF质谱仪，对所有1 100余种可能的农兽药残留和有机化学污染物进行定性扫描筛查分析，确保产品风险可控才准许上市。

可以说，对于产品品质和安全的专注和坚持，正是康师傅得以成为国内领先的食品巨头的安身立命之本，而这种专注与坚持，何尝不是现代化企业最可贵的工匠态度？

人们常常用"独具匠心"来形容一件产品或作品的创造性、独特性。企业生产者、技术研发者就是当代之"匠"，工匠精神还体现在要具有匠心，这种匠心具体到企业生产中，就是要具有创新精神。

仍以康师傅为例。中华饮食文化博大精深、源远流长，康师傅方便面产品在传承传统的基础上不断突破与创新，至今已推出超过240种口味来满足国人多样化的需求。

多年来，康师傅从事美食研究的神秘团队走遍了大江南北，品尝收集各地美食，聘请星级大厨专业指导，只为研究如何将不计其数的中华美食通过这样一碗小小的方便面带给消费者，让离乡背井的游子能够便捷地享受到家乡的味道。

最近康师傅更是以受外来文化影响较大的"95后"的喜好为导向，研发出国内首创的胡椒口味高汤面——康师傅黑胡椒牛排面和白胡椒肉骨面，这样黑白配的辛力组合给消费者的味蕾带来了全新的享受。

可见，工匠精神并非高大上的概念，工匠就是"手艺人"，如康师傅做面，若始终以做给家人吃的"良心"和"手艺"来做，这小小一碗面便成了人间美味。事实上所有企业都是如此，中国制造要成功转型升级，本土品牌要赢得消费者长久青睐领跑世界，心无旁骛、精益求精的工匠精神是必不可少的制胜法宝。

三是问题与解答。第一个问题是"如何理解工匠精神的历史？"针对此问题，可以从以下方面讨论延伸："工匠精神"在我国自古有之，研究我国工匠精神的历史沿革，要从时间的维度出发，一方面深入理解中国古代工匠精神的传承，另一方面深刻剖析中国近现代工匠精神的发展，以此对我国工匠精神的历史形成立体式建构。中国古代工匠精神的传承主要分析原始社会、奴隶社会和封建社会的历史，特别是结合各行各业的代表人物进行分析。中国近现代工匠精神的发展分新民主主义革命时期、社会主义革命和建设时期、改革开放和社会主义现代化建设新时期、中国特色社会主义新时代四个历史阶段分析，分别概括其呈现特征。第二个问题是"如何理解工匠精神的发展？"针对此问题，可以从以下方面讨论延伸：世界工业强国的工匠精神也具有代表性，我们可以分析德国、日本、瑞士、意大利的工匠精神，以其具有代表性的工匠精神助推各国产业发展，彰显工匠精神的时代内涵，弘扬和传承尊重劳动、尊重工匠的优秀传统典范。

四是课堂总结。本章主要论述了工匠精神的历史与发展。结合国内和国外两个视角，一方面对中国工匠精神的历史沿革进行了系统梳理，另一方面选取了世界工业强国德国、日本、瑞士、意大利，深入探析这些世界工业强国的工匠精神。对我国工匠精神的历史沿革，主要从时间维度展开，分古代和近现代两个阶段对我国工匠精神的传承和发展进行了剖析。用"德国制造"百年传奇，日本：一生专注做一件事，瑞士制造：高品质代名词，意大利：积淀与传承，分别对德国、日本、瑞士和意大利的工匠精神进行了概括。本章总体上从历史的角度分析了国内外工匠精神的整体性架构，进一步丰富了关于国内外工匠精神的理论与实践的体系性认知。

五是问题与思考。这一部分主要是通过实践课堂展开。阅读案例《让工匠精神深入人心》（教材 P64~65，来源：《人民日报》，2020 年 12 月 25 日 05 版），请根据给出的材料，结合工匠精神的历史沿革和世界工业强国的工匠精神，思考该如何让工匠精神深入人心？

六是推荐阅读。相关资料如下：①郑德霞，王鑫：《工匠精神的历史源流、现代意蕴及养成路径》，《南通职业大学学报》，2021 年第 3 期。②陈行，钱耕森：《论中国工匠及其精神》，《社会科学动态》，2018 年第 10 期。③陈明富，张鹏丽：《古代涉"工匠"义词语历时考察》，《天中学刊》，2012 年第 1 期。

七是教学板书设计。具体如下：

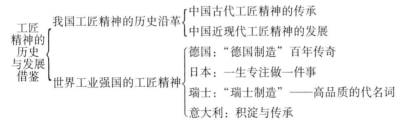

6.4.3.4 "工匠精神的时代价值与培育路径"教学设计

本次课的授课形式为理论+实践，授课地点为学校智慧教室，授课学时 2 课时。

第一，教学分析。一是教材分析。教材选用《工匠精神理论与实践教程》（经济日报出版社，2022 年 1 月第 1 版）。二是教学内容。本讲关联教材第四章的内容。教学内容主要包括：①工匠精神培育的时代价值；②工匠精神培育面临挑战；③工匠精神培育的有效途径。通过学习，使学生理解工匠精神的时代机制，了解当前我国培育工匠精神面临的挑战，进而探索其有效培育路径，激发自身追求工匠精神的思想意识。三是学情分析。在知识基础方面，本专题学生课前测试正确率为85.4%，学生对工匠精神的时代价值和培育路径缺乏深入认知，存在"未深知"的特点。在认知能力方面，通过问卷调查发现，79%的学生停留在"是什么"的知识记忆，缺乏"为什么"的深度思考和"怎么做"的行动自觉，68.3%的学生表示无法独自总结归纳工匠精神的时代价值和培育路径，只有37.4%的学生在情感上高度认可工匠精神的时代价值和培育路径，真信有欠缺，存在"知难信"的特点。在学习特点方面，通过问卷调查发现，学生思维活跃，乐于分享，67.82%的学生喜欢新奇、有挑战性的任务，82.64%的学生能熟练应用短视频等新媒体技术，93.1%的学生喜欢体验VR等新手段。在专业特性方面，通过与专业教师、企业导师、辅导员等访谈了解到，59.23%的学生不能正确认识工匠精神与个人所学专业就业岗位的关联性，没有形成运用工匠精神分析解决自己遇到的问题的习惯，真用有短板，只有36.21%的学生表示今后会从事与本专业相关工作，存在"信难行"的特点。因此，教师在授课时，需引导学生结合工匠精神视角，提升职业意志力，技能成才，技能报国。四是教学目标。其一，知识目标。理解工匠精神的时代价值；理解工匠精神的培育路径。其二，能力目标。能够透过社会现象看本质、追根溯源，提高自身研究相关问题的能力；能够发挥工匠精神引领作用，以专业技能提高服务社会的能力。其三，素质目标。努力提升专业技能，强化责任担当，积极服务经济社会发展，为国家发展提供技能支撑；树立以技成才、以技报国的职业理想，增强职业自信和荣誉感，将自身的发展与国家的发展紧密联系起来。五是教学重难点。教学重点是工匠精神的培育路径，教学难点是工匠精神的时代价值。

第二，教学策略。在教学理念方面，坚持以学生为主体、以教师为主导，引导学生德技并修、知行合一。在教学组织与方法方面，主要采用案例教学法、自主学习法、任务驱动法等。选取典型案例——匠心案例，帮助学生理解教学内容；通过实践课堂，引导学生结合实际对教学内容进行课后延伸。在信息化教学平台使用方面，主要使用蓝墨云班课进行教学辅助。

第三，教学环境及资源准备。在教学环境方面，主要依托学校智慧教室、各专业产教融合实训基地等。在教学资源方面，一是成都职业培训网络线上课程"工匠精神理论与实践教程"，二是成都职业培训网络线上课程"职业道德与职业指导"，三是珠三角工匠精神展示馆（http://vr.southcn.com/vtour/tour.html）。此外，还有其他相关资料也可供教学参考。如各类工匠精神主题专著或教材，《工匠精神》（刘建军主编，中共党史出版社2020年版）、《工匠精神》（人力资源和社会保障部教材办公室组织编写，中国劳动社会保障出版社2019年版）、《文化记忆视阈下老字号工匠精神传承研究》（王焯著，知识产权出版社2023年版）、《职业教育工匠精神的传承与创新》（郭纪斌著，湘潭大学出版社2022年版）、《高质量发展背景下的工匠精神：成效、机制与启示》（赵晨著，北京邮电大学出版社2021年版）、《工匠精神国家战略行动路线图》（付守永著，北京大学出版社2018年版）、《新时代 新工匠：工匠精神职工读本》（大国工匠与劳动模范研究所编著，中国工人出版社2018年版）、《工匠精神 传承与创新》（吴顺主编，中共党史出版社2018年版）。

第四，教学实施。一是点题入题。2014年1月13日，由中华全国总工会、中央广播电视总台联合举办；四川省总工会承办的2023年"大国工匠年度人物"发布活动在四川成都揭晓50名入围人选，并录制发布仪式。2023年"大国工匠年度人物"坚持从严从优的推荐标准：第一，热爱祖国，坚决拥护中国共产党的领导和社会主义制度，模范遵守党纪国法；第二，突出工匠人才，长期在生产一线工作，具有世界一流、国家和行业顶尖技能水平；第三，具有家国情怀和感人事迹；第四，具有省部级以上劳动模范、全国五一劳动奖章或省部级工匠人才称号的荣誉，在群众中享有较高声誉。首届"大国工匠年度人物"发布活动于2018年举办，迄今已是第五届，前四届发布活动共推选出高凤林等40位家喻户晓的大国工匠。为什么要持续举办"大国工匠年度人物"发布活动，实则是工匠精神的时代彰显。

二是主题解析。主要通过分享匠心案例的方式进行解析。本章选用的案例是《1248名"成都工匠"集中命名》，此案例来源《四川日报》（2023 - 05 - 06, https://www.cdrb.com.cn/epaper/cdrbpc/202305/06/c114492.html），案例具体内容如下：

5月5日上午，"成都工匠"命名大会在天府国际会议中心召开。记者在现场了解到，1 248名"成都工匠"被集中命名。在成都市委、市政府的坚强领导下，经过申报推荐、资格审核、专家评审、审核公示、市人才工作领导小组审批等评选流程，共产生了655名2022"成都工匠"和593

名 2023 "成都工匠"。

据了解，"成都工匠"是新时代践行工匠精神的杰出代表，是在成都重点发展的五大先进制造业和五大新兴服务业中，具有工艺专长、掌握高超技能，技艺精湛、精益求精，严谨细致、专业敬业，长期坚守在生产服务一线岗位，并在本领域、本行业内具有较高公认度和示范引领作用的产业工人代表。

成都市总工会相关负责人介绍，两年评选出的 1 248 名 "成都工匠"中已取得中级及以上职称、技师及以上职业资格或相应职业技能等级的有 1 026 人，其中吸纳了全国技术能手李大江、全国数控技能大赛决赛一等奖获得者李汶、24 项实用新型专利获得者储周硕等一大批技能实操、技术创新尖兵。

数据显示，1 248 名 "成都工匠"涵盖电子信息、装备制造、医药健康、新型材料、绿色食品等支柱产业，其中一线技能人才 1 016 人，来自国有及国有控股企业、民营企业、外资合资企业的占比分别为 70.6%、24.2%、3.5%。

其一，五年培育 3 060 名 "成都工匠"，走出一条新时代产业工人队伍建设改革新路。

在 "成都工匠"命名大会现场，记者见到了四川航天燎原科技有限公司无线电装接工何苗。常年出现在生产车间和实验室的他，多次圆满完成载人航天工程、北斗组网等国家重点宇航控制类产品的电子装联工作，凭借高超的技艺，曾获得"全国技术能手"称号。

记者了解到，自 2018 年成都确立 "成都工匠"培育五年计划以来，共评选出 3 060 名 "成都工匠"，正是他们的辛勤劳作、甘于奉献、勇于创新，才推动了成都经济社会的快速发展，走出一条新时代产业工人队伍建设改革新路。

其二，聚集三大优势，对产业工人和技能人才的职业发展进行制度设计。

与全国多数城市评选工匠不同，"成都工匠"评选立足于《"成都工匠"培育五年计划》，以评选活动为牵引，从工匠培育顶层设计入手，作出了工匠人才培养、引进、竞赛、评价、使用、激励、保障等一整套制度安排，呈现出"三大独特优势"。

层次高。"成都工匠"评选活动的指导性文件以成都市委、市政府意见形式出台，纳入成都市人才工作体系，工匠人才享受成都市高端人才政策待遇。"这是针对产业工人特别是技能人才设计的职业发展规划，有利于把成都建设成为注重工匠人才培养、重视工匠人才发展、集聚工匠人才创新创业的典范城市，有利于加快推动'成都制造'向'成都智造''成都创造'转变。"成都市总工会相关负责人介绍。

导向强。按照《"成都工匠"培育五年计划》，成都用五年时间，培育评选了成都市县两级工匠超 9 000 名，遍布成都现代产业体系的各个领域。对广大产业工人而言，榜样就在身边，看得见、摸得着、学得到、能赶超。

机制活。从世界、全国、省、市技能大赛中脱颖而出的优秀选手与各类"民间高手"汇聚一堂，对广大产业工人而言，榜样就在身边。"大家会认为，'成都工匠'看得见、摸得着、学得到、能赶超，今年评不上下次还可以再来，有利于加快形成人人争当工匠、人人践行工匠精神的局面。"成都市总工会相关负责人介绍。

其三，以榜样为引领，形成全社会培育工匠、学习工匠、争当工匠的浓厚氛围。

榜样是最好的引领。旗帜鲜明地表彰表扬"成都工匠"，是对高技能人才荣誉感、归属感、获得感的极大满足。

台上，受表彰的"成都工匠"们胸戴耀眼红花，手捧证书和奖章，自豪感、荣誉感洋溢于面；台下，职工群众受到感召鼓励、心潮澎湃，激发着大家比学赶超、奋勇争先的动力和激情。

高标准、高规格表彰"成都工匠"，也形成了强烈的、持续的、可传播的社会获得感。"切实把技能人才队伍建设摆在更加突出的位置，让技能人才特别是工匠人才事业上有干头、工作上有劲头、生活上有甜头。"成都建工集团工会相关负责人告诉记者，公司这次有 14 位同志被评为"成都工匠"，这是一份沉甸甸的荣誉，更是一种正向激励。"我们将积极为技术工人成长搭建平台、创造条件，加大工匠人才的引进、培养、评价、使用和激励力度，争取培养造就更多的'成都工匠'。"

当前，蓉城大地已形成了培育工匠、学习工匠、争当工匠的浓厚氛围，必将为加快建设践行新发展理念的公园城市示范区汇入源源不断的磅礴动力。

三是问题与解答。第一个问题是"如何理解工匠精神的时代价值？"

针对此问题，可以从以下方面讨论延伸：一方面，工匠精神是坚定文化自信的重要源泉。工匠精神是中华优秀传统文化的重要组成部分，是中华民族的精神传统，弘扬工匠精神，有利于推动中华优秀传统文化的传承。另一方面，工匠精神也是中国制造的"助推器"。工匠精神能够助推中国实现由制造大国到制造强国的转变，实现由中国制造到中国创造的跨越。第二个问题是"如何培育工匠精神？"针对此问题，可以从以下方面讨论延伸：一是营造良好的社会氛围，弘扬劳动光荣的理念和职业平等的价值取向，树立典型，发挥榜样示范作用。二是确立科学的培育机制，改革人才评价制度，深化产教融合机制，优化人才培养体系，营造良好育人环境。三是提供有力的制度支撑，建立传统工匠技艺知识产权保护制度，建立优秀技艺表彰奖励制度，建立产品追溯和质量监督制度。

四是课堂总结。本章主要论述了工匠精神的时代价值与培育路径。培育工匠精神不仅对增强文化自信、促进经济发展大有裨益，也能对个人发展起到精神引领作用。同时，培育工匠精神也面临着巨大的挑战：一是受到不良传统观念的束缚，二是受到功利主义价值观的冲击，三是受到工匠制度缺失带来的影响。透过培育工匠精神面临的困境，可以从社会氛围、培育机制、制度支撑三个方面探索其培育路径。

五是问题与思考。这一部分主要是通过实践课堂展开。阅读案例《大国工匠孟剑锋："一辈子只干一件事"》（教材 P83~84，来源：中国青年网，2017 - 06 - 22，http://news.youth.cn/jsxw/201706/t20170622_10140061.htm）结合材料，根据所学知识，谈一谈该如何践行工匠精神？

六是推荐阅读。相关资料如下：①《工匠精神及其当代意义》，《光明日报》，2021 年 1 月 18 日 15 版。②王靖：《新时代工匠精神的价值内涵与大学生职业精神的塑造》，《中国高等教育》，2019 年第 5 期。③李进：《工匠精神的当代价值及培育路径研究》，《中国职业技术教育》，2016 年第 27 期。

七是教学板书设计。具体如下：

```
                              ┌ 工匠精神是坚定文化自信的重要源泉
                              │ 工匠精神是中国制造的"助推器"
              工匠精神培育的时代价值 ┤
                              │ 工匠精神是企业竞争发展的品牌发展
  工匠                        └ 工匠精神是促进个人成长的精神力量
  精神的
  时代
  价值    工匠精神培育面临的挑战
  与培育
  路径                        ┌ 营造良好的社会氛围
              工匠精神培育的有效路径 ┤ 确立科学的培育机制
                              └ 提供有力的制度支撑
```

6.4.3.5　"工匠精神与职业法律保障"教学设计

本次课的授课形式为理论+实践，授课地点为学校智慧教室，授课学时 2 课时。

第一，教学分析。一是教材分析。教材选用《工匠精神理论与实践教程》（经济日报出版社，2022 年 1 月第 1 版）。二是教学内容。本讲关联教材第五章的内容。教学内容主要包括：①工匠精神培育与劳动法保障；②工匠精神培育与知识产权护航。通过学习，使学生理解劳动法和知识产权法对于弘扬工匠精神的重要意义。三是学情分析。在知识基础方面，本专题学生课前测试正确率为 82.3%，说明学生对工匠精神与职业法律保障的关系缺乏深入认知，存在"未深知"的特点。在认知能力方面，通过问卷调查发现，79% 的学生停留在"是什么"的知识记忆，缺乏"为什么"的深度思考和"怎么做"的行动自觉，62.1% 的学生表示无法独自总结归纳工匠精神与职业法律保障的关系，只有 39.3% 的学生在情感上高度认可工匠精神与职业法律保障的关系，真信有欠缺，存在"知难信"的特点。在学习特点方面，通过问卷调查发现，学生思维活跃，乐于分享，67.82% 的学生喜欢新奇、有挑战性的任务，82.64% 的学生能熟练应用短视频等新媒体技术，93.1% 的学生喜欢体验 VR 等新技术。在专业特性方面，通过与专业教师、企业导师、辅导员等访谈了解到，59.23% 的学生不能正确认识工匠精神与个人所学专业就业岗位的关联性，没有形成运用工匠精神分析解决自己遇到问题的习惯，真用有短板，只有 36.21% 的学生表示今后会从事与本专业相关工作，存在"信难行"的特点。因此，教师在授课时需引导学生结合工匠精神视角，提升职业意志力，技能成才，技能报国。四是教学目标。其一，知识目标。理解工匠精神和劳动法的关系；理解工匠精神和知识产权法的关系。其二，能力目标。能够透过社会现象看本质、追根溯源，提高自身研究相关问题的能力；能够发挥工匠精神引领作用，以专业技能提高服务社会的能力。其三，素质目标。努力提升专业技能，强化责任担当，积极服务经济社会发展，为国家发展提供技能支撑；树立以技成才、以技报国的职业理想，增强职业自信和荣誉感，将自身的发展与国家的发展紧密联系起来。五是教学重难点。教学重点是工匠精神和职业法律保障的关系。教学难点是工匠精神和职业法律保障的关系。

第二，教学策略。在教学理念方面，坚持以学生为主体、以教师为主导，引导学生德技并修、知行合一。在教学组织与方法方面，主要采用案例教学法、自主学习法、任务驱动法等。选取典型案例——匠心案例，帮助学生理解教学内容；通过实践课堂，引导学生结合实际对教学内容进行课后延伸。在信息化教学平台使用方面，主要使用蓝墨云班课进行教学辅助。

第三，教学环境及资源准备。在教学环境方面，主要依托学校智慧教室、各专业产教融合实训基地等。在教学资源方面，一是成都职业培训网络线上课程"工匠精神理论与实践教程"，二是成都职业培训网络线上课程"职业道德与职业指导"，三是珠三角工匠精神展示馆（http://vr.southcn.com/vtour/tour.html）。此外，还有其他相关资料也可供教学参考。如各类工匠精神主题专著或教材，《工匠精神》（刘建军主编，中共党史出版社 2020 年版）、《工匠精神》（人力资源和社会保障部教材办公室组织编写，中国劳动社会保障出版社 2019 年版）、《文化记忆视阈下老字号工匠精神传承研究》（王焯著，知识产权出版社 2023 年版）、《职业教育工匠精神的传承与创新》（郭纪斌著，湘潭大学出版社 2022 年版）、《高质量发展背景下的工匠精神：成效、机制与启示》（赵晨著，北京邮电大学出版社 2021 年版）、《工匠精神 国家战略行动路线图》（付守永著，北京大学出版社 2018 年版）、《新时代 新工匠：工匠精神职工读本》（大国工匠与劳动模范研究所编著，中国工人出版社 2018 年版）、《工匠精神 传承与创新》（吴顺主编，中共党史出版社 2018 年版）。

第四，教学实施。一是点题入题。当工匠精神与职业法律"碰撞"，会发生什么？是法官匠心的体现，还是以"工匠精神"锤炼司法实践，或者是其他什么？其实，在浩如烟海的法律条文中，也有"工匠精神"的"影子"，比如劳动法、知识产权法……这就是我们本次课需要探究的主题。二是主题解析。教师主要通过分享匠心案例的方式进行主题解析。本章选用的案例是《"七一勋章"获得者：大国工匠艾爱国》，此案例来源光

明 网 （ 2021 - 07 - 05, https://m. gmw. cn/baijia/2021 - 07/05/1302389069.html），案例具体内容如下：

一位71岁的老人，终日奋战在高温火花中，只为给我国焊接事业贡献力量。

说到他的坚持不懈，他的亲人会心疼无奈；谈起他的无私培养，他的徒弟们会红了眼眶；了解他的淡泊名利，人们都不由被他的平凡而伟大深深折服。

1985年，艾爱国入党。秉持"做事情要做到极致、做工人要做到最好"的信念，他在焊工岗位奉献50多年，多次参与我国重大项目焊接技术攻关，攻克数百个焊接技术难关。作为我国焊接领域"领军人"，他倾心传艺，在全国培养焊接技术人才600多名。

其一，"钢铁裁缝"，几十年练就"钢铁"本领。

1969年，19岁的艾爱国扛着行李从湖南的罗霄山脉来到湘江边的湘潭钢铁厂，由知青变为焊工。

1983年，原冶金工业部组织全国多家钢铁企业联合研制新型贯流式高炉风口。如何将风口的锻造紫铜与铸造紫铜牢固地焊接在一起，成为项目的最大难关。还是普通焊工的艾爱国，主动请求一试，他提出采用尚未普及的氩弧焊工艺，当时国内还没有先例。

艾爱国用湿棉被挡住身体，用石棉绳缠包住焊枪，在高于700℃的高温材料旁持续奋战。寒冬腊月，外面鹅毛大雪，而他一身工作服却拧出了汗水。

整整5个月的奋斗后，经X射线检查，他焊的21个风口全部符合国家技术标准。因在这次攻关中表现突出，艾爱国荣获国家科技进步二等奖。

艾爱国在技术突破上从不满足。全国职工自学成才奖、中华技能大奖、全国五一劳动奖章……半个多世纪以来，他凭借高超技能为我国冶金、矿山、机械、电力等行业攻克技术难关400多个，获得数不清的奖项。

作为钢铁厂的焊工，艾爱国自称为"钢铁裁缝"。通过几十年如一日的理论钻研与实践操作，艾爱国练就了"钢铁"般的硬本领。

湘钢人都知道，艾爱国没有什么业余爱好。每天下班回家，上了楼就不再下楼，一头钻进焊接理论书籍中，常常研读到深夜。

在同事们看来，艾爱国在焊接过程中分毫不差，这个人简直是"特殊材料做的"。

艾爱国最擅长的是焊紫铜,这是让很多焊工都望而却步的领域。为焊接一个地方要把整个铜件加热到七八百摄氏度,人很难接近。

"焊紫铜的时候头发紧贴头皮、皮肤绷紧,手会不自觉地颤抖。不知道自己能坚持到第几秒,手也会因为高温出现一片片的红色水泡,可以说,对心理和肉体都是一种煎熬。"全国五一劳动奖章获得者、艾爱国的徒弟欧勇说,"面对这样的身体极限,人的本能是逃避,而师父是勇于面对。"

其二,"如师如父",精心培养焊接人才。

50多年来,艾爱国手把手培养的600多个徒弟都已在祖国各地发光发热。他们当中,不少人获得了全国五一劳动奖章、湖南省劳动模范等荣誉。

"师父给我印象最深刻的就是'汗臭味'。"欧勇告诉记者。天热的时候,他安全帽上放草帽,肩膀上搭一条毛巾,就外出干活了。焊工出汗多,有时候加完班回来,浑身一股汗臭味。人家说"哎,劳模,赶紧去洗澡啦,下班休息了",他说"等会儿",就喊上徒弟来练习,抓住他们的手,一个一个地教。

艾爱国对工具的爱惜出了名。

卷尺是焊接的常用小工具。一次,艾爱国的徒弟吴涛刚领了一把新的卷尺,气割的时候有火花,把卷尺烧坏了。艾爱国非常心疼,说:"我这么多年从来没有烧坏过一把卷尺,随身用的工具就是你吃饭的家伙,你不能吃着饭就把碗筷扔掉了。"

"焊工是易学难精。没有爱好,就不会动脑子,就是机械式地干活。",艾爱国常说。他利用业余时间编著《最新锅炉压力容器焊工培训教材》《焊接技术及自动化》等书,随身带着各类专业书籍送给徒弟,指导学习。

近年来,艾爱国无偿培养下岗工人和农村青年,先后向200多人传授焊接技术。他常说:"做好传帮带,实现高技能人才的传承,是我的责任。"

"如师如父"是徒弟们对他的定位。

来做学徒的农村青年没有地方住,他就自己想办法腾出办公室让他们住下。每次徒弟们去家里,他都坚决要求不要带任何礼物,却默默为他们准备一桌子的零食。

他连续多年坚持免费给个体户、民办企业的焊工培训上课，每次都是"满座"。他开启"在线答疑"模式，所有工人都有他的微信，有事找他，他总是有问必答。

农村孩子刘四青父亲早逝，15岁开始跟随艾爱国学习焊工，一学就是6年。艾爱国像父亲一样照顾他的生活，指导他的学习。"培训完后我去新疆工作三年，后来回湘潭工作，他去我们公司做技术指导，一眼就看到了我。"刘四青说，"他一直在关心着我们的成长。"

其三，"当工人就要当一个好工人"。

艾爱国在湘钢工作一辈子，最高职务就是焊接班的班长。他的老同事、退休职工李宁记得，20世纪80年代，领导想从职务的角度提拔他，但艾爱国婉言谢绝领导好意，"我还是安心从事自己的岗位"。

艾爱国的女儿在广东生活，前几年想接退休的老父亲过去享清福，却因此和艾爱国争吵起来。"你如果想让我多活几年，就让我继续工作，工作对我来说才是休息。"艾爱国说。

如今他已71岁，却仍然战斗在湘钢生产科研第一线。早上7点半前上班，下午6点半后下班，艾爱国的作息如时钟一般规律。他一个人生活，早饭和中饭在厂里吃，晚饭就自己做清粥、面条。

在湘钢，一线生产工人都是开着小轿车上下班，可艾爱国还是几十年不变地骑着他那辆破旧自行车。同事们劝他："你那么出名了，也该买辆汽车享受享受。"他总摇摇头说："骑自行车挺好，省事。"

有记者发现艾爱国在人民大会堂领受"七一勋章"时穿的还是工作皮鞋，惊讶地问他原因。

"天天都穿工作皮鞋，脚已经习惯了，其他鞋一穿就打脚。"艾爱国乐呵呵地说。领奖当天的西服也是好多年前买的，一直舍不得穿。因为缺一条西裤，他就带着西服去商店挨个配颜色，舍不得买一套新的。

"一定要保持工人本色，当工人就要当一个好工人。"艾爱国说。

干到老、学到老，艾爱国坚信，实践中遇到的问题，都可以在理论中找答案。在高难度的焊接任务中，有很多罕见的金属材料。通过反复研究、累积实验，艾爱国对材料的优缺点都了然于胸。组建焊接研究室后，他的工艺研究对焊接技术起到了大作用。令全厂职工称奇的是，为了更好地从事科研，艾爱国58岁时自学了五笔打字和工程制图软件。

50多年来，艾爱国以"拼命三郎"的劲头引领着我国焊接事业不断发展。"我对自己的技术要求是达到极致。只有做到极致，才能发挥党员的先锋模范作用。"他说。

三是问题与解答。第一个问题是"工匠精神培育为什么需要劳动法保障?"针对此问题，可以从以下方面讨论延伸：工匠精神的培育，离不开劳动法的保障。劳动法不仅明确了劳动者在劳动技能和劳动成果方面的义务与责任，也在劳动者从业就业、职业教育培训、劳动合同履行、职业发展、社会保障等多方面提供了保障，有利于提升劳动者专业化水平，改善劳动者的工作条件，提高劳动者的经济地位，为培育工匠精神营造良好的劳动环境。第二个问题是"工匠精神培育为什么需要知识产权护航?"针对此问题，可以从以下方面讨论延伸：知识产权护航，能够让专注于创新的人才智力投入得到丰厚回报，以此机理工匠不断创新。一是有利于调动人们从事研究工作的积极性，创造更多智慧成果。二是有利于促进智慧成果转化与运用，以产生巨大的经济效益和社会效益。三是有利于繁荣工匠文化，营造弘扬工匠精神的良好氛围。

四是课堂总结。本章主要论述了工匠精神与职业法律保障的关系，主要是从劳动法、知识产权法等相关职业法律的主要内容进行分析。培育工匠精神需要完善的劳动法律制度，才能更好促进劳动力资源科学配置与就业稳定，同时需要加强职业教育培训，提升劳动者技能水平。培育工匠精神还需要知识产权法的有力支撑，提高产品的质量和品质最终还得靠创新，而工匠精神从本质上来说就是一种创新精神，随着社会主义市场经济体制的逐步完善和经济全球化进程的加快，知识产权在我国经济建设和科技创新中的作用日益显现。因此，培育工匠精神也需要知识产权护航。

五是问题与思考。这一部分主要是通过实践课堂展开。阅读案例《阿里巴巴的故事》《国网浙江省电力有限公司高级技师黄金娟故事》（教材P103~105，来源：《商事法律应用》，北京理工大学出版社 2019 年版；央视网，2019-06-21，https://news.cctv.com/2019/06/21/ARTIOdNaD7ILh9sMNpUovgB4190621.shtml）结合材料内容和所学知识，谈谈相关职业法律（如劳动法、专利法等）在培育工匠精神中的作用?

六是推荐阅读。相关资料如下：①《为工匠精神撑起法治之伞》，大众日报，2019 年 3 月 20 日。②《中华人民共和国职业教育法》（1996 年5 月15 日第八届全国人民代表大会常务委员会第十九次会议通过 2022 年4 月20 日第十三届全国人民代表大会常务委员会第三十四次会议修订）。

③《中华人民共和国劳动法》（1994 年 7 月 5 日第八届全国人民代表大会常务委员会第八次会议通过，根据 2009 年 8 月 27 日第十一届全国人民代表大会常务委员会第十次会议《关于修改部分法律的决定》第一次修正，根据 2018 年 12 月 29 日第十三届全国人民代表大会常务委员会第七次会议《关于修改〈中华人民共和国劳动法〉等七部法律的决定》第二次修正）。

七是教学板书设计。具体如下：

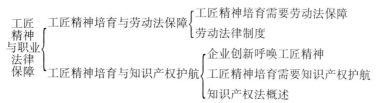

6.4.3.6 "工匠精神与职业道德规范"教学设计

本次课的授课形式为理论+实践，授课地点为学校智慧教室，授课学时 2 课时。

第一，教学分析。一是教材分析。教材选用《工匠精神理论与实践教程》（经济日报出版社，2022 年 1 月第 1 版）。二是教学内容。本讲关联教材第六章的内容。教学内容主要包括：①工匠精神与职业道德的关系；②职业道德核心思想；③职业道德行为规范；④职业道德修养。通过学习，使学生了解工匠精神与职业道德的关系，掌握提升职业道德修养的方法，进而形成良好的职业道德修养。三是学情分析。在知识基础方面，本专题学生课前测试正确率为 82.4%，学生对工匠精神与职业道德规范的关系缺乏深入认知，存在"未深知"的特点。在认知能力方面，通过问卷调查发现，79% 的学生停留在"是什么"的知识记忆，缺乏"为什么"的深度思考和"怎么做"的行动自觉，62.3% 的学生表示无法独自总结归纳工匠精神与职业道德规范的关系，只有 45.4% 的学生在情感上高度认可工匠精神与职业道德规范的关系，真信有欠缺，存在"知难信"的特点。在学习特点方面，通过问卷调查发现，学生思维活跃，乐于分享，67.82% 的学生喜欢新奇、有挑战性的任务，82.64% 的学生能熟练应用短视频等新媒体技术，93.1% 的学生喜欢体验 VR 等新手段。在专业特性方面，通过与专业教师、企业导师、辅导员等访谈了解到，59.23% 的学生不能正确认识工匠精神与个人所学专业就业岗位的关联性，没有形成运用工匠精神分析解决自己遇到问题的习惯，真用有短板，只有 36.21% 的学生表示今后会从事与本专业相关的工作，存在"信难行"的特点。因此，都是授课时需引导学生结合工匠精神视角，提升职业意志力，技能成才，技能报国。四是教学目标。其一，知识目标。理解工匠精神与职业道德规范的关系；理解提升职业道德修养的举措。其二，能力目标。能够透过社会思潮现象看本质、追根溯源，提高自身研究相关问题的能力；能够发挥工匠精神引领作用，以专业技能提高践行社会服务的能力。其三，素质目标。努力提升专业技能，强化责任担当，积极服务经济社会发展，为国家发展提供技能支撑；树立以技成才、以技报国的职业理想，增强职业自信和荣誉感，将自身的发展与国家的发展紧密联系起来。五是教学重难点。教学重点是提升职业道德修养的举措；教学难点是工匠精神与职业道德规范的关系。

第二，教学策略。在教学理念方面，坚持以学生为主体、以教师为主导，引导学生德技并修、知行合一。在教学组织与方法方面，主要采用案例教学法、自主学习法、任务驱动法等。选取典型案例——匠心案例，帮助学生理解教学内容；通过实践课堂，引导学生结合实际对教学内容进行课后延伸。在信息化教学平台使用方面，主要使用蓝墨云班课进行教学辅助。

第三，教学环境及资源准备。在教学环境方面，主要依托学校智慧教室、各专业产教融合实训基地等。在教学资源方面，一是成都职业培训网络线上课程"工匠精神理论与实践教程"，二是成都职业培训网络线上课程"职业道德与职业指导"，三是珠三角工匠精神展示馆（http://vr.southcn.com/vtour/tour.html）。此外，还有其他相关资料也可供教学参考。如各类工匠精神主题专著或教材，《工匠精神》（刘建军主编，中共党史出版社2020年版）、《工匠精神》（人力资源和社会保障部教材办公室组织编写，中国劳动社会保障出版社2019年版）、《文化记忆视阈下老字号工匠精神传承研究》（王焯著，知识产权出版社2023年版）、《职业教育工匠精神的传承与创新》（郭纪斌著，湘潭大学出版社2022年版）、《高质量发展背景下的工匠精神：成效、机制与启示》（赵晨著，北京邮电大学出版社2021年版）、《工匠精神国家战略行动路线图》（付守永著，北京大学出版社2018年版）、《新时代 新工匠：工匠精神职工读本》（大国工匠与劳动模范研究所编著，中国工人出版社2018年版）、《工匠精神 传承与创新》（吴顺主编，中共党史出版社2018年版）。

第四，教学实施。一是点题入题。今天这次课，我们从一个人说起，她叫孙红梅，襄阳航泰动力机器厂首席技术专家，先后荣获大国工匠2019

年度人物、全国劳动模范、全国道德模范提名奖、全国三八红旗手。她扎根鄂西北老"三线"工厂22年，专攻航空发动机焊修技术；她破解百余项修理难题，形成12项核心修理技术，获得国防发明专利授权7项；她修理保障600余台军用航空发动机，创造经济效益近2亿元。大家知道，航空发动机维修是世界机械维修中难度最大的技术领域之一。但孙红梅正是凭着一颗耐得住寂寞的匠心，用一把焊枪焊接出人生的厚度，诠释了工匠精神。在她的身上，生动地彰显了工匠精神与职业道德。本次课我们主要探究"工匠精神与职业道德规范"。

二是主题解析。主要通过分享匠心案例的方式进行解析。本章选用的案例是《用全部的生命教书育人》，此案例来源《人民日报》（2021年3月31日，第5版），案例具体内容如下：

"燃灯校长"张桂梅是云南省丽江市华坪女子高级中学党支部书记、校长。她致力于教育扶贫，扎根边疆教育一线40余年，推动创建了中国第一所公办免费女子高中，2008年建校以来她帮助1 800多名女孩走出大山、走进大学。张桂梅身患多种疾病，但她拖着病体坚守三尺讲台，用爱心和智慧点亮万千乡村女孩的人生梦想。在不久前召开的全国脱贫攻坚总结表彰大会上，张桂梅被授予"全国脱贫攻坚楷模"称号。

最近，张桂梅校长频频登上"热搜"。从《感动中国》颁奖典礼上那双贴满膏药的手，到她17岁和64岁的对比照刷屏网络，人们关注她、赞颂她、心疼她，为她从青春年少到花甲之年的坚守而动容，向她"燃烧自己，烛照他人"的精神而致敬。

扶贫先扶志，扶贫必扶智。对山区贫困面貌有着切身体会的张桂梅，深深懂得，只有教育才是斩断穷根的根本途径。看到"一些女生读着读着就不见了"，她深感痛心，下决心要让每个想读书的女孩都有接受教育的机会。为此，她克服重重困难坚持筹办华坪女高，不设门槛、不收学费，只希望用知识改变贫困山区女孩的命运，通过教育阻断贫困的代际传递。没有子女，没有财产，张桂梅用全部的生命教书育人，如今她身患多种疾病，却依然不肯把时间留给自己，因为在她的价值排序里，"豁出命改变她们的命，值！"

从青春靓丽、笑靥如花，到苍老憔悴、满身伤病，张桂梅将最好的青春年华献给了山区的教育事业。从"大山的女儿"，到孩子们口中的"张妈妈"，她将全部心血倾注在孩子身上，更将自立自强的种子播撒在她们心中。在华坪女高，有这样一段震撼人心的誓词："我生来就是高山而非溪流，我欲于群峰之巅俯视平庸的沟壑。我生来就是人杰而非草芥，我站在伟人之肩藐视卑微的懦夫！"正是这样的誓言，激励着许多家境贫寒的山区女孩，不认命、不服输，走出山区，看见更广阔的世界。

教育扶贫改变的是人，而且是几代人。从扎根大山的"燃灯者"张桂梅，到"一生只为一事来"的支月英，从用一根扁担挑起山乡希望的张玉滚，到多年在悬崖天梯上接送学生的李桂林、陆建芬夫妇……正是许许多多像他们一样的乡村教师，用坚韧和奉献托举起大山孩子的梦想，为一个个贫困家庭带去希望，更为打赢脱贫攻坚战贡献了力量。决心"战斗到我最后那一口气"的张桂梅宛如一座灯塔，激励着更多教育工作者在筑梦之路上坚守初心、点亮他人。

三是问题与解答。第一个问题是"工匠精神与职业道德的关系是什么？"针对此问题，可以从以下方面讨论延伸，工匠精神的实质是对职业道德的遵守，二者有着密不可分的联系。一方面，职业道德是对从事某种职业的群体的道德要求和规范，可以为工匠精神提供价值指引。职业道德将职业知识、职业技能与职业价值融合起来，为工匠精神的培育奠定价值基础。另一方面，工匠精神所蕴含的执着专注、精益求精、一丝不苟、追求卓越等品质，对培养从业者的敬业意识、乐业精神、精业品质具有支撑作用。第二个问题是"如何提升自身职业道德修养？"针对此问题，可以从以下方面讨论延伸，一是认真学习相关职业道德理论。努力学习有关职业道德的基本知识，明确职业道德的规范要求，把握职业道德修养的标准。加强文化知识、专业知识、技术技能的学习与钻研。二是从小事做起，终生不辍。长期坚持做好每一件小事情，小事积累多了就会变成大的成就。三是经常内省，开展自我批评。在职业活动中，通过自我反省、自我评价、自我批评的方式来检讨、约束自己的言行。

四是课堂总结。本章主要论述了工匠精神与职业道德的关系。在新时代背景下，工匠精神与职业道德具有相通性，通过理解职业道德核心思想，了解职业道德行为规范，掌握职业道德修养方法，能够重视职业道德的培养，从而树立崇高的职业理想，练就出色的职业技能，更好地弘扬和培育工匠精神，做一个德才兼备的新时代青年。

五是问题与思考。这一部分主要是通过实践课堂展开。阅读案例《同心共圆飞天梦——记航天报国的"嫦娥""神舟""北斗"团队》（来源：

新华网，2021－06－23，http://www.xinhuanet.com/2021－06/23/c_1127591701.htm），结合材料内容和所学知识，谈谈如何以工匠精神引领职业道德规范？

六是推荐阅读。相关资料如下：①《职业道德与工匠精神》，《光明日报》，2023年10月16日。②马志军：《"工匠精神"融入大学生职业道德教育研究》，《中国成人教育》，2020年第9期。③赵琴琴，陈寒：《高校强化学生职业道德与工匠精神培养的研究》，《中国成人教育》，2018年第1期。

七是教学板书设计。具体如下：

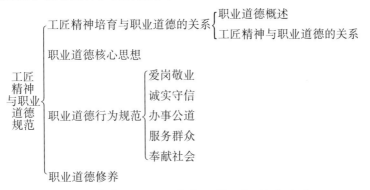

6.4.3.7 "工匠精神与职业健康安全管理"教学设计

本次课的授课形式为理论+实践，授课地点为学校智慧教室，授课学时2课时。

第一，教学分析。一是教材分析。教材选用《工匠精神理论与实践教程》（经济日报出版社，2022年1月第1版）。二是教学内容。本讲关联教材第七章的内容。教学内容主要包括：①职业健康安全管理体系与模式；②安全生产与安全文化建设；③职业健康与职业病防治。通过学习，使学生了解工匠精神与职业健康安全管理的关系，引导学生以工匠精神厚植职业健康安全意识、丰富职业健康安全知识。三是学情分析。在知识基础方面，本专题学生课前测试正确率为82.3%，学生对工匠精神与职业健康安全管理的关系缺乏深入认知，存在"未深知"的特点。在认知能力方面，通过问卷调查发现，79%的学生停留在"是什么"的知识记忆，缺乏"为什么"的深度思考和"怎么做"的行动自觉，67.2%的学生表示无法独自总结归纳工匠精神与职业健康安全管理的关系，只有43.3%的学生在情感上高度认可工匠精神与职业健康安全管理的关系，真信有欠缺，存在"知难信"的特点。在学习特点方面，通过问卷调查发现，学生思维活跃，乐于分享；67.82%的学生喜欢新奇、有挑战性的任务，82.64%学生能熟练应用短视频等新媒体技术，93.1%的学生喜欢体验 VR 等新手段。在专业特性方面，通过与专业教师、企业导师、辅导员等访谈了解到，59.23%的学生不能正确认识工匠精神与个人所学专业就业岗位的关联性，没有形成运用工匠精神分析解决自己遇到问题的习惯，真用有短板，只有 36.21%的学生表示今后会从事与本专业相关的工作，存在"信难行"的特点。因此，教师在授课时，需引导学生结合工匠精神视角，提升职业意志力，技能成才，技能报国。四是教学目标。其一，知识目标。理解工匠精神与职业健康安全管理的关系；理解提升职业健康安全管理的举措。其二，能力目标。能够透过社会现象看本质、追根溯源，提高自身研究相关问题的能力；能够发挥工匠精神引领作用，以专业技能提高践行社会服务的能力。其三，素质目标。努力提升专业技能，强化责任担当，积极服务经济社会发展，为国家发展提供技能支撑；树立以技成才、以技报国的职业理想，增强职业自信和荣誉感，将自身的发展与国家的发展紧密联系起来。五是教学重难点。教学重点是提升职业健康安全管理的举措；教学难点是工匠精神与职业健康安全管理的关系。

第二，教学策略。在教学理念方面，坚持以学生为主体、以教师为主导，引导学生德技并修、知行合一。在教学组织与方法方面，主要采用案例教学法、自主学习法、任务驱动法等。选取典型案例——匠心案例，帮助学生理解教学内容；通过实践课堂，引导学生结合实际对教学内容进行课后延伸。在信息化教学平台使用方面，主要使用蓝墨云班课进行教学辅助。

第三，教学环境及资源准备。在教学环境方面，主要依托学校智慧教室、各专业产教融合实训基地等。在教学资源方面，一是成都职业培训网络线上课程"工匠精神理论与实践教程"，二是成都职业培训网络线上课程"职业道德与职业指导"，三是珠三角工匠精神展示馆（http://vr.southcn.com/vtour/tour.html）。此外，还有其他相关资料也可供教学参考。如各类工匠精神主题专著或教材，《工匠精神》（刘建军主编，中共党史出版社 2020 年版）、《工匠精神》（人力资源和社会保障部教材办公室组织编写，中国劳动社会保障出版社 2019 年版）、《文化记忆视阈下老字号工匠精神传承研究》（王焯著，知识产权出版社 2023 年版）、《职业教育工匠精神的传承与创新》（郭纪斌著，湘潭大学出版社 2022 年版）、《高质量发展背景下的工匠精神：成效、机制与启示》（赵晨著，北京邮电大学出版社 2021 年版）、《工匠精神—国家战略行动路线图》（付守永著，北京大学出版社 2018 年版）、《新时代 新工匠：工匠精神职工读本》（大国工匠与劳动模范研究所编著，中国工人出版社 2018 年版）、《工匠精神 传承与创新》（吴顺主编，中共党史出版社 2018 年版）。

第四，教学实施。一是点题入题。有这样一个国务院组成部门，它于 2018 年 3 月根据第十三届全国人民代表大会第一次会议批准的国务院机构改革方案设立，主要负责组织编制国家应急总体预案和规划，指导各地区各部门应对突发事件工作，推动应急预案体系建设和预案演练等。这个部门就是应急管理部。一旦发生突发事件，我们总能看到应急人员的身影，应急救援员更是主动承担起保护人民安全的责任。其实，安全工作贯穿每时每刻，事关个人安危、家庭幸福与社会和谐稳定。"防患于未然"，安全防范容不得想不到，一些事故的发生看似偶然，但都带有一定的必然性，如果缺少"工匠精神"，总是觉得凡事差不多就行，就可能会造成事故，酿成悲剧。因此，抓安全，需要时刻绷紧安全弦，需要"不以恶小而为之"的警惕自觉，更需要 100%确保安全的精神理念。这就是我们本次课需要探究的主题"工匠精神与职业健康安全管理"。

二是主题解析。主要通过分享匠心案例的方式进行解析。本章选用的案例是《"雕刻"火药 30 年 航天工匠"一把刀"——记以国为重的大国工匠徐立平》，此案例来源新华网（2017-03-27，http://www.xinhuanet.com/politics/2017-03/27/c_1120704996.htm），案例具体内容如下：

几十斤重的密封堵盖一打开，刺鼻的气味立马涌出来，这是火炸药的味道。火炸药异常敏感，一丁点磕碰，甚至衣服擦出静电，都可能瞬间引爆，几千摄氏度高温中蘑菇云腾起，人就"灰飞烟灭"了。

这是国家一级危险岗位的"日常"，身为中国航天科技集团公司第四研究院 7416 厂航天发动机固体燃料药面整形组组长，徐立平的工作就是带领同事，给固体燃料发动机的推进剂药面"动刀"整形，以满足火箭及导弹飞行的各种复杂需要。

30 年来，在这个全世界都无法完全用机械代替手工操作的岗位上，徐立平忍耐着常人难以想象的危险与寂寞，以精湛技艺和过人胆识"雕刻"火药，将一件件大国利器送入云霄，从航天"蓝领"一步步成长为以国为重的大国工匠。

其一，秦岭深处"一把刀"。

已是整形组一把好手的杜鹏还记得，17年前刚到秦岭深山厂房上班"学艺"，就听说整形组有个徐立平是"一把刀"。

"又高又帅的徐师傅，带我们到发动机前，形状异常复杂的发动机药面，人家拿刀削削铲铲，很快一个符合设计要求的带圆弧锥面就出来了。"杜鹏至今都非常佩服，"很漂亮"。

徐立平的手艺也不是生来就有。他进厂的第一课，师傅就带他见识了点火试验。"巨大的轰鸣声，蹿出的火苗，腾起的蘑菇云"成为他一生难忘的记忆，也使他下决心规避危险，胆大心细，勤学苦练。练秃了30多把刀，他的手越来越有感觉，一摸，就知道如何雕刻出符合要求的药面，特准。

0.5毫米，是固体发动机药面精度允许的最大误差，而徐立平整形的精度，不超过0.2毫米，2张A4纸的厚度，"一把刀"堪称完美。

徐立平带班很严。天平砝码摆放要从左到右从小到大，反了不行；没状态就不能上岗，注意力不集中不行；要是谁被发现作业时忘戴防静电手环，他给你一把揪出来："你还要命不？你还回家不？！你不要命大家还要命……"

没见过大风浪，不经历生死，很难理解徐立平的"恨铁不成钢"。这工作，太危险！

那是1989年，我国重点型号发动机研制进入攻坚阶段，连续两台发动机试车失利，又一台即将试车的发动机火药再次发现裂纹，为了找准故障原因，不影响后续研制进度，在当时没有先进"探伤"设备的情况下，专家组决定，就地挖药，查找"病根"。

徐立平那时工作不到3年，和师傅们一起加入挖药突击队。

挖药，每次只能进一人。在狭窄的空间里，人如同"芯材"一样被包裹在成吨的炸药堆里，每次只铲出4、5克药。

穿好防静电的纯棉秋衣、纯棉工服，徐立平小心翼翼地钻躺进去。他感到这个狭小而冰凉的世界，一下子安静了。

忍受着浓烈的气味，徐立平和突击队员10多分钟一换，打"车轮战"，如同蚂蚁搬家一样，历经两个多月的艰难挖药，故障成功排除，为国家重点型号发动机研制争取了宝贵时间。但任务完成后，徐立平很长一段时间无法行走。

其二，"寂寞工匠"不寂寞。

每当重大航天发射任务成功、举国热烈欢腾时，有谁会想到，直上九天的大国重器，也曾在寂静郊外的厂房里，被一群手持刀具、样貌普通的师傅削削铲铲过。

位于西安市东郊的航天科技四院的发动机整形厂房四周空空荡荡。每天他们面对的就是大大小小的固体发动机。偌大的厂房里，每次作业最多只有两个人在现场。一干就是一整天。

赶上重点型号投入批产时，任务重、周期紧，经常是"五加二，白加黑"，仍满足不了进度要求，时不时还得钻进发动机"挖药"。这样的工作，不是谁都能忍受的。曾有半年，整形组招的3个年轻人，没干几天怕了，全都走了。

赶进度时，从早晨8点进厂，直到第二天凌晨4点确保如期交工。走出厂房那一刻，徐立平"眼睛都花了"。精神紧绷睡不着觉的男人总爱围在一起喝酒，"大战"之后与诸君碰杯笑饮，杜鹏说，那大概是工作中徐立平最放松的时刻。

然而只要上班，危险就无时不在。一位工友在给一台直径仅碗口大小的发动机做药面整形时，因刀具不慎碰到金属壳体，瞬间引起发动机剧烈燃烧，工友当场牺牲，这成为徐立平多年不愿提起的痛。

刀惹的祸还得从刀上想办法。徐立平和同事们琢磨着要改进出更好用、更安全的刀具。

他们一块去西安城隍庙，从木匠的刀具上寻找灵感；在厂房一遍遍试验，摸索设计参数；回到家像"着魔"一样，在纸上涂涂画画，不懂的就问厂里的老师傅。

一天晚上，徐立平看到儿子用削皮机削苹果，他突然有了灵感。第二天一上班，就带领大家设计、加工，反复调整刀片角度。经过不断修改完善，一套半自动整形专用刀具诞生了，切削，称量，废药处理一气呵成。

"过去4个人一天整6台，现在一天能整24台。"工作效率大幅提升。就这样，经过不断摸索和实践，徐立平根据不同类型的发动机、整形的不同阶段和不同部位，设计、制作和改进了几十种刀具，其中9种申请了国家专利。

那台半自动整形专用刀具，被命名为"立平刀"。

其三，"航天基因"蔚成荫。

徐立平的家庭是一个航天之家，全家 11 口人除了 3 个上学的孩子外，都是航天人。30 年前，徐立平正是在母亲的支持下走上整形组的岗位。

在危险的岗位上，徐立平忙起来，一个月都休息不了一天。加班要是没打电话回家，妻子梁远珍心里就会担心。

"打电话要是一直没人接，我做着饭也要关了火骑车去现场，看到他平安，我才放心回家继续做饭。"梁远珍记得，几年前，徐立平母亲重病住院，徐立平班组正扎在秦岭深山里进行型号任务攻关，她只能在电话里安慰丈夫，"你安心工作吧，咱妈这里有我"。

顾不了家，更管不了娃。但航天人严慎细实、精益求精的品质，对年轻一代影响深远。

儿子徐浩隽从小就感受到家里和别人家不一样：家庭聚会时，爷爷会做工作总结；大人们聊的都是安全生产和操作标准；就连年夜饭上倒杯酒都要搞技能比拼，故意把酒斟得"液面"比杯沿还高，看谁手不稳把酒洒出来。

"爸爸说'我这么大年纪还学数控机床编程，你凭什么不好好学习？'"徐浩隽说，爸爸会在一些看似微小的原则性问题上要求很严，还教育他以后一定要干自己认为正确的事情。

从"挨了骂不服气"，到后来自觉严格要求。徒弟们也越来越理解徐立平，徒弟带徒弟也越来越像他。"你带人家上班，就得对人家负责，安全上马虎不得。"杜鹏说。

"三秦楷模""大国工匠""感动中国""中华技能大奖"……当荣誉纷至沓来，默默无闻的一线工人，一夜间被推到"聚光灯"下，意外多于激动，压力大于兴奋。

"航天系统里，像我这样的人很多，我还是更适合默默无闻。"徐立平最想做的，还是和同事们一起钻研机械化药面整形技术，"我希望有一天，我这个工作能被机器完全替代"。

——当威严的国之重器方阵出现在电视机阅兵画面中；

——当神舟飞船承载着航天强国梦遨游太空；

——当长征火箭托举起中华民族伟大复兴的中国梦，孩子们激动地欢呼起来：快看，这是爸爸他们造的！而一旁的徐立平，泪水却在眼眶打转，母亲看到了，妻子也看到了……但没人问他为什么，这泪水不仅仅是激动，更饱含一个个航天人太多的责任与付出，唯有他们懂得。

三是问题与解答。第一个问题是"如何理解工匠精神与安全工作的关系？"针对此问题，可以从以下方面讨论延伸，"工匠精神"是一种对产品精雕细琢、精益求精、力求把品质从99%提高到100%的精神理念。我们的安全工作也必须具备这种"工匠精神"，不忽视一个细节，不放过一个小毛病。安全工作贯穿每时每刻，事关个人安危、家庭幸福与社会和谐稳定。"防患于未然"，安全防范容不得想不到，一些事故的发生看似偶然，但都带有一定的必然性，如果缺少"工匠精神"，总是觉得凡事差不多就行，就可能会造成事故，酿成悲剧。第二个问题是"如何加强大学生安全教育？"针对此问题，可以从以下方面讨论延伸，利用校园网、电子屏、条幅、展板、黑板报、新媒体、宣传单等形式，向学生广泛普及国家安全知识，全方位提升学生安全意识，着力营造浓厚的校园安全教育氛围，夯实安全教育的思想基础。还可以不定期举办爱国主义教育系列专题活动，深刻挖掘爱国主义文化的时代价值，搭建文化交流平台，实现良好育人效果。

四是课堂总结。本章主要论述了工匠精神与职业健康安全管理的关系。职业健康安全管理体系与工匠精神息息相关，它是20世纪80年代后期在国际上兴起的现代安全管理模式，它与ISO9000（质量管理体系）和ISO14000（环境管理体系）等标准化管理体系一样被称为后工业化时代的管理方法。建立和实施职业健康安全管理体系的根本目的是希望人们对职业健康安全管理能够重视并落实到行动中。经验表明，技术措施只能实现低层次的基本安全，管理和法治措施能够实现较高层次的安全，而安全文化可以实现更高层次的安全。介绍安全生产标准化、安全文化建设、职业健康与职业病防治，并结合实际工作案例，帮助大家更加生动、深刻地理解职业健康安全管理。

五是问题与思考。这一部分主要是通过实践课堂展开。阅读案例《姜广敏：书写送电人的光荣与梦想》（教材 P146～147，来源：中工网，2015－05－12，https://www.workercn.cn/350/201505/12/150512071612139_2.shtml）根据材料，结合所学知识，谈一下你对工匠精神与职业健康安全管理关系的理解。

六是推荐阅读。相关资料如下：①王建清：《安全是工匠精神的题中之义》，《班组天地》，2022年第3期。②谭跃：《以工匠精神促道路交通安全改善》，《道路交通管理》，2021 年第 11 期。③蔡顺驰：《培育弘扬工匠精神加强安全文化建设》，《民航管理》，2017 年第 7 期。

七是教学板书设计。具体如下：

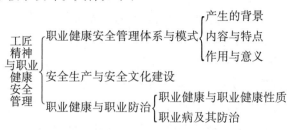

6.4.3.8 "工匠精神与青年成长成才"教学设计

本次课的授课形式为理论+实践，授课地点为学校智慧教室，授课学时 2 课时。

第一，教学分析。一是教材分析。教材选用《工匠精神理论与实践教程》（经济日报出版社，2022 年 1 月第 1 版）。二是教学内容。本讲关联教材第八章的内容。教学内容主要包括：①工匠精神与青年就业观；②工匠精神与青年创新创业；③工匠精神与青年社会责任。通过学习，使学生认识工匠精神与青年就业观、创新创业和社会责任的关系，彰显弘扬工匠精神在青年成长成才过程中的作用与意义。三是学情分析。在知识基础方面，本专题学生课前测试正确率为 84.4%，学生对工匠精神与青年就业观、创新创业和社会责任的关系缺乏深入认知，存在"未深知"的特点。在认知能力方面，通过问卷调查发现，79% 的学生停留在"是什么"的知识记忆，缺乏"为什么"的深度思考和"怎么做"的行动自觉，69.3% 的学生表示无法独自总结归纳工匠精神与青年就业观、创新创业和社会责任的关系，只有 46.4% 的学生在情感上高度认可工匠精神与青年就业观、创新创业和社会责任的关系，真信有欠缺，存在"知难信"的特点。在学习特点方面，通过问卷调查发现，学生思维活跃，乐于分享；67.82% 的学生喜欢新奇、有挑战性的任务，82.64% 的学生能熟练应用短视频等新媒体技术，93.1% 的学生喜欢体验 VR 等新手段。在专业特性方面，通过与专业教师、企业导师、辅导员等访谈了解到，59.23% 的学生不能正确认识工匠精神与个人所学专业就业岗位的关联性，没有形成运用工匠精神分析解决自己遇到问题的习惯，真用有短板，只有 36.21% 的学生表示今后会从事与本专业相关的工作，存在"信难行"的特点。因此，教师在授课时需引导学生结合工匠精神视角，提升职业意志力，技能成才，技能报国。四是教学目标。其一，知识目标。理解工匠精神与青年就业观、创新创业和社会责任的关系；理解提升工匠精神素养的举措。其二，能力目标。能够透过社会现象看本质、追根溯源，提高自身研究相关问题的能力；能够发挥工匠精神引领作用，以专业技能提高践行社会服务的能力。其三，素质目标。努力提升专业技能，强化责任担当，积极服务经济社会发展，为国家发展提供技能支撑；树立以技成才、以技报国的职业理想，增强职业自信和荣誉感，将自身的发展与国家的发展紧密联系起来。五是教学重难点。教学重点是理解提升工匠精神素养的举措；教学难点是工匠精神的本质工匠精神与青年就业观、创新创业和社会责任的关系。

第二，教学策略。在教学理念方面，坚持以学生为主体、以教师为主导，引导学生德技并修、知行合一。在教学组织与方法方面，主要采用案例教学法、自主学习法、任务驱动法等，选取典型案例——匠心案例，帮助学生理解教学内容；通过实践课堂，引导学生结合实际对教学内容进行课后延伸。在信息化教学平台使用方面，主要使用蓝墨云班课进行教学辅助。

第三，教学环境及资源准备。在教学环境方面，主要依托学校智慧教室、各专业产教融合实训基地等。在教学资源方面，一是成都职业培训网络线上课程"工匠精神理论与实践教程"，二是成都职业培训网络线上课程"职业道德与职业指导"，三是珠三角工匠精神展示馆（http://vr.southcn.com/vtour/tour.html）。此外，还有其他相关资料也可供教学参考。如各类工匠精神主题专著或教材，《工匠精神》（刘建军主编，中共党史出版社 2020 年版）、《工匠精神》（人力资源和社会保障部教材办公室组织编写，中国劳动社会保障出版社 2019 年版）、《文化记忆视阈下老字号工匠精神传承研究》（王焯著，知识产权出版社 2023 年版）、《职业教育工匠精神的传承与创新》（郭纪斌著，湘潭大学出版社 2022 年版）、《高质量发展背景下的工匠精神：成效、机制与启示》（赵晨著，北京邮电大学出版社 2021 年版）、《工匠精神 国家战略行动路线图》（付守永著，北京大学出版社 2018 年版）、《新时代 新工匠：工匠精神职工读本》（大国工匠与劳动模范研究所编著，中国工人出版社 2018 年版）、《工匠精神 传承与创新》（吴顺主编，中共党史出版社 2018 年版）。

第四，教学实施。一是点题入题。大家知道，世界技能大赛每两年举办一届，被誉为"世界技能奥林匹克"。今天和大家分享的是在第 45 届世界技能大赛为中国获取第一块建筑石雕项目金牌的选手、来自黄山职业技术学院的学生郑权。建筑石雕，作为第45届世界技能大赛中国新增参赛项目，填补了国内竞技领域的空白。该项目在操作过程中对精准度的要求极高，最大误差不能超过2毫米。所谓"差之毫厘，谬以千里"在这里体现得淋漓尽致，这恰与一丝不苟、精益求精的工匠精神不谋而合。透过郑权的案例，更是给大家说明了工匠精神与青年成长成才的故事。这就是我们本次课探讨的主题"工匠精神与青年成长成才"。

二是主题解析。主要通过分享匠心案例的方式进行解析。本章选用的案例是《陈行行：凭实力证明"我行"》，此案例来源中国青年网（2018－03－30，http://qclz.youth.cn/znl/201803/t20180330_11560514.htm），案例具体内容如下：

核武器的非核零部件加工，具有极强的工作难度。"平时工作每天都上演着各种难度"，没有十二分的热情与耐性，是很难坚持与突破的。加工一个零部件，最快的周期是几个小时，而最慢的需要一年多的时间周期来完成加工。

"你能做，别人也能做，只有不可替代才有话语权。"这位中国工程物理研究院机械制造工艺研究所加工中心操作工、特聘高级技师、全国五一劳动奖章获得者、全国优秀共青团员、全国技术能手，就是陈行行。

他为自己写下了这样的人生信条："投身国防，扎根岗位，技能成就人生，学习创造未来。"

其一，"光说不练假把式，又说又练真功夫"。

"比赛是我们技能人员一个快速成长的通道。"从2008年到如今，他先后参加了十余次各级别、各层次的职业技能大赛，比赛不仅让他成长，也让他有幸进入到核武器科技事业中从事高精尖产品的工作。

在中国工程物理研究院机械制造工艺研究所工会与人事教育处的支持下，经过层层选拔，陈行行成功入选参加第六届全国数控技能大赛。当时研究所设备紧张，没有专门的设备可供他训练，研究所工会与人事教育处寻找到成都两家和绵阳一家合适的四轴加工车间，最后定于绵阳车间来训练。"千锤百炼出深山"，加工车间位于绵阳园艺山的半山腰，训练环境也艰苦。陈行行为备赛早起，带一片面包就赶往车间，时间紧、任务重，忙起来顾不上吃饭，实在饿了就啃一口面包接着训练。

"我并不会叫苦不迭，反而乐在其中。"正是有一次次的比赛和高强度训练的压力，才更加帮助他迅速提升技术水平。比赛中不会有太多的思考时间，"水平越高超，就能在比赛中越突出。"这是比赛吸引他的魅力所在，也是国家选拔人才的最好渠道。最后，第六届全国数控技能大赛中，他顺利荣获加工中心（四轴）赛项职工组第1名，被中华全国总工会授予全国五一劳动奖章。

"平时不是参加比赛，就是在参加比赛的路上。"他平时没有特殊的爱好，别人喊他去看电影，他心里、脑子里却还是练习的画面。在学校的时候，没课了就在机房练习，基本上一天练习十几个小时。工作后，都是挤出下班后或者周末时间来练。家里没有机房，就在电脑上通过仿真软件达到练习的效果。"技术就是一层窗户纸，会了就是会了，受益终身。"

其二，"只要思想不滑坡，办法总比困难多"。

陈行行不仅勤奋更爱琢磨、学习，他的技术水平靠的不是简单的熟能生巧，面对每天上演的个个难关，知识阅历起到了关键作用，使得他在难关节点上能够及时产生奇思妙想。

最早单位引进一批分子泵，里面的动叶轮是分级的。做分级，通俗来讲就是拼接，但效果不是特别好。动叶轮设计多达144片薄壁叶片，最高转速高达每分钟9万转。144片叶片一致性的加工难度可想而知，有没有既能提高效率又能质量达标的办法呢？

深思熟虑之后，陈行行完全推翻了以前的工艺手法，对设备、程序、加工方法进行优化，最终成功做出了整体加工的动叶轮。加工效果非常好，由原来加工需要9个小时，到现在只需要2个小时。效率提高4倍多，加工质量更是大幅度提高。

除了练习，去图书馆充实学习是他的第二大事。理论与实际结合，让他攻克一个个难关，体会到知识这种强大力量的价值所在之后，他更加热爱学习。"整个社会都在飞速前进，新知识、新技术日新月异，自己绝不能安于现状，一定要不断学习，终身学习，在数控加工领域永葆创造力和竞争力。"

"知识今天不学，明天就缺。"正是用这种厚积薄发的力量，陈行行把一个个不可能变成现实，也正是这种近乎苛刻的责任意识，才让他啃下了一个又一个"硬骨头"。

其三，"吾生有涯，而知无涯"。

陈行行时刻把感恩放在心上、挂在嘴边，把功劳归功于平台。2011年陈行行被山东省人力资源和社会保障厅授予山东省技术能手，被山东省总工会授予山东省富民兴鲁劳动奖章，其优异的成绩被中国工程物理研究院机械制造工艺研究所看中。

来到这里，研究所分一、三、五年的周期培训并考核：一年达到独立操作；三年达到高级工水平；五年达到技师水平。仅仅7年的时间，他成长为原本需要16年时间训练的技师。那些多年工作、学习和比赛积累的心得经验、窍门绝活，他都毫不保留地分享给其他同事。

他除了做好自己的事情外，还兼任着所里数控方面的培训老师，从选材、备课到教学，全部都是尽心尽力完成好。经他培训和指导的选手有3人分别获国家级技能比赛职工组第4名、第7名和第11名，还有4人次获四川省级职工组的前五名。他还多次应邀在四川省总工会、中机维协（绵阳）和中物院培训中心等单位举办的技能培训班上授课。

用陈行行自己的话说就是："人生只有一次，不拼不精彩，我要凭着实力和勇气，大声说出'我行'。"

三是问题与解答。第一个问题是"工匠精神对青年成长成才有何意义？"针对此问题，可以从以下方面讨论延伸，社会主义是干出来的，新时代是奋斗出来的。在新时代大力弘扬工匠精神，对于凝心聚力建设社会主义现代化强国、实现中华民族伟大复兴，具有十分重要的意义。一方面，助力培养技能人才队伍。在全社会弘扬工匠精神，有助于增强我国工人阶级的主人翁意识，激励更多工人尤其是青年一代走技能成才、技能报国之路，培养出更多高技能人才、大国工匠、能工巧匠。另一方面，助力广泛凝聚青年奋斗力量。在全社会弘扬工匠精神，有助于促进青年学生勤于创造、勇于奋斗，更好发挥主力军作用，满怀信心投身全面建设社会主义现代化国家、实现中华民族伟大复兴中国梦的伟大事业。第二个问题是"青年学生如何育'匠心'？"针对此问题，可以从以下方面讨论延伸，一是以勤学长知识。大学时光是人生最璀璨的年华，虽然只有短暂的三年，却是人生当中最为关键的黄金时期。同学们要合理安排时间，善于利用"零星"时间、课余时间，"心无杂念、专心致志"地潜心学习。二是以苦练精技术。充分利用学校为大家提供的各类实践平台，抓住技术技能竞赛的机遇，锻炼专业技能、锤炼意志品质，用奋斗开辟人生发展新天地。三是以创新促传承。培养创新思维，勇于尝试新新方法，积极迎接挑战，强化实践能力，促进团队协作，从而适应社会需求。

四是课堂总结。本章主要论述了工匠精神与青年成长成才的关系。青年是国家的未来、民族的希望。青年兴则民族兴，青年强则国家强。"工匠精神"作为一种精神力量，在促进青年成长成才的过程中起着重要作用。工匠精神引领青年树立崇高的职业理想、指导青年进行职业定向、助推青年迈向职业成功，帮助青年树立正确的就业观。工匠精神的基本内涵中是具有创新意蕴的，创新是工匠精神的不断追求。在这个大众创业、万众创新的时代，青年应当把握时代脉搏，迎接时代挑战，弘扬工匠精神，驱动创新创业潜能，在民族复兴和强国建设进程中挺膺担当，建功立业。新时代，青年担当社会责任，就是要弘扬工匠精神。

五是问题与思考。这一部分主要是通过实践课堂展开。阅读案例《人民网评：弘扬工匠精神 技能成才报国》（教材 P165～166，来源：人民网-观点频道，2015－05－12，https://jres2023.xhby.net/tuijian/202307/t20230715_8011227.shtml）根据材料，结合所学知识，谈一下青年学生该如何弘扬工匠精神？

六是推荐阅读。相关资料如下：①《让工匠精神与青春梦想擦出"火花"》，《光明日报》，2023 年 3 月 09 日。②《青年工匠：让工匠精神的种子在青年群体中生根发芽》，2022－04－30，http://cpc.people.com.cn/n1/2022/0430/c164113-32412610.html。③《人民日报青年观：工匠精神应成青年气质》，《人民日报》，2016 年 5 月 03 日。

七是教学板书设计。具体如下：

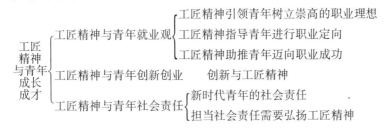

7 成都工贸职业技术学院工匠文化建设成效

成都工贸职业技术学院全方位、多层次、宽领域推进工匠文化建设，获得多项各级各类教学成果奖，开展了多项教育教学改革研究并取得了不少成果，打造了独特特色的成都工匠文化教育博览园实践基地，有明显成效。同时，加强推广应用，一方面加强和兄弟院校联系，交流工匠文化育人成果。另一方面，在各级各类媒体上进行报道和推广。工匠文化成为学校"品牌""名片"，助推了学校高质量发展。

7.1　主要成效

成都工贸职业技术学院坚持以习近平新时代中国特色社会主义思想为指导，深入贯彻落实习近平总书记关于技能人才培养的重要指示批示精神，紧紧围绕成渝地区双城经济圈建设、成都建设践行新发展理念的公园城市示范区和成都技能人才高地建设等重大部署，大力推进高职、技师融通发展，创新构建"一引领、两贯通、四融合"的人才培养模式，形成高职与技师融通发展的办学特色，为培养新时代高素质技术技能人才奠定坚实基础。

一是获得多项各级各类教学成果奖。《创新高职教育与技工教育"1554"贯通培养模式，打造新时代"成都工匠"》获2021年四川省职业教育教学成果奖省级一等奖，《新时代智能制造工匠人才"标准引领、模块递进、场景协同"培养模式创新实践》获2021年四川省职业教育教学成果奖省级二等奖，《中高职一体化的"三阶递进"创新创业教育体系构建与实践》获2021年四川省职业教育教学成果奖省级二等奖，《工业机器人专业"三对接、三贯通"中高职贯通人才培养模式的创新与实践》获2021年四川省职业教育教学成果奖省级二等奖，《探索高职教育与技师教育融通发展，构建新时代产业工匠人才培养模式》获2021年成都市教学成果奖三等奖，《基于"两对接"的智能制造专业群人才培养模式创新与实践》获2021年成都市教学成果奖三等奖，《工匠精神融入高职航空物流专业的路径与方法研究报告》获2020年度物流职业教育教学成果奖三等奖。

二是开展了多项教育教学改革研究并取得成果。《"技能成都"视域下的高职院校"工匠文化"培育路径研究——以成都工匠文化博览园为例》《新时代职业院校职业培训工作中加强思想政治教育的研究与实践》《"职技融通"背景下电子专业创新型产业工匠育人路径探索》《基于新时代铁路工匠培育视域下的创新创业教育课程、课堂、教材体系专创融合路径研究》获批四川省教育厅2022—2024年职业教育人才培养和教育教学改革研究项目。近年来，学校教师围绕工匠文化及其相关主题立项厅局级课题近50项，学校报送的工匠文化主题论文在四川省职业教育优秀论文评选、成都市职业教育与继续教育（成人教育）优秀论文评选、成都社科青年人才"雏鹰计划"优秀论文评选和其他各级各类评选中获奖50余项。学校教师团队在经济日报出版社出版了工匠精神主题教材《工匠精神理论与实践教程》。

三是打造了独特特色的成都工匠文化教育博览园实践基地。学校立足办学实践，积极推进职普融通、科教融汇，全力打造工匠文化特色鲜明的校园建设和文化，积极建设"成都工匠文化教育博览园"。通过聚合工匠文化育人场所——"两馆""两中心""十场景"，凝聚"思政教育一体化"师资，举办思政教育精品"大课堂"，学校打造了思政对象"大群体"，在推动大中小学思政教育一体化方面成绩显著，成为一张靓丽的"工匠文化育人"名片。"成都工匠文化教育博览园"项目成功获批首批四川省大中小学思想政治教育一体化基地（四川省教育厅）、川渝工业文化教育实践基地（四川省经信厅和重庆经信委）、四川省研学旅行实践基地创建单位（四川省文化和旅游厅、四川省教育厅）、四川省大学生创新创业训练计划"工匠文创坊"（四川省教育厅）。

7.2 推广应用

近年来，学校承办了全国职业院校劳动教育大会、四川省技师学院联盟理事会等会议，并在会上做经验分享。全国总工会领导在调研成都工贸职业技术学院时，认为"成都工匠学院"等做法是可以推广的改革创新模式。四川省委原常委、成都市委原书记范锐平批示要总结推广学校经验，"市属高校改革发展要专题研究一次"。四川省教育厅原厅长李江对学校工匠文化育人工作也予以肯定。学校先后获得全国教育系统先进集体、全国职业教育先进单位、全国第八届黄炎培职业教育奖"优秀学校奖"、第十届国家技能人才培育突出贡献奖、四川省脱贫攻坚"五个一"驻村帮扶先进集体、四川省文明校园、四川省依法治校示范学校、四川省2023年职业院校"三全育人"典型学校、西部地区高职院校人才培养和服务贡献卓越50强（位列四川第五）等荣誉。

一是兄弟院校推广应用。成都工贸职业技术学院工匠文化育人模式和成绩吸引了国内外百余所高职、技工院校前来学习。深圳职业技术大学、德宏职业学院、四川财经职业学院、泸州职业技术学院、雅安职业技术学院、四川托普信息技术职业学院、广州城市职业学院、深圳技师学院、西藏技师学院、厦门技师学院、宁波技师学院等省内外百余所高职、技工院校前来交流座谈，推广应用学校工匠文化育人特色亮点。

二是相关媒体报道和推广。学校工匠文化育人改革的引领示范作用引发社会广泛关注。光明日报、学习强国、中国教育报、中国青年报、中国高职高专教育网、教育导报、华西都市网、四川职教网、四川教育网、四川广播电视台科教频道等媒体纷纷对我校工匠文化育人改革实践进行报道。2020年，学校《弘扬工匠精神　创新思政实践》被中国青年报评为"2020年高职院校思想政治工作创新示范案例"。2021年11月14日，光明日报以《让高职教育与技工教育相融共长——成都工贸职业技术学院（成都市技师学院）推进人才贯通培养》为题，对学校工匠人才贯通培养进行了专题报道。2021年12月24日，中国青年报以《职技贯通"三阶递进"创新创业育人实践》为题，对学校创新创业育人进行了专题报道。2023年2月27日，四川省教育厅官网以《成都工贸职业技术学院"三聚焦"打造"蓉匠先锋"党建品牌》为题,对学校"蓉匠先锋"党建品牌进行了专题报道。2023年6月13日,中国教育报以《技能大师带动 打造特色"双师型"教师队伍》为题,对学校工匠文化育人特色教师队伍进行了专题报道。2023年12月13日,学习强国四川平台以《成都工贸职业技术学院:扩大国际交流合作 培养复合型技能人才》为题,对学校国际交流合作育人工作进行了专题报道。2024年3月26日,人民网四川频道以《成都市技师学院:着力打造符合新质生产力要求的高素质高技能人才》为题,对学校高素质高技能人才培养进行了专题报道。

7.3 反响评价

学校坚持以工匠文化育人为切入点,通过强化顶层设计、强化机制创新、强化内容供给,打造了高职特色育人品牌,使立德树人从传统的经验方式变革为可操作、可评估、可验证的科学模式,为职业院校高素质技术技能人才思想政治教育贡献工贸智慧。

一是课程思政改革的示范效应。学校出台《进一步加强课程思政建设的实施方案》,实施"课程思政100工程",注重工匠精神等思政元素的融入,实现课程思政与思政课同向同行。同时充分融合企业用人标准、职业资格认证标准,引导师生树立规则、精益求精意识。《思想道德修养与法律基础》《电子产品生产工艺与管理》2021年获批省级课程思政示范课,《数字测图》《逆向工程检测技术》《城市轨道交通客运组织》《工业自动控制设备编程与调试》2022年获批省级课程思政示范课。物流电商课程群"课程思政"示范教学团队2021年获批省级课程思政示范教学团队,应用电子技术课程群教学团队、工匠精神课程群教学团队2022年获批省级课程思政示范教学团队。财贸管理学院2023年入选四川省首批高等学校课程思政标杆院(系)。

二是成都工匠文化教育博览园建设的社会反响。学校分区域打造校园文化,对校园功能结构教学场景全面提升,优化了校园文商旅研体学功能,全面展示了新时代工匠精神,为其他高职院提供范式参考。近年来,学校以校内智能制造、新能源汽车、轨道交通、现代服务业等各类实训场地为基础,持续推进成都工匠文化教育博览园建设,每年举办精彩纷呈的研学旅活动，弘扬工匠精神，传播工匠文化。活动中，学生可以参观学校的"育匠巷""鲁班广场"，还可以从专业与职业的角度感悟工匠文化。如学生可以在机械工程学院3D打印实训中心认识"增材制造"与"减材制造"的差异，了解我国工业从1.0到4.0的发展进程；在轨道交通学院学习"成都地铁发展史"，体验地铁轨道岗位工作；在汽车工程学院体验汽车检测与汽车维修等岗位职业，观摩汽车工程专业学生的技能实操课；在财贸管理学院体验白茶的冲泡流程，传承中华茶艺文化。学校依托成都工匠文化教育博览园建设项目持续推进的研学旅活动多次被中国高职高专教育网、四川职教网等主流媒体报道。中国群众文化学会品牌与知识产权委员会、成都市人大教育科学文化卫生委员会领导和专家曾来我校专题调研指导成都工匠文化教育博览园建设工作。

参考文献

专著类

［1］马克思，恩格斯.马克思恩格斯选集：第 1-4 卷［M］.中共中央马克思恩格斯列宁斯大林著作编译局，译.北京：人民出版社，2012.

［2］马克思，恩格斯.马克思恩格斯文集：第 1-10 卷［M］.中共中央马克思恩格斯列宁斯大林著作编译局，译.北京：人民出版社，2009.

［3］列宁.列宁选集：第 1-4 卷［M］.中共中央马克思恩格斯列宁斯大林著作编译局，译.北京：人民出版社，2012.

［4］毛泽东.毛泽东选集：第 1-4 卷［M］.北京：人民出版社，1991.

［5］邓小平.邓小平文选：第 1-3 卷［M］.北京：人民出版社，2010.

［6］江泽民.江泽民文选：第 1-3 卷［M］.北京：人民出版社，2006.

［7］胡锦涛.胡锦涛文选：第 1-3 卷［M］.北京：人民出版社，2016.

［8］习近平.习近平谈治国理政：第一卷［M］.北京：外文出版社，2018.

［9］习近平.习近平谈治国理政：第二卷［M］.北京：外文出版社，2017.

［10］习近平.习近平谈治国理政：第三卷［M］.北京：外文出版社，2020.

［11］习近平.习近平谈治国理政：第四卷［M］.北京：外文出版社，2022.

［12］习近平.习近平著作选读：第一卷［M］.北京：人民出版社，

2023.

［13］习近平. 习近平著作选读：第二卷［M］. 北京：人民出版社，2023.

［14］中共中央文献研究室. 习近平关于社会主义文化建设论述摘编［M］. 北京：中央文献出版社，2017.

［15］中共中央文献研究室. 习近平关于青少年和共青团工作论述摘编［M］. 北京：中央文献出版社，2017.

［16］习近平. 高举中国特色社会主义伟大旗帜 为全面建设社会主义现代化国家而团结奋斗：在中国共产党第二十次全国代表大会上的报告［M］. 北京：人民出版社，2022.

［17］冯刚，柯文进. 高校校园文化研究［M］. 北京：中国书籍出版社，2013.

［18］侯长林. 高校校园文化基本理论研究［M］. 北京：人民出版社，2014.

［19］冯刚，孙雷. 新时代高校校园文化建设概论［M］. 北京：光明日报出版社，2019.

［20］全国大学生思想政治教育发展研究中心组编. 全国高校校园文化建设优秀成果选编［M］. 北京：光明日报出版社，2018.

［21］徐飞. 文化的力量：中国大学文化建设的创新之路［M］. 上海：上海人民出版社，2012.

［22］韩延明. 大学文化育人之道［M］. 北京：高等教育出版社，2013.

［23］张澍军. 校园文化建设实践操作研究［M］. 北京：教育出版社，2013.

［24］王冀生. 现代大学文化学［M］. 北京：北京大学出版社，2002.

［25］刘向信. 高校和谐校园文化建设的理论与实践［M］. 北京：人民出版社，2006.

［26］王少安、周玉清. 大爱精神与大学文化建设［M］. 北京：人民出版社，2008.

［27］孙雷. 现代大学制度下的大学文化透视［M］. 北京：光明日报出版社，2010.

［28］王冀生. 大学文化哲学［M］. 广州：中山大学出版社，2012.

［29］王义道. 当代中国大学的文化与精神［M］. 北京：北京大学出版社，2017.

［30］孙华. 大学的理念与制度［M］. 北京：科学出版社，2019.

［31］刘新刚. 新时代我国大学文化建设的理论与实践以北京理工大学为例［M］. 北京：北京理工大学出版社，2020.

［32］潘天波. 工匠文化三论［M］. 北京：中国社会科学出版社，2021.

［33］乔东，李海燕. 劳模精神 劳动精神 工匠精神学习本［M］. 北京：工人出版社，2021.

［34］邹其昌. 工匠文化论［M］. 北京：人民出版社，2022.

［35］任占娟. 高校校园文化建设与文化自信培育研究［M］. 北京：北京工业大学出版社，2023.

［36］侯庆敏，薛徽，胥佳明. 新时代高校校园文化建设的理论与实践研究［M］. 大连：大连理工大学出版社，2023.

［37］梁晓珊. 高校校园文化建设［M］. 长春：吉林人民出版社，2021.

［38］胡龙宇. 高校校园文化建设形式与方法研究［M］. 北京：北京工业大学出版社，2021.

［39］郭凤鸣，颜志勇，张敏. 高职院校文化育人模式研究与实践［M］. 长春：吉林人民出版社，2021.

［40］任永辉. 新时代高校文化育人理论与实践研究［M］. 贵阳：贵州人民出版社，2023.

［41］彭玉京，黄韬. 文化自信与文化育人 新时代高职院校文化育人路径研究［M］. 长沙：湖南大学出版社，2023.

［42］麻富游. 以文化人 高职文化育人研究与实践［M］. 武汉：华中科技大学出版社，2022.

［43］刘永亮. 高职院校文化育人的理论与实践探索［M］. 北京：北京理工大学出版社，2022.

［44］冯富帅. 高等院校思想政治教育中弘扬工匠精神［M］. 北京：北京工业大学出版社，2020.

期刊类

［1］邹其昌. 论中华工匠文化体系：中华工匠文化体系研究系列之一

[J]. 艺术探索, 2016, 30 (5): 74-78.

[2] 史俊. 工匠·工匠精神·工匠文化 [J]. 思想政治课研究, 2016 (4): 70-74, 87.

[3] 黄春梅. 工匠精神与高职院校校园文化建设探析 [J]. 教育与职业, 2018 (14): 75-78.

[4] 赵慧. 工匠精神融入高职校园文化的路径研究 [J]. 职教论坛, 2017 (17): 36-40.

[5] 祁占勇. 工匠的文化认同及其实现路径 [J]. 陕西师范大学学报 (哲学社会科学版), 2019, 48 (6): 83-91.

[6] 雷杰. 为工匠精神培育提供有力文化支撑 [J]. 人民论坛, 2020 (2): 136-137.

[7] 韩喜平, 郝婧智. 关于劳模精神、劳动精神、工匠精神内涵的规律性阐释 [J]. 思想理论教育, 2021 (12): 41-46.

[8] 刘向兵. 用劳模精神、劳动精神、工匠精神凝聚新征程奋斗力量 [J]. 红旗文稿, 2021 (1): 37-39.

[9] 彭维锋. 新时代劳模精神、劳动精神、工匠精神的理论内涵与实践导向 [J]. 江西社会科学, 2021, 41 (5): 208-217, 256.

[10] 朱京凤. 工匠精神的制度与文化支撑 [J]. 人民论坛, 2017 (13): 100-101.

[11] 邹宏秋. 工匠精神的文化记忆与时代价值 [J]. 学校党建与思想教育, 2022 (18): 14-18.

[12] 史洁, 冀伦文, 朱先奇. 校园文化的内涵及其结构 [J]. 中国高教研究, 2005 (5): 84-85.

[13] 郝琦, 房磊. 依托优秀传统文化涵养高职院校学生工匠精神研究 [J]. 中国职业技术教育, 2017 (11): 45-49.

[14] 汪锋. 基于"大国工匠"精神培育的高职教育文化建设路径探索 [J]. 职教论坛, 2017 (29): 37-41.

[15] 艾素平, 朱勋春, 高再秋. 高职院校校园文化建设背景下工匠精神的培育 [J]. 职教论坛, 2017 (32): 45-48.

[16] 张义俊, 陈蒙. 文化育人视野下高职工匠精神培育的困顿、成因与破解路径 [J]. 职业技术教育, 2018, 39 (25): 24-28.

[17] 朱德超, 郝明. 新时代高校特色校园文化建设的实践探索 [J].

学校党建与思想教育，2019（18）：75-76.

[18] 徐晓宁. 论高校思想政治教育与校园文化建设的深度融合 [J].中国高等教育，2020（12）：37-39.

[19] 赵慧，韦琨. 高职院校校友文化建设助推工匠精神培养探析 [J]. 教育与职业，2018（24）：38-41.

[20] 沈威. 论新形势下高校校园文化品牌培育的五个基本原则 [J].思想政治教育研究，2013，29（5）：74-76.

[21] 马娟娟，张国安. 移动互联网环境下高校校园文化建设研究 [J]. 学校党建与思想教育，2019（22）：61-62，65.

[22] 朱京凤，张桂华. 中华优秀传统文化视角下高校校园文化建设研究 [J]. 学校党建与思想教育，2019（16）：49-51.

[23] 冯刚，张芳. 新时代高校文化育人的理论与实践探析 [J]. 湖北社会科学，2019（5）：176-183.

[24] 徐晓宁. 高校思想政治教育与校园文化建设互动模式探析 [J].思想理论教育导刊，2019（6）：146-149.

[25] 曹志斌. 试论优秀传统文化与高校校园文化建设的有效融合 [J]. 学校党建与思想教育，2016（2）：92-93.

[26] 侯典举，陈捷. 高校校园文化建设的价值取向与着力点研究 [J]. 学校党建与思想教育，2018（18）：49-51.

[27] 严敏，邓欢. 试析高校校园文化育人体系的优化 [J]. 学校党建与思想教育，2021（16）：35-37.

[28] 和学新，储君. 基于学生核心素养发展的校园文化建设 [J]. 教育科学研究，2018（2）：54-58.

[29] 裴秋芬. 校园文化建设的三重价值维度研究 [J]. 学校党建与思想教育，2019（4）：79-81.

[30] 漆勇政. 新时代高校微文化育人探讨 [J]. 学校党建与思想教育，2021（21）：89-91.

[31] 杨登山，张树礼. 依托地域文化特色的高职校园文化建设路径探析 [J]. 中国职业技术教育，2017（10）：63-65，72.

[32] 赵章彬. 关于高等职业院校校园文化建设的实践与思考 [J]. 中国职业技术教育，2017（4）：79-82.

学位论文

[1] 樊春吉.高职院校依托本地文化资源建设特色校园文化研究 [D].锦州：渤海大学，2021.

[2] 文雯.红色文化融入高校校园文化建设研究 [D].西安：长安大学，2021.

[3] 赵立立.高职院校校园文化建设存在的问题及对策研究 [D].石家庄：河北师范大学，2020.

[4] 周婷婷.中华优秀传统文化融入大学生思想政治教育研究 [D].太原：山西师范大学，2018.

[5] 宋伟.社会主义核心价值观融入高校校园文化建设研究 [D].郑州：郑州大学，2016.

[6] 马婷婷.高职院校校园文化建设的问题分析与对策研究 [D].广州：广州大学，2016.

[7] 陈小丽.新时期高职院校特色校园文化建设研究 [D].成都：西南交通大学，2015.

[8] 林炜.高职院校校园文化建设研究 [D].兰州：西北师范大学，2015.

[9] 侯长林.高校校园文化基本理论研究 [D].武汉：华中科技大学，2013.

后记

　　本书是成都工贸职业技术学院工匠文化建设研究的阶段性成果，是集体劳动的结晶，以期为高职院校工匠文化建设提供理论参考，从而助力成都践行新发展理念的公园城市示范区建设。在本书的研究和写作过程中，得到学校党委书记王涛，学校党委副书记李王英，学校党委委员、党委组织部（人事处）部长（处长）田梅，学校党委委员、党委宣传统战部（校史编撰办公室）部长（主任）马冰清的指导和支持。

　　本书由成都工贸职业技术学院马克思主义学院孙建东老师提出研究思路和写作提纲、初稿，课题组集体讨论研究后确定写作提纲，并分工进行研究，书稿完成后，由孙建东老师完成全书的统稿和定稿工作。

　　本书写作团队主要由成都工贸职业技术学院的研究人员组成，各章撰写分工如下：前言（孙建东）、第一章（孙建东）、第二章（李萌）、第三章（唐梨敏）、第四章（张媛）、第五章（孙建东）、第六章（孙建东、张雪、董娜）、第七章（孙建东、张雪）。

　　在书稿撰写的过程中，汲取和引用了许多相关专家的研究成果，同时也收录了成都工贸职业技术学院相关部门的案例报告，得到了成都工贸职业技术学院党委组织部（人事处）、党委宣传统战部（校史编撰办公室）、党委学工部（学生处）、教务处、质量管理办公室、科研技术处等的大力支持。马克思主义学院唐锦源、王丽、周全、李凯，党委组织部（人事处）陈耀君、王昌银、余馨、周薇曦、邹婷、陈颖、喻静，党委宣传统战部王磊，电气工程学院陈志欣，信息工程学院刘静等老师做了大量资料收集和调研工作。同时，本书的如期出版得到了学校"双高"建设项目、"三名工程"建设项目、成都市哲学社会科学重点研究基地（成都市工匠文化研究中心）项目、四川省教育厅 2022-2024 年职业教育人才培养和教育教学改革研究一般项目"新时代职业院校职业培训工作中加强思想政治教育的研究与实践"（项目编号：GZJG2022-037）、成都市清廉文化研究院项目"清廉蓉城建设背景下高职院校廉洁学校建设实践路径及优化策略研究"（项目编号：CDQL202408）、四川大学生思想政治教育研究中心项目"精准思政视角下'四史'教育融入高职院校思政课教学研究"（项目编号：CSZ21095）的资助和西南财经大学出版社的支持，在此一并表示衷心感谢。

由于笔者水平所限，对部分理论问题做了抛砖引玉式的浅显论述，书中难免有疏漏和不妥之处，敬请各位学界同仁批评指正。

孙建东

2024 年 5 月